Michel Foucault

Histoire
de la sexualité

3

Le souci
de soi

Gallimard

Dans la même collection

L'archéologie du savoir, n° 354

Histoire de la folie à l'âge classique, n° 9

Histoire de la sexualité :

   1. La volonté de savoir, n° 248

   2. L'usage des plaisirs, n° 279

   3. Le souci de soi, n° 280

Les mots et les choses. Une archéologie des sciences humaines, n° 166

Surveiller et punir. Naissance de la prison, n° 225

CHAPITRE I

Rêver de ses plaisirs

I. LA MÉTHODE D'ARTÉMIDORE

II. L'ANALYSE

III. LE SONGE ET L'ACTE

Je commencerai par l'analyse d'un texte assez singulier. C'est un ouvrage de « pratique » et de vie quotidienne ; ce n'est pas un texte de réflexion ou de prescription morale. Il est le seul texte, parmi ceux qui nous restent de cette époque, qui présente un exposé un peu systématique des différentes formes possibles d'actes sexuels ; à propos de ces actes, il ne porte pas en général de façon directe et explicite de jugements moraux ; mais il laisse voir des schémas d'appréciation généralement acceptés. Et on peut constater que ceux-ci sont très proches des principes généraux qui organisaient déjà, à l'époque classique, l'expérience morale des *aphrodisia*. Le livre d'Artémidore constitue donc un repère. Il témoigne d'une pérennité. Il atteste une manière courante de penser. Par le fait même, il permettra de mesurer ce qu'a pu avoir de singulier et de partiellement nouveau, à la même époque, le travail de la réflexion philosophique ou médicale sur les plaisirs et sur la conduite sexuelle.

LA MÉTHODE D'ARTÉMIDORE

La Clef des songes d'Artémidore est le seul texte qui nous reste, dans son intégralité, d'une littérature qui fut abondante dans l'Antiquité : celle de l'onirocritique. Artémidore, qui écrit au IIe siècle après J.-C., cite lui-même plusieurs ouvrages (certains déjà anciens) qui étaient en usage à son époque : ceux de Nicostrate d'Éphèse[1] et de Panyasis d'Halicarnasse[2] ; celui d'Apollodore de Telmessos[3] ; ceux de Phœbus d'Antioche[4], de Denys d'Héliopolis[5], du naturaliste Alexandre de Myndos[6] ; il mentionne avec éloge Aristandre de Telmessos[7] ; il se réfère aussi aux trois livres du traité de Géminos de Tyr, aux cinq livres de Démétrios de Phalère, aux vingt-deux livres d'Artémon de Milet[8].

S'adressant au dédicataire de son ouvrage, un certain Cassius Maximus — peut-être Maxime de Tyr, ou son

---

1. ARTÉMIDORE, *La Clef des songes* (trad. A.-J. Festugière), I, 2.
2. *Ibid.*, I, 2 ; I, 64 ; II, 35.
3. *Ibid.*, I, 79.
4. *Ibid.*, I, 2 ; II, 9 ; IV, 48 ; IV, 66.
5. *Ibid.*, II, 66.
6. *Ibid.*, I, 67 ; II, 9 ; II, 66.
7. *Ibid.*, I, 31 ; IV, 23 ; IV, 24.
8. *Ibid.*, I, 2 ; II, 44.

père[1] qui l'aurait engagé à « ne pas laisser tomber sa science dans l'oubli » —, Artémidore affirme qu'il n'a eu « nulle autre activité » que de s'occuper « sans cesse, nuit et jour », de l'interprétation des rêves[2]. Affirmation emphatique, assez habituelle dans ce genre de présentation ? Peut-être. Artémidore, en tout cas, a fait tout autre chose que de compiler les exemples les plus célèbres des présages oniriques confirmés par la réalité. Il a entrepris d'écrire un ouvrage de méthode, et cela en deux sens : ce devait être un manuel utilisable dans la pratique quotidienne ; ce devait être aussi un traité à portée théorique sur la validité des procédures interprétatives.

On ne doit pas oublier que l'analyse des rêves faisait partie des techniques d'existence. Puisque les images du sommeil étaient considérées, au moins pour certaines d'entre elles, comme des signes de réalité ou des messages d'avenir, les déchiffrer était d'un grand prix : une vie raisonnable ne pouvait guère se dispenser de cette tâche. C'était une très vieille tradition populaire ; c'était aussi une habitude reçue dans les milieux cultivés. S'il était nécessaire de s'adresser aux innombrables professionnels des images de la nuit, il était bon aussi de pouvoir soi-même interpréter les signes. Les témoignages sont innombrables de l'importance qui fut accordée à l'analyse des rêves comme pratique de vie, indispensable non seulement dans les grandes circonstances, mais dans le cours quotidien des choses. C'est que les dieux, en songe, donnent des conseils, des avis, et parfois des ordres exprès. Toutefois, même lorsque le rêve ne fait qu'annoncer un événement sans rien prescrire, même

---

1. Cf. A.-J. FESTUGIÈRE, *Introduction* à la traduction française, p. 9 ; et C. A. BEHR, *Aelius Aristides and the Sacred Tales*, p. 181 sq.
2. ARTÉMIDORE, *La Clef des songes*, II, conclusion.

lorsqu'on suppose que l'enchaînement du futur est inévitable, il est bon de connaître par avance ce qui doit arriver, pour pouvoir s'y préparer : « La divinité, dit Achille Tatius dans *Les Aventures de Leucippé et Clitophon*, se plaît souvent à révéler en songe le futur aux hommes — non pas pour qu'ils évitent ainsi le malheur, car personne ne peut être plus fort que le Destin — mais pour qu'ils supportent plus aisément leur souffrance. Car ce qui survient tout à la fois brusquement et sans qu'on s'y attende bouleverse l'esprit sous la brutalité du coup et le submerge ; tandis que ce à quoi on s'est attendu avant de le subir a pu, par l'accoutumance graduelle, émousser le chagrin[1]. » Plus tard, Synésios traduira un point de vue tout à fait traditionnel, lorsqu'il rappellera que nos rêves constituent un oracle qui « habite avec nous », qui nous accompagne « dans nos voyages, à la guerre, dans les fonctions publiques, dans les travaux agricoles, dans les entreprises commerciales » ; il faut considérer le rêve comme « un prophète toujours prêt, un conseiller infatigable et silencieux » ; nous devons donc tous nous appliquer à interpréter nos songes, qui que nous soyons, « hommes et femmes, jeunes et vieux, riches et pauvres, citoyens privés et magistrats, habitants de la ville et de la campagne, artisans et orateurs », sans privilège « ni de sexe ni d'âge, ni de fortune ni de profession[2] ». C'est dans cet esprit qu'Artémidore écrit *La Clef des songes*.

L'essentiel pour lui est d'indiquer en détail au lecteur une manière de faire : comment s'y prendre pour décomposer un rêve en éléments et établir le sens diagnostique

---

1. Achille Tatius, *Leucippé et Clitophon*, I, 3.
2. Synésios, *Sur les songes*, trad. Druon, 15-16.

du rêve ? Comment s'y prendre aussi pour interpréter le tout à partir de ces éléments et tenir compte de ce tout dans le déchiffrement de chacune des parties ? Significatif, le rapprochement que fait Artémidore avec la technique divinatoire des sacrificateurs : eux aussi, « de tous les signes pris un à un, ils savent à quoi chacun se rapporte » ; et cependant, ils « n'en donnent pas moins les explications d'après le tout que d'après chacune des parties[1] ». Il s'agit donc d'un traité *pour interpréter*. Presque tout entier centré, non sur les merveilles prophétiques des rêves, mais sur la *technē* qui permet de les faire parler correctement, l'ouvrage s'adresse à plusieurs catégories de lecteurs. Artémidore veut proposer un instrument aux techniciens de l'analyse et aux professionnels ; c'est l'espoir qu'il fait miroiter à son fils, destinataire des 4e et 5e livres : s'il « conserve l'ouvrage sur sa table » et le garde pour lui, il deviendra « un interprète des rêves meilleur que tous les autres[2] ». Il entend aider également ceux qui, déçus par les méthodes erronées dont ils auraient fait l'essai, seraient tentés de se détourner de cette pratique si précieuse : contre ces erreurs, ce livre sera comme une médication salutaire — *therapeia sōtēriōdēs*[3]. Mais Artémidore pense aussi au « tout venant » des lecteurs qui ont besoin d'une instruction rudimentaire[4]. C'est en tout cas comme manuel de vie qu'il a voulu le présenter, comme instrument utilisable au fil de l'existence et de ses circonstances : à ses analyses, il a tenu à imposer « le même ordre et la même suite que dans la vie même ».

Ce caractère de « manuel pour la vie quotidienne » est

1. Artémidore, *La Clef des songes*, I, 12 et III, conclusion.
2. *Ibid.*, IV, préface.
3. *Ibid.*, dédicace.
4. *Ibid.*, III, conclusion.

très sensible quand on compare le texte d'Artémidore aux *Discours* d'Aristide — valétudinaire anxieux qui passa des années à l'écoute du dieu qui lui envoyait des songes tout au long des péripéties extraordinaires de sa maladie, et des innombrables traitements qu'il entreprenait. On peut noter que chez Artémidore, il n'y a presque aucune place pour le merveilleux religieux; à la différence de bien d'autres textes de ce genre, l'ouvrage d'Artémidore ne dépend pas de pratiques de thérapie cultuelle, même s'il évoque, dans une formule traditionnelle, l'Apollon de Daldis, « le dieu de sa patrie » qui l'a encouragé et qui, venu à son chevet, lui a « ou peu s'en faut donné l'ordre d'écrire ce livre [1] ». D'ailleurs il prend soin de marquer la différence de son travail avec celui des onirocrites comme Géminos de Tyr, Démétrios de Phalère et Artémon de Milet qui ont consigné des prescriptions et des cures accordées par Sarapis [2]. Le rêveur type auquel s'adresse Artémidore n'est pas un dévot inquiet qui se préoccupe des injonctions données d'en haut. C'est un individu « ordinaire » : un homme, la plupart du temps (les rêves des femmes sont indiqués à titre adjacent, comme des variantes possibles où le sexe du sujet se trouve modifier le sens du rêve); un homme qui a une famille, des biens, très souvent un métier (il tient commerce, il a une boutique); il a souvent des serviteurs et des esclaves (mais le cas est envisagé où il n'en a pas). Et ses soucis principaux concernent, outre sa santé, la vie et la mort de son entourage, le succès de ses entreprises, son enrichissement, son appauvrissement, le mariage de ses enfants, les charges à exercer éventuellement dans la cité. En somme une clien-

1. *Ibid.* II, conclusion
2. *Ibid* II, 44.

tèle moyenne. Le texte d'Artémidore est révélateur d'un mode d'existence et d'un type de préoccupations propres à des gens ordinaires.

Mais l'ouvrage a aussi un enjeu théorique qu'Artémidore évoque dans la dédicace à Cassius : il veut réfuter les adversaires de l'oniromancie ; il veut convaincre les sceptiques qui ne croient guère à toutes ces formes de divination par lesquelles on essaie de déchiffrer les signes annonciateurs du futur. Ses certitudes, Artémidore cherche à les établir moins par l'exposé nu des résultats qu'à travers une procédure réfléchie d'enquête et un débat de méthode.

Il ne prétend pas se passer des textes antérieurs ; il a pris soin de les lire ; mais ce n'est pas pour les recopier, comme on le fait souvent ; ce qui le sollicite dans le « déjà dit », plutôt que l'autorité établie, c'est l'expérience dans son ampleur et sa variété. Et cette expérience, il a tenu à aller la chercher non chez quelques grands auteurs, mais là où elle se forme. Artémidore est fier — il le dit dans la dédicace à Cassius Maximus, il le répète par la suite — de l'ampleur de son enquête. Non seulement il a collationné d'innombrables ouvrages, mais il a parcouru patiemment les boutiques que tenaient aux carrefours du monde méditerranéen les liseurs de songes et les diseurs d'avenir. « Pour moi, non seulement il n'est livre d'onirocritique que je n'aie acquis, déployant grande recherche à cette fin, mais encore, bien que les devins de la place publique soient grandement décriés, eux que les gens qui prennent un air grave et qui froncent les sourcils dénomment charlatans, imposteurs et bouffons, méprisant ce décri, j'ai eu commerce avec eux un grand nombre d'années, souffrant d'écouter de vieux songes et leurs accomplissements et en Grèce aux villes et aux panégyries, et en Asie, et en Italie, et dans les plus importantes et les plus populeuses des îles : il n'y avait pas d'autre moyen en effet d'être bien exercé en cette discipline[1]. » Cependant, tout ce qu'il rapporte, Artémidore entend bien ne pas le transmettre tel quel, mais le soumettre à l'« expérience » *(peira)* qui est pour lui le « canon » et le « témoin » de tout ce qu'il dit[2]. Et par là il faut entendre qu'il contrôlera les informations auxquelles il se réfère par le rapprochement avec d'autres sources, par la confrontation avec sa propre pratique, et par le travail du raisonnement et de la démonstration : ainsi rien ne sera dit « en l'air », ni par « simple conjecture ». On reconnaît les procédés d'enquête, les notions — ainsi celles d'*historia*, celles de *peira* —, les formes de contrôle et de « vérification » qui caractérisaient à cette époque, sous l'influence plus ou moins directe de la pensée sceptique, les collectes du savoir effectuées dans l'ordre de l'histoire naturelle ou de la médecine[3]. Le texte d'Artémidore offre l'avantage considérable de présenter une réflexion élaborée sur une vaste documentation traditionnelle.

Dans un pareil document, il n'est pas question de chercher les formulations d'une morale austère ou l'apparition de nouvelles exigences en matière de conduite sexuelle ; il offre plutôt des indications sur des modes d'appréciation courante et des attitudes généralement acceptées. La réflexion philosophique n'est certainement pas absente de ce texte, et on y trouve des références assez

---

1. *Ibid.*, dédicace.
2. *Ibid.*, II, conclusion.
3. R. J. White, dans son introduction à l'édition anglaise d'Artémidore, souligne plusieurs traces de l'influence empiriste et sceptique sur Artémidore. Cependant A. H. M. Kessels (« Ancient System of Dream Classification », *Mnemosune*, 1969, p. 391) affirme qu'Artémidore n'était qu'un praticien qui interprétait seulement le rêve qu'il avait quotidiennement à traiter.

claires à des problèmes et des débats contemporains ; mais elles concernent les procédures de déchiffrement et la méthode d'analyse, non les jugements de valeur et les contenus moraux. Le matériau sur lequel portent les interprétations, les scènes oniriques qu'elles traitent, à titre de présage, les situations et les événements qu'elles annoncent, appartiennent à un paysage commun et traditionnel. On peut donc demander à ce texte d'Artémidore de porter témoignage sur une tradition morale assez répandue et sans doute assez anciennement ancrée. Mais encore faut-il garder à l'esprit que si le texte abonde en détails, s'il présente à propos des rêves un tableau de différents actes et relations sexuels possibles, plus systématique que n'importe quel autre ouvrage de la même époque, il n'est en aucune manière un traité de morale, qui aurait pour but premier de formuler des jugements sur ces actes et ces relations. C'est seulement de façon indirecte qu'on peut déceler, à travers le déchiffrement des rêves, les appréciations qui sont portées sur les scènes et les actes qui y sont représentés. Les principes d'une morale ne sont pas proposés pour eux-mêmes ; on peut seulement les reconnaître à travers les cheminements mêmes de l'analyse : en interprétant les interprétations. Ce qui suppose qu'on s'arrête un instant sur les procédures de déchiffrement qu'Artémidore met en œuvre, de façon à pouvoir par la suite déchiffrer la morale qui est sous-jacente aux analyses des rêves sexuels.

1. Artémidore distingue deux formes de visions nocturnes. Il y a les rêves — *enupnia* ; ils traduisent les affects actuels du sujet, ceux qui « accompagnent l'âme en sa course » : on est amoureux, on désire la présence de l'objet aimé, on rêve qu'il est là ; on est privé de nour-

riture, on éprouve le besoin de manger, on rêve qu'on est en train de s'alimenter ; ou encore « celui qui est trop plein de mangeaille rêve qu'il vomit ou qu'il étouffe[1] » ; celui qui a peur de ses ennemis rêve qu'ils l'entourent. Cette forme de rêve a une valeur diagnostique simple : elle s'établit dans l'actualité (du présent au présent) ; elle manifeste au sujet qui dort son propre état ; elle traduit ce qui est, dans l'ordre du corps, manque ou excès, et ce qui, dans l'ordre de l'âme, est peur ou désir.

Différents sont les songes, *oneiroi*. Leur nature et leur fonction, Artémidore les découvre facilement dans les trois « étymologies » qu'il propose. L'*oneiros*, c'est ce qui *to on eirei*, « ce qui dit l'être » ; il dit ce qui est, déjà, dans l'enchaînement du temps, et se produira comme événement dans un avenir plus ou moins proche. Il est aussi ce qui agit sur l'âme et l'excite — *oreinei* ; le songe modifie l'âme, il la façonne et la modèle ; il la met dans des dispositions et provoque en elle des mouvements qui correspondent à ce qui lui est montré. On reconnaît enfin dans ce mot *oneiros* le nom du mendiant d'Ithaque, Iros, qui portait les messages qu'on lui avait confiés[2]. Terme à terme, donc, *enupnion* et *oneiros* s'opposent ; le premier parle de l'individu, le second des événements du monde ; l'un dérive des états du corps et de l'âme, l'autre anticipe sur le déroulement de la chaîne du temps ; l'un manifeste le jeu du trop et du trop peu dans l'ordre des appétits et des aversions ; l'autre fait signe à l'âme et, en même temps, la façonne. D'un côté, les rêves du désir disent le réel de l'âme dans son état actuel ; de l'autre, les songes de l'être disent l'avenir de l'événement dans l'ordre du monde.

---

1. ARTÉMIDORE, *La Clef des songes*, I, 1.
2. *Ibid.*, I, 1. Cf. *Odyssée*, XVIII, 7.

Un second clivage introduit, dans chacune des deux catégories de « vision nocturne », une autre forme de distinction : ce qui se montre clairement, de façon transparente, sans requérir déchiffrement et interprétation, et ce qui ne se donne que de façon figurée et dans des images disant autre chose que leur apparence première. Dans les rêves d'état, le désir peut être manifesté par la présence facilement reconnaissable de son objet (on voit en rêve la femme qu'on désire) ; mais il peut l'être aussi par une autre image ayant une parenté plus ou moins lointaine avec l'objet en question. Différence analogue dans les songes d'événement : certains d'entre eux désignent directement, en le montrant lui-même, ce qui existe déjà sur le mode du futur : on voit en songe couler le navire sur lequel tout à l'heure on fera naufrage ; on se voit atteint par l'arme dont on sera blessé demain : tels sont les songes dits « théorématiques ». Mais dans d'autres cas, le rapport de l'image à l'événement est indirect : l'image du navire qui se brise sur l'écueil peut signifier non pas un naufrage, non pas même un malheur, mais pour l'esclave qui a ce rêve, sa prochaine libération ; ce sont là les songes « allégoriques ».

Or, le jeu entre ces deux distinctions pose à l'interprète un problème pratique. Soit une vision donnée dans le sommeil : comment reconnaître si on a eu affaire à un rêve d'état ou à un songe d'événement ? Comment déterminer si l'image annonce directement ce qu'elle montre, ou s'il faut supposer qu'elle est la traduction de quelque chose d'autre ? Évoquant cette difficulté aux premières pages du livre IV (écrit après les trois premiers), Artémidore fait valoir l'importance primordiale qu'il y a à s'interroger sur le sujet rêvant. Il est bien certain, explique-t-il, que les rêves d'état ne sauraient se produire chez les âmes « ver-

tueuses » ; celles-ci, en effet, ont su maîtriser leurs mouvements irrationnels, donc leurs passions — désir ou peur :
elles savent aussi maintenir leur corps dans l'équilibre
entre le manque et l'excès ; pour elles, par conséquent, pas
de troubles, donc pas de ces « rêves » *(enupnia)* qui sont
toujours à comprendre comme manifestations d'affects.
C'est d'ailleurs un thème très fréquent chez les moralistes
que la vertu se marque par la disparition des rêves qui traduisent dans le sommeil les appétits ou les mouvements
involontaires de l'âme et du corps. « Les songes du dor-
meur, disait Sénèque, sont aussi tumultueux que sa journée[1]. » Plutarque s'appuyait sur Zénon pour rappeler que
c'est un signe d'avancement que de ne plus rêver qu'on
prend plaisir à des actions malhonnêtes. Et il évoquait ces
sujets qui ont assez de force pendant la veille pour combattre leurs passions et leur résister, mais qui, la nuit,
« s'affranchissant des opinions et des lois » n'éprouvent
plus de honte : s'éveille alors en eux ce qu'ils ont d'immoral et de licencieux[2].

Pour Artémidore, en tout cas, lorsqu'ils se produisent,
les rêves d'état peuvent prendre deux formes : chez la
plupart des gens, le désir ou l'aversion se manifestent
directement et sans se cacher ; mais, ils ne se manifestent
que par des signes chez ceux qui savent interpréter leurs
propres rêves ; c'est que leur âme leur « joue des tours de
façon plus artificieuse ». Ainsi un homme sans expérience, en matière d'onirocritique, verra en rêve la femme
qu'il désire ou la mort tant souhaitée de son maître.
L'âme méfiante ou habile de l'expert refusera en quelque
sorte de lui manifester l'état de désir dans lequel il se

1. SÉNÈQUE, *Lettres à Lucilius*, 56, 6.
2. PLUTARQUE, *Quomodo quis suos in virtute sentiat profectus*, 2.

trouve ; elle recourra à la ruse et par suite, au lieu de voir
tout simplement la femme qu'il désire, le rêveur verra
l'image de quelque chose qui la désigne : « un cheval, un
miroir, un navire, la mer, la femelle d'un fauve, un vêtement féminin ». Artémidore cite ce peintre de Corinthe,
âme sans doute experte, qui voyait en rêve l'effondrement
du toit de sa maison et sa propre décapitation ; on aurait
pu imaginer là le signe d'un événement futur ; or c'était
un rêve d'état : l'homme désirait la mort de son maître
— lequel vit toujours, note Artémidore en passant[1].

Quant aux songes, comment reconnaître ceux qui sont
transparents et « théorématiques » de ceux qui annoncent
par voie d'allégorie un événement autre que ce qu'ils
montrent ? Si on met à part les images extraordinaires
qui appellent évidemment une interprétation, celles qui
annoncent en clair un événement sont aussitôt sanction-
nées par la réalité : l'événement leur fait suite sans délai ;
le songe théorématique s'ouvre sur ce qu'il annonce, ne
laissant à l'interprétation ni prise possible ni délai indispensable. Les songes allégoriques se reconnaissent donc
facilement du fait qu'ils ne sont pas suivis de réalisation
directe : c'est alors qu'il convient de s'en saisir pour les
interpréter. Ajoutons encore que les âmes vertueuses
— qui n'ont pas de rêves, mais des songes seulement —
ne connaissent le plus souvent que les claires visions des
songes théorématiques. Artémidore n'a pas besoin d'expliquer ce privilège : c'était une tradition d'admettre
qu'aux âmes pures les dieux parlaient directement. Sou-
venons-nous de Platon, dans la *République* : « Lorsqu'il a
apaisé ces deux parties de l'âme [celle de l'appétit et celle
de la colère] et stimulé la troisième où réside la sagesse, et

---

1. ARTÉMIDORE, *La Clef des songes*, IV, préface.

qu'enfin il s'abandonne au repos, c'est dans ces conditions, tu le sais, que l'âme atteint le mieux la vérité[1]. » Et
dans le roman de Chariton d'Aphrodisias, au moment où
Callirhoé enfin va toucher au terme de ses épreuves, et où
son long combat pour conserver sa vertu va être récom-
pensé, elle a un songe « théorématique » qui anticipe sur
la fin du roman et constitue de la part de la déesse qui la
protège à la fois présage et promesse : « Elle se vit encore
vierge à Syracuse, entrant dans le temple d'Aphrodite,
puis sur le chemin du retour, apercevant Chairéas et,
après cela, le jour des noces, la ville entière ornée de guir-
landes, elle-même accompagnée de son père et de sa mère
jusqu'à la maison de son fiancé[2]. »

On peut dresser le tableau suivant des rapports établis
par Artémidore entre les types de rêves, leurs manières
de signifier et les modes d'être du sujet :

		Les rêves d'état		Les songes d'événements	
		Directs	Par signes	Théoré-matiques	Allégo-riques
Dans les âmes vertueuses		Jamais		Le plus souvent	
Dans les âmes ordinaires	Expertes		Le plus souvent		Le plus souvent
	Inex-pertes	Le plus souvent			

1. PLATON, *République*, IX, 572 a-b.
2. CHARITON D'APHRODISIAS, *Les Aventures de Chaeréas et de Callirhoé*, V, 5.

C'est la dernière case du tableau — celle des songes allégoriques d'événements tels qu'ils se produisent dans les âmes ordinaires — qui définit le domaine de travail de l'*onirocritique*. Là est l'interprétation possible, puisqu'il n'y a pas transparence de la vision mais utilisation d'une image pour en dire une autre ; là est l'interprétation utile, puisqu'elle permet de se préparer à un événement qui n'est pas immédiat.

2. Le déchiffrement de l'allégorie onirique se fait par la voie de l'analogie. Artémidore y revient plusieurs fois : l'art de l'onirocritique repose sur la loi de ressemblance ; elle opère par le « rapprochement du semblable avec le semblable [1] ».

Cette analogie, Artémidore la fait fonctionner sur deux plans. Il s'agit d'abord de l'analogie de nature entre l'image du songe et les éléments du futur qu'elle annonce. Pour détecter cette ressemblance, Artémidore se sert de différents moyens : identité qualitative (rêver d'un malaise pourra signifier le « mauvais état » futur de la santé ou de la fortune ; rêver de boue signifie que le corps sera encombré de substances nocives) ; identité des mots (le bélier signifie le commandement à cause du jeu *krios* - *kreiōn*) [2] ; parenté symbolique (rêver d'un lion est signe de victoire pour l'athlète ; rêver de tempêtes est signe de malheur) ; existence d'une croyance, d'un dicton populaire, d'un thème mythologique (l'ours désigne une femme à cause de Callisto l'Arcadienne) [3] ; appartenance aussi à une même catégorie de l'existence : c'est

1. ARTÉMIDORE, *op. cit.*, II, 25.
2. *Ibid.*, II, 12. Cf. la note de A.-J. Festugière, p. 112.
3. *Ibid.*, II, 12.

ainsi que le mariage et la mort peuvent se signifier l'un l'autre dans le rêve, puisque tous deux sont considérés comme un *telos*, une fin (objectif ou terme) pour la vie [1] ; similitude de pratiques (« épouser une vierge pour un malade signifie mort, car toutes les cérémonies qui accompagnent le mariage accompagnent aussi les funérailles »)[2].

Il y a aussi l'analogie en valeur. Et c'est là un point capital dans la mesure où l'onirocritique a pour fonction de déterminer si les événements qui auront lieu sont favorables ou non. Tout le domaine du signifié du songe est scandé, dans le texte d'Artémidore, par le partage, sur le mode binaire, entre le bon et le mauvais, le faste et le néfaste, l'heureux et le malheureux. La question est donc celle-ci : comment l'acte qui est représenté dans le songe peut-il annoncer avec sa valeur propre l'événement qui se produira ? Le principe général est simple. Un songe porte un pronostic favorable si l'acte qu'il représente est lui-même bon. Mais comment mesurer cette valeur ? Artémidore propose six critères. L'acte représenté est-il conforme à la nature ? Est-il conforme à la loi ? Est-il conforme à la coutume ? Est-il conforme à la *technē* — c'est-à-dire aux règles et pratiques qui permettent à une action d'atteindre ses buts ? Est-il conforme au temps (ce qui veut dire : est-il accompli au moment et dans les circonstances qui conviennent) ? Enfin, qu'en est-il de son nom (porte-t-il un nom qui en lui-même est de bon augure) ? « C'est un principe général que toutes les visions de rêve conformes à la nature ou à la loi ou à la coutume ou à l'art, ou au nom, ou

1. *Ibid.*, II, 49 et 65.
2. *Ibid.*, II, 65.

au temps sont de bon augure, que toutes les visions contraires sont funestes et sans profit[1]. » Sans doute Artémidore ajoute-t-il aussitôt que ce principe n'est pas universel et qu'il comporte des exceptions. Il peut y avoir une sorte d'inversion de valeur. Certains songes qui sont « bons au-dedans » peuvent être « mauvais au-dehors » : l'acte imaginé dans le songe est favorable (ainsi rêver qu'on soupe avec un dieu est, en soi-même, positif), mais l'événement présagé est négatif (car si le dieu est Cronos, enchaîné par ses fils, l'image signifie qu'on ira en prison)[2]. D'autres songes sont à l'inverse « mauvais au-dedans » et « bons au-dehors » : un esclave rêve qu'il est à la guerre ; c'est l'annonce de son affranchissement, car un soldat ne peut pas être esclave. Il y a donc, autour des signes et signifiés positifs ou négatifs, toute une marge de variations possibles. Il ne s'agit pas d'une incertitude qui ne pourrait être surmontée ; mais d'un domaine complexe qui demande qu'on tienne compte de tous les aspects de l'image rêvée, comme de la situation du rêveur.

Avant d'aborder l'analyse des songes sexuels telle que la pratique Artémidore, ce détour un peu long était nécessaire pour saisir le mécanisme des interprétations ; et pour déterminer comment les appréciations morales des actes sexuels se font jour dans la mantique des rêves qui les représentent. Il serait imprudent en effet d'utiliser ce texte comme un document direct sur la valeur des actes sexuels et leur légitimité. Artémidore ne dit pas s'il est bien ou non, moral ou immoral, de commettre tel acte, mais s'il est bon ou mauvais, avantageux ou redou-

1. *Ibid.*, IV, 2.
2. *Ibid.*, I, 5.

table de rêver qu'on le commet. Les principes qu'on peut dégager ne portent donc pas sur les actes eux-mêmes, mais sur leur auteur, ou plutôt sur l'acteur sexuel en tant qu'il représente, dans la scène onirique, l'auteur du songe et qu'il fait présager par là le bien ou le mal qui va lui arriver. Les deux grandes règles de l'*onirocritique* — à savoir que le songe « dit l'être » et qu'il le dit dans la forme de l'analogie — jouent ici de la manière suivante : le rêve dit l'événement, la fortune ou l'infortune, la prospérité ou le malheur qui vont caractériser dans le réel le mode d'être du sujet, et il le dit à travers un rapport d'analogie avec le mode d'être — bon ou mauvais, favorable ou défavorable — du sujet comme acteur sur la scène sexuelle du rêve. Ne cherchons pas dans ce texte un code de ce qu'il faut faire et ne pas faire ; mais le révélateur d'une éthique du sujet, qui existait encore de façon courante à l'époque d'Artémidore.

L'ANALYSE

Artémidore consacre quatre chapitres aux songes sexuels[1] — à quoi il faut ajouter beaucoup de notations dispersées. Il organise son analyse autour de la distinction entre trois types d'actes : ceux qui sont conformes à la loi *(kata nomon)*, ceux qui lui sont contraires *(para nomon)* et ceux qui sont contraires à la nature *(para phusin)*. Partage qui est loin d'être clair : aucun de ces termes n'est défini ; on ne sait comment les catégories indiquées s'articulent, ou s'il faut comprendre la « contre nature » comme une subdivision du « contre la loi » ; certains actes apparaissent dans deux rubriques à la fois. Ne supposons pas une classification rigoureuse qui répartirait tout acte sexuel possible dans le domaine ou du légal, ou de l'illégal, ou du contre nature. À les suivre dans leur détail, ces regroupements laissent apparaître cependant une certaine intelligibilité.

1. Soit d'abord les actes « conformes à la loi ». Ce chapitre, pour notre regard rétrospectif, semble mêler des choses bien différentes : l'adultère et le mariage, la fré-

1. Chap. 77-80 de la Ire partie.

quentation des prostituées, le recours aux esclaves de la maison, la masturbation d'un serviteur. Laissons de côté, pour l'instant, la signification qu'il convient de donner à cette notion de conformité à la loi. En fait, un passage de ce chapitre éclaire assez bien le déroulement de l'analyse. Artémidore pose en règle générale que les femmes sont dans le songe « les images des activités qui doivent échoir au songeur. Quelle donc que soit la femme et en quelque condition qu'elle soit, c'est dans cette condition que son activité mettra le songeur[1] ». Il faut comprendre que ce qui détermine pour Artémidore le sens pronostique du songe, et donc d'une certaine façon la valeur morale de l'acte rêvé, c'est la condition du ou de la partenaire, et non la forme de l'acte lui-même. Cette condition, il faut l'entendre au sens large : c'est le statut social de « l'autre » ; c'est le fait qu'il est marié ou non, libre ou esclave ; c'est le fait qu'il soit jeune ou vieux, riche ou pauvre ; c'est sa profession, c'est le lieu où on le rencontre ; c'est la position qu'il occupe relativement au rêveur (épouse, maîtresse, esclave, jeune protégé, etc.). Dès lors on peut comprendre, sous son désordre apparent, la manière dont le texte se déroule : il suit l'ordre des partenaires possibles, selon leur statut, leur lien au rêveur, le lieu où celui-ci les rencontre.

Les trois premiers personnages évoqués par le texte reproduisent la série traditionnelle des trois catégories de femmes auxquelles on peut avoir accès : l'épouse, la maîtresse, la prostituée. Rêver d'avoir un rapport avec sa propre femme est un signe favorable, car l'épouse est en relation d'analogie naturelle avec le métier et la profession ; comme en ceux-ci, on exerce sur elle une activité

1. *Ibid.*, I, 78.

reconnue et légitime ; d'elle, on tire profit comme d'une occupation prospère ; le plaisir qu'on prend à son commerce annonce le plaisir qu'on prendra aux bénéfices du métier. Aucune différence entre la femme et la maîtresse. Le cas des prostituées est différent. L'analyse proposée par Artémidore est assez curieuse : en elle-même la femme, comme objet dont on tire du plaisir, a une valeur positive ; et celles-ci — que le vocabulaire familier appelle parfois des « travailleuses » — sont là pour procurer ces plaisirs, et elles « se livrent sans rien refuser ». Cependant, il y a « quelque honte » à fréquenter ce genre de femmes — honte et aussi dépense ; ce qui ôte un peu de valeur, sans doute, à l'événement annoncé par le rêve qui les représente. Mais surtout, c'est le lieu de prostitution qui introduit une valeur négative : et pour deux raisons, l'une est d'ordre linguistique : si le bordel est désigné par un terme qui signifie atelier ou boutique *(ergastērion)* — ce qui implique des significations favorables —, on l'appelle aussi, comme le cimetière, l'« endroit pour tout le monde », le « lieu commun ». L'autre touche à un des points souvent évoqués aussi dans l'éthique sexuelle des philosophes et des médecins : la vaine dépense du sperme, sa déperdition, sans le profit de la descendance que la femme, elle, peut assurer. Double raison pour laquelle aller chez les prostituées peut, dans le songe, pronostiquer la mort.

En complément de la trilogie classique, femme-maîtresse-prostituée, Artémidore évoque les femmes de rencontre. Le songe alors vaut pour l'avenir ce que « vaut » socialement la femme qu'il représente : est-elle riche, bien habillée, bien pourvue de bijoux, est-elle consentante ? Le songe promet quelque chose d'avantageux. Si elle est vieille, laide, pauvre, si elle ne s'offre pas d'elle-même, le songe est défavorable.

La maisonnée offre une autre catégorie de partenaires sexuels, les serviteurs et les esclaves. On est là dans l'ordre de la possession directe : ce n'est pas par analogie que les esclaves renvoient à la richesse ; ils en font partie intégrante. Il va donc de soi que le plaisir qu'on prend en rêve avec ce type de personnage indique qu'on va « tirer plaisir de ses possessions, et que vraisemblablement, elles vont devenir plus grandes et plus magnifiques ». On exerce un droit ; on profite de ses biens. Rêves favorables par conséquent qui réalisent un statut et une légitimité. Peu importe, bien sûr, le sexe du partenaire, fille ou garçon, l'essentiel est qu'il s'agisse d'un esclave. En revanche, Artémidore fait valoir une distinction importante : celle qui concerne la position du rêveur dans l'acte sexuel ; est-il actif ou passif ? Se mettre « au-dessous » de son serviteur, renverser dans le rêve la hiérarchie sociale est de mauvais augure ; c'est le signe qu'on subira, de la part de cet inférieur, un dommage ou qu'on essuiera son mépris. Et, confirmant qu'il s'agit bien là, non d'une faute contre nature, mais d'une atteinte aux hiérarchies sociales et d'une menace contre de justes rapports de forces, Artémidore note en passant la valeur également négative des songes où le rêveur est possédé par un ennemi, ou par son propre frère, aîné ou cadet (l'égalité est rompue).

Vient ensuite le groupe des relations. Favorable, le songe où on a rapport avec une femme qu'on connaît, si elle n'est pas mariée, et si elle est riche ; car une femme qui s'offre donne non seulement son corps, mais les choses « relatives à son corps », celles qu'elle apporte avec lui (vêtements, bijoux, et d'une façon générale tous les biens matériels qu'elle possède). Le songe est défavorable en revanche s'il s'agit d'une femme mariée ; car elle est au pouvoir de son époux ; la loi interdit qu'on ait accès à elle, et punit les adultères ; et le rêveur, dans ce cas, doit s'attendre, pour l'avenir, à des châtiments du même ordre. Rêve-t-on qu'on a rapport avec un homme ? Si le rêveur est une femme (c'est là un des rares passages du texte où le rêve des femmes est pris en compte), le songe est favorable dans tous les cas, car il est conforme aux rôles naturels et sociaux de la femme. Si c'est un homme en revanche qui rêve d'être possédé par un autre, l'élément de discrimination qui permet de distinguer la valeur favorable ou défavorable du songe dépend du statut relatif des deux partenaires : le songe est bon si on est possédé par plus vieux et plus riche que soi (c'est une promesse de cadeaux) ; il est mauvais si le partenaire actif est plus jeune et plus pauvre — ou même simplement plus pauvre : signe de dépenses, en effet.

Un dernier ensemble de songes conformes à la loi concerne la masturbation. Ces songes sont très étroitement associés au thème de l'esclavage : parce qu'il s'agit d'un service qu'on se rend à soi-même (les mains sont comme des serviteurs qui obéissent à ce que demande le membre-maître) et parce que le mot qui veut dire « attacher au poteau » pour fouetter l'esclave veut également dire entrer en érection. Un esclave qui avait rêvé qu'il masturbait son maître fut, dans la réalité, condamné par lui à recevoir le fouet. On voit l'extrême ampleur de ce qui est « conforme à la loi » : il comporte aussi bien les actes conjugaux, les relations avec une maîtresse, que le rapport, actif et passif, avec un autre homme, ou encore la masturbation.

2. Le domaine qu'Artémidore considère en revanche comme « contraire à la loi » est essentiellement constitué

par l'inceste[1]. Et encore l'inceste est-il entendu au sens très strict des rapports entre parents et enfants. Quant à l'inceste avec les frères et les sœurs, il est assimilé au rapport père-fille s'il se produit entre un frère et sa sœur ; entre deux frères, en revanche, Artémidore semble hésiter à le placer dans l'ordre du *kata nomon* ou dans celui du *para nomon*. Il en parle en tout cas dans les deux rubriques.

Lorsqu'un père rêve qu'il a des rapports avec sa fille ou son fils la signification est pratiquement toujours défavorable. Soit pour des raisons physiques immédiates : si l'enfant est tout petit — moins de cinq ans ou dix ans —, le dommage physique, consécutif à un tel acte, laisse prévoir sa mort ou sa maladie. Si l'enfant est plus grand, le rêve est encore mauvais parce qu'il met en jeu des relations impossibles ou funestes. Jouir de son fils, « dépenser » en lui sa semence, c'est là un acte inutile : vaine dépense dont on ne saurait tirer aucun profit, et qui annonce par conséquent une grande perte d'argent. S'unir à lui, quand il est devenu tout à fait grand, alors que le père et le fils ne peuvent coexister sans conflit dans une maison où tous deux voudraient commander, est forcément de mauvais augure. Dans un seul cas, ce genre de songe est bon : lorsque le père entreprend un voyage avec son fils et qu'il a donc une affaire commune à exécuter avec lui ; mais si dans de tels rêves, le père est en position de passivité (que le rêveur soit le fils ou le père), les significations sont funestes : l'ordre des hiérarchies, les pôles de la domination et de l'activité sont renversés. La « possession » sexuelle du père par le fils annonce hostilité et

1. *Ibid.*, I, 79-80.

conflit[1]. Rêver qu'on s'unit à sa fille n'est guère meilleur
pour le père. Ou bien cette « dépense », dans le corps
d'une fille qui un jour va se marier, emportant ainsi
chez un autre la semence du père, présage une grosse
perte d'argent. Ou bien ce rapport, si la fille est déjà
mariée, indique qu'elle quittera son mari, qu'elle reviendra chez elle, qu'il faudra subvenir à ses besoins ; le rêve
n'est favorable que dans le cas où le père étant pauvre,
la fille peut revenir riche, donc capable de subvenir aux
besoins de son père [2].

D'une façon qui peut sembler étrange, l'inceste avec
la mère (toujours envisagé par Artémidore comme
inceste fils-mère et jamais mère-fille) est souvent porteur de présages favorables. Faut-il en conclure, selon le
principe artémidorien de la corrélation entre valeur pronostique et valeur morale, que l'inceste mère-fils n'est
pas considéré comme fondamentalement blâmable ? Ou
faut-il y voir une des exceptions, prévues par Artémidore, au principe général qu'il énonce ? Il n'y a pas de
doute qu'Artémidore considère l'inceste mère-fils comme
moralement condamnable. Mais il est remarquable qu'il
lui prête des valeurs pronostiques souvent favorables, en
faisant de la mère une sorte de modèle et comme de
matrice d'un grand nombre de relations sociales, et de
formes d'activité. La mère, c'est le métier ; s'unir à elle
signifie donc succès et prospérité dans sa profession. La
mère, c'est la patrie : qui rêve d'un rapport avec elle
peut prévoir qu'il reviendra chez lui s'il est exilé, ou

---

1. Noter cependant que dans une interprétation donnée au livre IV, 4, pénétrer son fils avec une sensation de plaisir est signe qu'il vivra ; avec une sensation
de souffrance qu'il mourra. Artémidore note que dans ce cas, c'est le détail du
plaisir qui détermine le sens.
2. *La Clef des songes*, I, 78.

qu'il rencontrera la réussite dans la vie politique. La mère, c'est encore la terre féconde d'où on est sorti : si on est en procès quand on a un songe d'inceste, c'est qu'on obtiendra la possession litigieuse ; si on est cultivateur, c'est qu'on aura une riche récolte. Danger cependant pour les malades : s'enfoncer dans cette mère-terre veut dire qu'on mourra.

3. Les actes « contre nature » donnent lieu chez Artémidore à deux développements successifs : l'un concerne ce qui s'écarte de la position fixée par la nature (et ce développement vient en annexe de l'interprétation des songes d'inceste) ; l'autre concerne les relations dans lesquelles c'est le partenaire qui par sa « nature » propre définit le caractère contre nature de l'acte[1].

Artémidore pose en principe que la nature a fixé une forme d'acte sexuel bien définie pour chaque espèce : une position naturelle et une seule dont les animaux ne se départissent pas : « Les uns couvrent les femelles par l'arrière comme le cheval, l'âne, la chèvre, le bœuf, le cerf et le reste des quadrupèdes. D'autres unissent d'abord leurs bouches comme les vipères, les colombes et les belettes ; les femelles des poissons recueillent le sperme expulsé par le mâle. » De la même façon, les humains ont reçu de la nature un mode très précis de conjonction : le face à face, l'homme étant allongé au-dessus de la femme. Sous cette forme, le commerce sexuel est un acte de possession pleine : pourvu qu'elle « obéisse » et qu'elle soit « consentante », on est maître alors « de tout le corps de sa compagne ». Toutes les autres positions sont des « inventions de la démesure, de

1. *Ibid.*, I, 79-80.

l'intempérance et des excès naturels auxquels mène l'ivresse ». Il y a toujours dans ces rapports non naturels le présage de rapports sociaux défectueux (mauvaises relations, hostilité), ou l'annonce d'une mauvaise passe du point de vue économique (on est mal à l'aise, on est « gêné »).

Parmi ces « variantes » de l'acte sexuel, Artémidore fait un sort particulier à l'érotisme oral. Sa réprobation — et c'est là une attitude très souvent attestée dans l'Antiquité[1] — est violente : « acte affreux », « faute morale » dont la représentation en rêve ne peut prendre une valeur positive que si elle renvoie à l'activité professionnelle du rêveur (s'il est orateur, joueur de flûte, ou professeur de rhétorique), vaine évacuation de semence, cette pratique annonce en songe une dépense inutile. Usage non conforme à la nature, et qui empêche par la suite le baiser ou le repas pris en commun, il présage la rupture, les hostilités, parfois la mort.

Mais il y a d'autres façons de se mettre hors nature dans les rapports sexuels : par la nature même des partenaires. Artémidore énumère cinq possibilités : rapports avec les dieux, avec les animaux, avec les cadavres, rapports avec soi-même, ou enfin relations entre deux femmes. La présence de ces deux dernières catégories parmi les actes qui échappent à la nature est plus énigmatique que celle des autres. La relation avec soi-même ne doit pas être comprise comme la masturbation ; de celle-ci une mention est faite parmi les actes « conformes à la loi ». Ce dont il est question, dans le rapport hors nature avec soi-même, c'est de la pénétration du sexe dans son propre corps, du baiser porté par soi-même sur

---

1. P. Veyne, « L'homosexualité à Rome », in *L'Histoire*, janvier 1981, p. 78.

son propre sexe, de l'absorption du sexe dans la bouche. Le premier type de songe annonce pauvreté, indigence et souffrance ; le second promet la venue des enfants, si on n'en a pas encore, ou leur retour, s'ils sont absents ; le dernier signifie que les enfants mourront, qu'on sera privé de femmes et de maîtresses (car on n'a pas besoin de femmes quand on peut se servir soi-même) ou qu'on sera réduit à une extrême pauvreté.

Quant aux relations entre femmes, on peut se demander pourquoi elles apparaissent dans la catégorie des actes « hors nature », alors que les rapports entre hommes se distribuent dans les autres rubriques (et essentiellement dans celle des actes conformes à la loi). La raison en est sans doute dans la forme de relation qu'Artémidore retient, celle de la pénétration : par un quelconque artifice, une femme usurpe le rôle de l'homme, prend abusivement sa position, et possède l'autre femme. Entre deux hommes, l'acte viril par excellence, la pénétration, n'est pas en lui-même une transgression de la nature (même s'il peut être considéré comme honteux, inconvenant, pour l'un des deux de le subir). En revanche, entre deux femmes un pareil acte qui s'effectue en dépit de ce qu'elles sont l'une et l'autre, et par le recours à des subterfuges, est tout aussi hors nature que la relation d'un humain avec un dieu ou un animal. Rêver de ces actes signifie qu'on aura des activités vaines, qu'on se séparera de son mari, ou qu'on deviendra veuve. Le rapport entre les deux peut aussi signifier la communication ou la connaissance des « secrets » féminins.

3

LE SONGE ET L'ACTE

Deux traits sont à noter parce qu'ils marquent toute l'analyse du songe sexuel chez Artémidore. D'abord, le rêveur est toujours présent dans son propre songe ; les images sexuelles que déchiffre Artémidore ne constituent jamais une pure et simple fantasmagorie dont le rêveur serait le spectateur et qui se déroulerait sous ses yeux mais indépendamment de lui. Il y prend toujours part, et à titre d'acteur principal ; ce qu'il voit, c'est lui-même dans son activité sexuelle : il y a superposition exacte entre le sujet rêvant d'un acte, et le sujet de l'acte tel qu'il est vu dans le songe. D'autre part, on peut remarquer que dans l'ensemble de son ouvrage, Artémidore fait assez rarement intervenir les actes et plaisirs sexuels à titre d'éléments signifiés ou présagés ; c'est de façon relativement exceptionnelle qu'une image quelconque donnée dans le songe annonce la venue d'un acte sexuel ou la privation d'un plaisir[1]. En revanche, ceux-ci sont analysés et regroupés, dans les trois chapitres ici étudiés, comme composants du songe et éléments présa-

1. Les éléments sexuels apparaissent comme le signifié du rêve dans un certain nombre de cas, ainsi au livre IV, chap. 37, 41, 46, 66 ; et au livre V, 24, 44, 45, 62, 65, 67, 95.

geants; Artémidore ne les fait guère figurer que du côté du « signifiant », et presque jamais du côté du « signifié », images et non pas sens, représentation et non pas événement représenté. L'interprétation d'Artémidore va donc se situer sur une ligne qui est tracée entre l'acteur de l'acte sexuel et le rêveur du rêve, allant ainsi du sujet au sujet; et, partant de l'acte sexuel et du rôle du sujet tel qu'il se représente lui-même dans son rêve, le travail de l'interprétation aura pour objectif de déchiffrer ce qui va arriver au rêveur, une fois revenu dans la vie éveillée.

Dès le premier regard, il apparaît que la mantique d'Artémidore déchiffre très régulièrement, dans les songes sexuels, une signification sociale. Certes, il arrive que ces songes annoncent une péripétie dans l'ordre de la santé — maladie ou rétablissement; il arrive qu'ils soient signes de mort. Mais dans une proportion beaucoup plus importante, ils renvoient à des événements comme le succès ou l'insuccès dans les affaires, l'enrichissement ou l'appauvrissement, la prospérité ou le revers de la famille, une entreprise avantageuse ou non, des mariages favorables ou des alliances malencontreuses, des disputes, des rivalités, des réconciliations, de bonnes ou de mauvaises chances dans la carrière publique, un exil, une condamnation. Le songe sexuel présage la destinée du rêveur dans la vie sociale; l'acteur qu'il est sur la scène sexuelle du rêve anticipe sur le rôle qui sera le sien sur la scène de la famille, du métier, des affaires et de la cité.

Il y a d'abord à cela deux raisons. La première est d'ordre tout à fait général : elle tient à un trait de langue dont Artémidore fait un grand usage. Il existe en effet en grec — comme d'ailleurs à des degrés divers dans bien d'autres langues — une ambiguïté très marquée entre le sens sexuel et le sens économique de certains termes.

Ainsi le mot *sōma* qui désigne le corps se réfère aussi aux richesses et aux biens; de là la possibilité d'équivalence entre la « possession » d'un corps et la possession des richesses[1]. *Ousia*, c'est la substance, c'est aussi la fortune, mais c'est également la semence et le sperme : la perte de celui-ci voudra dire la dépense de celle-là[2]. Le terme *blabē*, le dommage, peut se rapporter aux revers de fortune, aux pertes d'argent, mais aussi au fait qu'on est la victime d'une violence et qu'on est objet passif dans un acte sexuel[3]. Artémidore joue aussi sur la polysémie du vocabulaire de la dette : les mots qui signifient qu'on est astreint à payer et qu'on cherche à se libérer peuvent également vouloir dire qu'on est pressé par un besoin sexuel, et qu'en lui donnant satisfaction, on s'en affranchit : le terme d'*anagkaion* qui est utilisé pour désigner le membre viril est au carrefour de ces significations[4].

Une autre raison tient à la forme et à la destination particulière de l'ouvrage d'Artémidore : livre d'homme qui s'adresse essentiellement aux hommes pour mener leur vie d'hommes. Il faut se rappeler en effet que l'interprétation des songes n'est pas considérée comme affaire de pure et simple curiosité personnelle; c'est un travail utile pour gérer son existence et se préparer aux événements qui vont se produire. Puisque les nuits disent ce

---

1. *Ibid.*, II, 77. Cf. aussi IV, 4 sur l'équivalence entre posséder (pénétrer) et posséder (avoir acquis).
2. *Ibid.*, I, 78.
3. *Ibid.*, I, 78. Cf. aussi IV, 68 où rêver qu'on devient un pont signifie qu'on sera prostitué : « Si une femme ou un beau garçon rêvaient qu'ils deviennent des ponts, ils se feraient prostitués et beaucoup de gens leur passeraient dessus. » Un homme riche qui avait eu ce même rêve se trouva dans une situation où il fut « méprisé et comme foulé aux pieds ».
4. *Ibid.*, I, 79; cf. aussi I, 45.

dont les jours seront faits, il est bon, pour mener comme il faut son existence d'homme, de maître de maison, de père de famille, de savoir déchiffrer les rêves qui s'y produisent. Telle est la perspective des livres d'Artémidore : un guide pour que l'homme responsable, le maître de maison puisse se conduire dans le quotidien, en fonction des signes qui peuvent le préfigurer. C'est donc le tissu de cette vie familiale, économique, sociale qu'il s'efforce de retrouver dans les images du rêve.

Mais ce n'est pas tout : la pratique interprétative, telle qu'elle est à l'œuvre dans le discours d'Artémidore, montre que le rêve sexuel lui-même est perçu, élaboré, analysé comme une scène sociale ; s'il annonce « du bon et du mauvais » dans le domaine du métier, du patrimoine, de la famille, de la carrière politique, du statut, des amitiés et des protections, c'est que les actes sexuels qu'ils représentent sont constitués des mêmes éléments que lui. À suivre les procédures d'analyse qu'utilise Artémidore, on voit clairement que l'interprétation des songes d'*aphrodisia* en termes de succès ou d'insuccès, de réussite ou d'infortune sociale, suppose une sorte de consubstantialité entre les deux domaines. Et cela apparaît à deux niveaux : celui des éléments du songe retenus comme matériaux pour l'analyse, et celui des principes qui permettent de prêter un sens (une « valeur » pronostique) à ces éléments.

1. Quels sont les aspects du songe sexuel qu'Artémidore retient et rend pertinents dans son analyse ?

Les personnages d'abord. Du rêveur lui-même, Artémidore ne retiendra par exemple ni le passé proche ou lointain, ni l'état d'âme, ni en général les passions ; mais les traits sociaux : la classe d'âge à laquelle il appartient,

s'il fait ou non des affaires, s'il a des responsabilités politiques, s'il cherche à marier ses enfants, s'il est menacé
par la ruine ou par l'hostilité de ses proches, etc. C'est
également comme « personnages » que les partenaires
représentés dans le songe sont envisagés ; le monde onirique du rêveur d'Artémidore est peuplé d'individus qui
n'ont guère de traits physiques, et qui ne paraissent pas
avoir beaucoup de liens affectifs ou passionnels avec le
rêveur lui-même ; ils n'apparaissent que comme des pro-
fils sociaux : des jeunes, des vieux (ils sont en tout cas
plus jeunes ou plus vieux que le rêveur), des riches ou
des pauvres ; ce sont des gens qui apportent des richesses
ou demandent des cadeaux ; ce sont des relations flat-
teuses ou humiliantes ; ce sont des supérieurs auxquels il
convient de céder, ou des inférieurs dont on peut profiter légitimement ; ce sont des gens de la maison ou de
l'extérieur ; ce sont des hommes libres, des femmes en
puissance de mari, des esclaves ou des prostitués de
métier.

Quant à ce qui se passe entre ces personnages et le
rêveur, la sobriété d'Artémidore est tout à fait remarquable. Pas de caresses, pas de combinaisons compli-
quées, pas de fantasmagorie ; mais quelques variations
très simples autour d'une forme essentielle, la pénétration. C'est elle qui semble constituer l'essence même de
la pratique sexuelle, la seule en tout cas qui mérite d'être
retenue et qui fasse sens dans l'analyse du songe. Beaucoup plus que le corps lui-même, avec ses différentes
parties, beaucoup plus que le plaisir avec ses qualités et
intensités, l'acte de pénétration apparaît comme qualifi-
cateur des actes sexuels, avec ses quelques variantes de
position et surtout ses deux pôles d'activité et de passivité. La question qu'Artémidore pose sans cesse aux

songes qu'il étudie est bien de savoir qui pénètre qui. Le sujet qui rêve (presque toujours un homme) est-il actif ou passif ? Est-il celui qui pénètre, domine, prend du plaisir ? Est-il celui qui se soumet ou qui est possédé ? Qu'il s'agisse de rapports avec un fils ou avec un père, avec une mère ou avec un esclave, la question revient presque infailliblement (à moins qu'elle ne soit déjà implicitement résolue) : comment s'est faite la pénétration ? Ou plus précisément : quelle était la position du sujet dans cette pénétration ? Il n'est pas jusqu'au rêve « lesbien » qui ne soit interrogé de ce point de vue et de ce point de vue seulement.

Or cet acte de pénétration — cœur de l'activité sexuelle, matière première de l'interprétation et foyer du sens pour le rêve — est immédiatement perçu à l'intérieur d'une scénographie sociale. Artémidore voit l'acte sexuel d'abord comme un jeu de supériorité et d'infériorité : la pénétration place les deux partenaires dans un rapport de domination et de soumission ; elle est victoire d'un côté, défaite de l'autre ; elle est droit qui s'exerce pour l'un des partenaires, nécessité qui est imposée à l'autre ; elle est statut qu'on fait valoir ou condition qu'on subit ; elle est avantage dont on profite, ou acceptation d'une situation dont on laisse le bénéfice aux autres. Ce qui conduit à l'autre aspect de l'acte sexuel ; Artémidore le voit aussi comme un jeu « économique » de dépense et de profit ; profit, le plaisir qu'on prend, les sensations agréables qu'on éprouve ; dépense, l'énergie nécessaire à l'acte, la déperdition de semence, cette précieuse substance vitale, et la fatigue qui s'ensuit. Beaucoup plus que toutes les variables qui pourraient venir des différents gestes possibles, ou des différentes sensations qui les accompagnent, beaucoup plus que tous les tableaux possibles que le songe pourrait présenter, ce sont ces éléments concernant la pénétration comme jeu « stratégique » de domination-soumission et comme jeu « économique » de dépense-bénéfice qui sont retenus par Artémidore pour développer son analyse.

Ces éléments peuvent bien nous paraître, de notre point de vue, pauvres, schématiques, sexuellement « décolorés » ; mais il faut noter qu'ils saturent par avance l'analyse d'éléments socialement marqués ; l'analyse d'Artémidore fait apparaître des personnages prélevés sur une scène sociale dont ils portent encore toutes les caractéristiques ; et elle les distribue autour d'un acte essentiel qui se situe à la fois sur le plan des conjonctions physiques, sur celui des relations sociales de supériorité et d'infériorité et sur celui des activités économiques de dépense et de profit.

2. Comment, à partir de ces éléments ainsi retenus et rendus pertinents pour l'analyse, Artémidore va-t-il établir la « valeur » du rêve sexuel ? Et par là, il faut entendre non seulement le type d'événement qui est annoncé de façon allégorique, mais surtout — ce qui est l'aspect essentiel pour une analyse pratique — sa « qualité », c'est-à-dire son caractère favorable ou défavorable pour le sujet. On se souvient de l'un des principes fondamentaux de la méthode : la qualité pronostique du rêve (le caractère favorable ou non de l'événement présagé) dépend de la valeur de l'image présageante (le caractère bon ou mauvais de l'acte représenté en songe). Or, au fil de l'analyse et des exemples donnés, on a pu voir qu'un acte sexuel à « valeur positive » du point de vue d'Artémidore n'est pas toujours ni exactement un acte sexuel permis par la loi, honoré par l'opinion,

accepté par la coutume. Il y a, bien sûr, des coïncidences majeures : rêver qu'on a rapport avec sa propre épouse ou sa propre maîtresse est bon ; mais il y a des décalages, et importants : la valeur favorable du rêve d'inceste avec la mère en est l'exemple le plus frappant. Il faut s'interroger : quelle est cette autre façon de qualifier les actes sexuels, ces autres critères qui permettent de dire qu'ils sont « bons » en songe et pour le rêveur, alors qu'ils seraient blâmables dans la réalité ? Il semble bien que ce qui fait la « valeur » d'un acte sexuel rêvé, c'est le rapport qui s'établit entre le rôle sexuel et le rôle social du rêveur. Plus précisément, on peut dire qu'Artémidore trouve « favorable » et de bon pronostic un songe où le rêveur exerce son activité sexuelle avec son partenaire selon un schéma conforme à ce qu'est ou doit être son rapport avec ce même partenaire dans la vie sociale et non sexuelle ; c'est l'ajustement à la relation sociale « éveillée » qui est qualificatrice de la relation sexuelle onirique.

Pour être « bon » l'acte sexuel dont on rêve a besoin d'obéir à un principe général d'« isomorphisme ». Et pour continuer à parler schématiquement, on pourrait ajouter que ce principe prend deux formes : celle d'un principe d'« analogie de position », et celle d'un principe d'« adéquation économique ». Selon le premier de ces principes, un acte sexuel sera bon dans la mesure où le sujet qui rêve occupe dans son activité sexuelle avec son partenaire une position conforme à celle qui est la sienne dans la réalité avec ce même partenaire (ou un partenaire de même type) : ainsi être « actif » avec son esclave (quel qu'en soit le sexe) est bon ; ou être actif avec une ou un prostitué ; ou être actif avec un garçon jeune et pauvre ; mais il sera « bon » d'être passif avec plus vieux que soi et plus riche, etc. C'est en vertu de ce principe d'isomorphisme que le rêve d'inceste avec la mère est chargé de tant de valeurs positives : on y voit en effet le sujet en position d'activité par rapport à une mère qui l'a fait naître et qui l'a nourri, et qu'il doit en retour cultiver, honorer, servir, entretenir et enrichir, comme une terre, une patrie, une cité. Mais pour que l'acte sexuel ait dans le rêve une valeur positive, il faut aussi qu'il obéisse à un principe d'« adéquation économique » ; il faut que la « dépense » et le « bénéfice » que comporte cette activité soient convenablement réglés : en quantité (beaucoup de dépense pour peu de plaisir n'est pas bon) et en direction aussi (ne pas faire de dépenses vaines avec ceux ou celles qui ne sont pas en position de restituer, de compenser ou d'être utiles en retour). C'est ce principe qui fait qu'il est bon de rêver d'un rapport sexuel avec des esclaves : on profite de son bien ; ce qu'on a acheté pour le bénéfice du travail donne en outre celui du plaisir. C'est aussi ce qui donne ses significations multiples aux songes dans lesquels un père a rapport avec sa fille : selon que celle-ci est mariée ou non, que le père lui-même est veuf ou pas, que le gendre est plus riche ou plus pauvre que le beau-père, le rêve signifiera ou bien dépense pour la dot, ou bien aide venant de la fille, ou bien obligation de l'entretenir après son divorce.

On peut résumer tout cela en disant que le fil directeur de l'interprétation d'Artémidore, quant à la valeur pronostique des rêves sexuels, implique la décomposition et l'analyse des rêves sexuels en éléments (personnages et actes) qui sont, par nature, des éléments sociaux ; et qu'il indique une certaine façon de qualifier les actes sexuels en fonction de la manière dont le sujet rêveur maintient comme sujet de l'acte rêvé sa position de sujet social.

Dans la scène du rêve, l'acteur sexuel (qui est toujours le rêveur, et qui pratiquement est toujours un homme adulte) doit, pour que son rêve soit bon, maintenir son rôle d'acteur social (même s'il arrive que l'acte soit blâmable dans la réalité). N'oublions pas que tous les rêves sexuels qu'Artémidore analyse sont considérés par lui comme de la catégorie du songe *(oneiros)*; ils disent donc « ce qui va être » : et ce qui « va être » en l'occurrence, et se trouve « dit » dans le rêve, c'est la position du rêveur comme sujet d'activité — actif ou passif, dominant ou dominé, vainqueur ou vaincu, « au-dessus » ou « au-dessous », profitant ou dépensant, prélevant des bénéfices ou éprouvant des pertes, se trouvant en posture avantageuse ou subissant des dommages. Le rêve sexuel dit dans la petite dramaturgie de la pénétration et de la passivité, du plaisir et de la dépense, le mode d'être du sujet, tel que le destin l'a préparé.

On pourrait peut-être, à titre de confirmation, citer un passage de *La Clef des songes*, qui montre bien la communication entre ce qui constitue l'individu comme sujet actif dans la relation sexuelle, et ce qui le situe dans le champ des activités sociales. Il s'agit, dans une autre section du livre, du texte consacré à la signification des différentes parties du corps dans le songe. L'organe masculin — celui qu'on appelle l'*anagkaion* (l'élément « nécessaire », celui dont les besoins nous contraignent et par la force duquel on contraint les autres) — est signifiant de tout un faisceau de relations et d'activités qui fixent le statut de l'individu dans la cité et dans le monde ; y figurent la famille, la richesse, l'activité de parole, le statut, la vie politique, la liberté, et finalement le nom même de l'individu. « Le membre viril est assimilé aux parents, car il retient le principe générateur ; à la femme et à la maîtresse parce qu'il est approprié aux choses de l'amour ; aux frères et à tous les parents consanguins parce que la cause initiale de toute la famille dépend du membre viril ; à la force et à la virilité corporelles, parce qu'il en est lui aussi la cause ; aux discours et à l'éducation, parce que de toutes choses, le membre viril est celui qui a plus de force génératrice que le discours… Le membre viril est en outre assimilé au profit et au gain, parce qu'il est tantôt en tension, tantôt relâché et qu'il peut fournir ou sécréter (…) Il l'est à la pauvreté, à l'esclavage, aux chaînes, parce qu'il est nommé "contraignant" et qu'il est le symbole de la contrainte. Il l'est en outre au respect qu'inspire un haut rang : car on le nomme "révérence" et respect (…) S'il est devenu double, il signifie que toutes les choses présentes seront doubles, sauf la femme et la maîtresse ; dans ce cas-là le membre double prive, car on ne peut se servir à la fois de deux membres virils. Je connais quelqu'un qui, étant esclave, rêva qu'il avait trois phallus : il fut affranchi et au lieu d'un nom en eut trois, car il s'ajouta les deux noms de celui qui l'avait affranchi. Mais cela n'arriva qu'une seule fois : or il ne faut pas interpréter les songes d'après les cas rares, mais d'après ceux qui se produisent le plus souvent[1]. »

Le membre viril, on le voit, apparaît au carrefour de tous ces jeux de la maîtrise : maîtrise de soi, puisque ses exigences risquent de nous asservir si nous nous laissons contraindre par lui ; supériorité sur les partenaires sexuels, puisque c'est par lui que s'effectue la pénétration ; privilèges et statut, puisqu'il signifie tout le champ de la parenté et de l'activité sociale.

---

1. *Ibid.*, I, 45.

*

Le paysage qu'évoquent les chapitres d'Artémidore consacrés aux songes sexuels est un paysage familier à l'Antiquité. Il est facile d'y retrouver des traits de mœurs et des coutumes que pourraient attester bien d'autres témoignages, antérieurs ou contemporains. On est dans un monde très fortement marqué par la position centrale du personnage masculin et par l'importance accordée au rôle viril dans les rapports de sexe. On est dans un monde où le mariage est assez valorisé pour être considéré comme le meilleur cadre possible pour les plaisirs sexuels. Dans ce monde l'homme marié peut aussi avoir sa maîtresse; disposer de ses serviteurs, garçons ou filles; fréquenter les prostituées. Dans ce monde enfin les rapports entre hommes paraissent aller de soi, sous réserve cependant de certaines différences d'âge ou de statut.

On peut également remarquer la présence de plusieurs éléments de code. Mais il faut reconnaître qu'ils sont à la fois peu nombreux et assez flous : quelques grandes prohibitions qui se manifestent dans la forme de répulsions vives : fellation, rapports entre femmes et surtout usurpation par l'une d'entre elles du rôle masculin; une définition très restrictive de l'inceste conçu essentiellement comme le rapport entre les ascendants et les enfants; une référence à une forme canonique et naturelle d'acte sexuel. Mais il n'y a rien dans le texte d'Artémidore qui se réfère à une grille permanente et complète des classifications entre les actes permis et ceux qui sont défendus; rien qui trace exactement entre ce qui est de la nature et ce qui est « contre nature » une ligne de partage claire et définitive. Et surtout ce ne sont pas, semble-t-il, ces éléments de code qui jouent le rôle le plus important et le plus déterminant pour fixer la « qualité » — au moins en rêve et dans sa fonction de présage — d'un acte sexuel.

En revanche, on peut percevoir, à travers la démarche même de l'interprétation, une autre manière d'envisager les actes sexuels et d'autres principes d'appréciation : non pas à partir de l'acte considéré dans sa forme plus ou moins régulière, mais à partir de l'acteur, de sa manière d'être, de sa situation propre, de son rapport aux autres et de la position qu'il occupe vis-à-vis d'eux. La question principale paraît porter beaucoup moins sur la conformité des actes à une structure naturelle ou à une réglementation positive, que sur ce qu'on pourrait appeler le « style d'activité » du sujet, et la relation qu'il établit entre l'activité sexuelle et les autres aspects de son existence familiale, sociale, économique. Le mouvement de l'analyse et les procédures de valorisation ne vont pas de l'acte à un domaine comme pourrait l'être celui de la sexualité, ou celui de la chair, dont les lois divines, civiles ou naturelles dessineraient les formes permises ; ils vont du sujet comme acteur sexuel aux autres domaines de la vie où il exerce son activité ; et c'est dans le rapport entre ces différentes formes d'activité que se situent non pas exclusivement, mais pour l'essentiel, les principes d'appréciation d'une conduite sexuelle.

On retrouve là facilement les principaux caractères de l'expérience morale des *aphrodisia*, telle qu'elle était apparue dans les textes de l'époque classique. Et le livre d'Artémidore, dans la mesure même où il ne formule pas une éthique, mais où il utilise pour interpréter les rêves une manière de percevoir et de juger les plaisirs sexuels qui lui est contemporaine, atteste la durée et la solidité de cette forme d'expérience.

Si on se tourne cependant vers des textes qui ont pour objectif de réfléchir sur les pratiques sexuelles elles-mêmes et de donner à ce sujet des conseils de conduite et des préceptes d'existence, on peut noter un certain nombre de modifications par rapport aux doctrines d'austérité qui étaient formulées dans la philosophie du IVe siècle. Ruptures, changements radicaux, apparition d'une nouvelle forme d'expérience des plaisirs ? Certainement pas. Et pourtant, des inflexions sont sensibles : une attention plus vive, davantage d'inquiétude à propos de la conduite sexuelle, une importance plus grande accordée au mariage et à ses exigences, et moins de valeur prêtée à l'amour des garçons : un style plus rigoureux, en somme. On est dans l'ordre des évolutions lentes. Mais à travers des thèmes qui se développent, s'accentuent et se renforcent, on peut apercevoir une modification d'un autre type : elle concerne la façon dont la pensée morale définit le rapport du sujet à son activité sexuelle.

CHAPITRE II

La culture de soi

Méfiance vis-à-vis des plaisirs, insistance sur les effets de leur abus pour le corps et pour l'âme, valorisation du mariage et des obligations conjugales, désaffection à l'égard des significations spirituelles prêtées à l'amour des garçons : il y a dans la pensée des philosophes et des médecins au cours des deux premiers siècles toute une sévérité dont témoignent les textes de Soranus et de Rufus d'Éphèse, de Musonius ou de Sénèque, de Plutarque comme d'Épictète ou de Marc Aurèle. C'est un fait d'ailleurs qu'à cette morale, les auteurs chrétiens ont fait — explicites ou non — des emprunts massifs ; et la plupart des historiens d'aujourd'hui s'accordent à reconnaître l'existence, la vigueur et le renforcement de ces thèmes d'austérité sexuelle dans une société dont les contemporains décrivaient, pour lui en faire reproche le plus souvent, l'immoralité et les mœurs dissolues. Laissons de côté la question de savoir si ce blâme était justifié : à ne considérer que les textes qui en parlent et la place qu'ils lui donnent, il semble bien que soit devenue plus insistante « la question des plaisirs », et plus précisément l'inquiétude devant les plaisirs sexuels, le rapport qu'on peut avoir avec eux et l'usage qu'on doit en faire. Problématisation plus intense des *aphrodisia* dont il faut essayer de ressaisir à la fois les formes particulières et les motifs.

Pour rendre compte de cette accentuation nouvelle, on peut avoir recours à diverses explications. On peut la mettre en rapport avec certains efforts de moralisation entrepris sur un mode plus ou moins autoritaire par le pouvoir politique ; ces efforts ont été particulièrement explicites et appuyés sous le principat d'Auguste ; et dans ce dernier cas, il est vrai que des mesures législatives, protégeant le mariage, favorisant la famille, réglementant le concubinage et condamnant l'adultère ont été accompagnées d'un mouvement d'idées — lequel n'était peut-être pas entièrement artificiel — qui opposait, au relâchement du temps présent, la nécessité d'un retour à la rigueur des mœurs anciennes. On ne peut toutefois s'en tenir à cette référence ; et il serait sans doute inexact de voir dans ces mesures et ces idées l'amorce d'une évolution multiséculaire devant conduire à un régime dans lequel la liberté sexuelle serait plus strictement limitée par les institutions et les lois — qu'elles soient civiles ou religieuses. Ces tentatives politiques, en effet, ont été trop sporadiques, elles avaient des objectifs trop limités et elles ont eu trop peu d'effets généraux et permanents pour rendre compte d'une tendance à l'austérité qui s'est manifestée si souvent dans la réflexion morale au long des deux premiers siècles. D'autre part, il est remarquable qu'à de rares exceptions près [1], cette volonté de rigueur exprimée par les moralistes n'a guère pris la forme d'une demande d'intervention de la part de la

1. Ainsi DION DE PRUSE (*Discours* VII) envisage certaines mesures qu'il faudrait prendre pour faire régner la vertu, mais dans le cadre des problèmes posés par la pauvreté.

puissance publique; on ne trouverait pas chez les philosophes de projet pour une législation contraignante et
générale des comportements sexuels; ils incitent à
davantage d'austérité les individus qui veulent mener
une autre vie que celle « des plus nombreux »; ils ne
cherchent pas quelles sont les mesures ou les châtiments
qui pourraient les y contraindre tous de façon uniforme.
En outre, si on peut parler d'une austérité accentuée, ce
n'est pas au sens où des prohibitions plus rigoureuses
auraient été proposées : après tout, les régimes médicaux
du Iᵉʳ et du IIᵉ siècle ne sont pas, d'une façon générale,
beaucoup plus restrictifs que celui de Dioclès; la fidélité
conjugale érigée par les stoïciens n'est pas plus rigoureuse que celle de Nicoclès, lorsqu'il se vantait de
n'avoir de rapports avec aucune autre femme que la
sienne; et Plutarque, dans le *Dialogue sur l'Amour*, est
plutôt plus indulgent à propos des garçons que le rigoureux législateur des *Lois*. En revanche, ce qui se marque
dans les textes des premiers siècles — plus que des interdits nouveaux sur les actes — c'est l'insistance sur l'attention qu'il convient de porter à soi-même; c'est la
modalité, l'ampleur, la permanence, l'exactitude de la
vigilance qui est demandée; c'est l'inquiétude à propos
de tous les troubles du corps et de l'âme qu'il faut éviter
par un régime austère; c'est l'importance qu'il y a à se
respecter soi-même non pas simplement dans son statut,
mais dans son être raisonnable en supportant la privation des plaisirs ou en en limitant l'usage au mariage ou
à la procréation. Bref — et en toute première approxi-
mation —, cette majoration de l'austérité sexuelle dans
la réflexion morale ne prend pas la forme d'un resserrement du code qui définit les actes prohibés, mais celle
d'une intensification du rapport à soi par lequel on se

constitue comme sujet de ses actes[1]. Et c'est en tenant compte d'une pareille forme qu'il faut interroger les motivations de cette morale plus sévère.

On peut alors penser à un phénomène souvent évoqué : la croissance, dans le monde hellénistique et romain, d'un « individualisme » qui accorderait de plus en plus de place aux aspects « privés » de l'existence, aux valeurs de la conduite personnelle, et à l'intérêt qu'on porte à soi-même. Ce ne serait donc pas le renforcement d'une autorité publique qui pourrait rendre compte du développement de cette morale rigoureuse, mais plutôt l'affaiblissement du cadre politique et social dans lequel se déroulait dans le passé la vie des individus : moins fortement insérés dans les cités, plus isolés les uns des autres et plus dépendants d'eux-mêmes, ils auraient cherché dans la philosophie des règles de conduite plus personnelles. Tout n'est pas faux dans un semblable schéma. Mais on peut s'interroger sur la réalité de cette poussée individualiste et du processus social et politique qui aurait détaché les individus de leurs appartenances traditionnelles. L'activité civique et politique a pu, jusqu'à un certain point, changer de forme ; elle est restée une part importante de l'existence, pour les classes supérieures. D'une façon générale, les sociétés anciennes sont demeurées des sociétés de promiscuité, où l'existence se menait « en public », des sociétés aussi où chacun se situait dans des systèmes forts de relations locales, de liens familiaux, de dépendances économiques, de rapports de clientèle et d'amitié. En outre, il faut noter que les doctrines qui ont été les plus attachées à l'austérité de la conduite — et au premier rang, on peut mettre les

---

1. A. J. Voelcke, *Les Rapports avec autrui dans la philosophie grecque, d'Aristote à Panétius*, pp. 183-189.

stoïciens — étaient aussi celles qui insistaient le plus sur la nécessité d'accomplir les devoirs à l'égard de l'humanité, des concitoyens et de la famille, et qui dénonçaient le plus volontiers dans les pratiques de retraite une attitude de relâchement et de complaisance égoïste.

Mais à propos de cet « individualisme » qu'on invoque si souvent pour expliquer, à des époques différentes, des phénomènes très divers, il convient de poser une question plus générale. Sous une telle catégorie, on mêle bien souvent des réalités tout à fait différentes. Il convient en effet de distinguer trois choses : l'attitude individualiste, caractérisée par la valeur absolue qu'on attribue à l'individu dans sa singularité, et par le degré d'indépendance qui lui est accordé par rapport au groupe auquel il appartient ou aux institutions dont il relève ; la valorisation de la vie privée, c'est-à-dire l'importance reconnue aux relations familiales, aux formes de l'activité domestique et au domaine des intérêts patrimoniaux ; enfin l'intensité des rapports à soi, c'est-à-dire des formes dans lesquelles on est appelé à se prendre soi-même pour objet de connaissance et domaine d'action, afin de se transformer, de se corriger, de se purifier, de faire son salut. Ces attitudes, sans doute, peuvent être liées entre elles ; ainsi peut-il arriver que l'individualisme appelle l'intensification des valeurs de la vie privée ; ou encore que l'importance accordée aux rapports à soi soit associée à l'exaltation de la singularité individuelle. Mais ces liens ne sont ni constants ni nécessaires. On trouverait des sociétés ou des groupes sociaux — telles sans doute les aristocraties militaires — dans lesquels l'individu est appelé à s'affirmer dans sa valeur propre, à travers des actions qui le singularisent et lui permettent de l'emporter sur les autres, sans qu'il ait à accorder une grande importance à sa vie privée ou aux rapports de soi à soi. Il y a aussi des sociétés dans lesquelles la vie privée est dotée d'une grande valeur, où elle est soigneusement protégée et organisée, où elle constitue le centre de référence des conduites et un des principes de sa valorisation — c'est, semble-t-il, le cas des classes bourgeoises dans les pays occidentaux au XIXᵉ siècle ; mais par là même, l'individualisme y est faible et les rapports de soi à soi n'y sont guère développés. Il y a enfin des sociétés ou des groupes dans lesquels le rapport à soi est intensifié et développé sans que pour autant ni de façon nécessaire les valeurs de l'individualisme ou de la vie privée se trouvent renforcées ; le mouvement ascétique chrétien des premiers siècles s'est présenté comme une accentuation extrêmement forte des rapports de soi à soi, mais sous la forme d'une disqualification des valeurs de la vie privée ; et lorsqu'il a pris la forme du cénobitisme, il a manifesté un refus explicite de ce qu'il pouvait y avoir d'individualisme dans la pratique de l'anachorèse.

Les exigences d'austérité sexuelle qui se sont exprimées à l'époque impériale ne semblent pas avoir été la manifestation d'un individualisme croissant. Leur contexte est plutôt caractérisé par un phénomène d'assez longue portée historique, mais qui a connu à ce moment-là son apogée : le développement de ce qu'on pourrait appeler une « culture de soi », dans laquelle ont été intensifiés et valorisés les rapports de soi à soi.

*

On peut caractériser brièvement cette « culture de soi »[1] par le fait que l'art de l'existence — la *technē tou*

---

1. Sur ces thèmes, il faut se reporter au livre de P. HADOT, *Exercices spirituels et philosophie antique.*

biou sous ses différentes formes — s'y trouve dominé
par le principe qu'il faut «prendre soin de soi-même»;
c'est ce principe du souci de soi qui en fonde la nécessité, en commande le développement et en organise la
pratique. Mais il faut préciser; l'idée qu'on doit s'appliquer à soi-même, s'occuper de soi-même *(heautou epi-
meleisthai)* est en effet un thème fort ancien dans la
culture grecque. Il est apparu très tôt comme un impératif largement répandu. Le Cyrus, dont Xénophon fait
le portrait idéal, ne considère pas que son existence, au
terme de ses conquêtes, soit pour autant achevée; il lui
reste — et c'est le plus précieux — à s'occuper de lui-
même : «Nous ne pouvons reprocher aux dieux de
n'avoir pas réalisé tous nos vœux», dit-il en songeant à
ses victoires passées; «mais si, parce qu'on a accompli
de grandes choses, on ne peut plus s'occuper de soi-
même et se réjouir avec un ami, c'est un bonheur auquel
je dis adieu volontiers[1]». Un aphorisme lacédémonien,
rapporté par Plutarque, affirmait que la raison pour
laquelle les soins de la terre avaient été confiés aux
hilotes, c'est que les citoyens de Sparte voulaient, quant
à eux, «s'occuper d'eux-mêmes[2]» : sans doute était-ce
l'entraînement physique et guerrier qui était désigné par
là. Mais c'est en un tout autre sens que l'expression est
utilisée dans l'*Alcibiade*, où il constitue un thème essentiel du dialogue : Socrate montre au jeune ambitieux
qu'il est, de sa part, bien présomptueux de vouloir
prendre en charge la cité, de lui donner des conseils et
d'entrer en rivalité avec les rois de Sparte ou les souve-
rains de Perse, s'il n'a pas appris auparavant ce qu'il est

---

1. XÉNOPHON, *Cyropédie*, VII, 5.
2. PLUTARQUE, *Apophthegmata laconica*, 217 a.

nécessaire de savoir pour gouverner : il lui faut d'abord
s'occuper de lui-même — et tout de suite, tant qu'il est
jeune, car « à cinquante ans, ce serait trop tard[1] ». Et
dans l'*Apologie*, c'est bien comme maître du souci de soi
que Socrate se présente à ses juges : le dieu l'a mandaté
pour rappeler aux hommes qu'il leur faut se soucier, non
de leurs richesses, non de leur honneur, mais d'eux-
mêmes, et de leur âme[2].

Or, c'est ce thème du souci de soi, consacré par
Socrate, que la philosophie ultérieure a repris et qu'elle
a fini par placer au cœur de cet « art de l'existence »
qu'elle prétend être. C'est ce thème qui, débordant son
cadre d'origine et se détachant de ses significations philosophiques premières, a acquis progressivement les
dimensions et les formes d'une véritable « culture de
soi ». Par ce mot, il faut entendre que le principe du
souci de soi a acquis une portée assez générale : le précepte qu'il faut s'occuper de soi-même est en tout cas un
impératif qui circule parmi nombre de doctrines différentes ; il a pris aussi la forme d'une attitude, d'une
manière de se comporter, il a imprégné des façons de
vivre ; il s'est développé en procédures, en pratiques et
en recettes qu'on réfléchissait, développait, perfection-
nait et enseignait ; il a constitué ainsi une pratique
sociale, donnant lieu à des relations interindividuelles, à
des échanges et communications et parfois même à des
institutions ; il a donné lieu enfin à un certain mode de
connaissance et à l'élaboration d'un savoir.

Dans le lent développement de l'art de vivre sous le
signe du souci de soi, les deux premiers siècles de

1. PLATON, *Alcibiade*, 127 d-e.
2. PLATON, *Apologie de Socrate*, 29 d-e.

l'époque impériale peuvent être considérés comme le sommet d'une courbe : une manière d'âge d'or dans la culture de soi, étant entendu bien sûr que ce phénomène ne concerne que les groupes sociaux, très limités en nombre, qui étaient porteurs de culture et pour qui une *technē tou biou* pouvait avoir un sens et une réalité.

1. L'*epimeleia heautou*, la *cura sui* est une injonction qu'on retrouve dans beaucoup de doctrines philosophiques. On la rencontre chez les platoniciens : Albinus veut qu'on entame l'étude de la philosophie par la lecture de l'*Alcibiade* « en vue de se tourner et de se retourner vers soi-même », et de façon à savoir « ce dont il faut faire l'objet de ses soins [1] ». Apulée, à la fin du *Dieu de Socrate*, dit son étonnement devant la négligence de ses contemporains à l'égard d'eux-mêmes : « Les hommes ont tous le désir de mener la vie la meilleure, ils savent tous qu'il n'y a pas d'autre organe de la vie que l'âme... ; cependant ils ne la cultivent pas *(animum suum non colunt)*. Et pourtant quiconque veut avoir une vue perçante doit prendre soin des yeux qui servent à voir ; si l'on veut être agile à la course, il faut prendre soin des pieds qui servent à la course... Il en va de même pour toutes les parties du corps dont chacun doit prendre soin selon ses préférences. Cela, tous les hommes le voient clairement et sans peine ; aussi je ne me lasse pas de me demander avec un légitime étonnement pourquoi ils ne perfectionnent pas aussi leur âme avec l'aide de la raison *(cur non etiam animum suum ratione excolant)* [2]. »

Pour les épicuriens, la *Lettre à Ménécée* ouvrait sur le

1. ALBINUS, cité par A.-J. FESTUGIÈRE, *Études de philosophie grecque*, 1971, p. 536.
2. APULÉE, *Du dieu de Socrate*, XXI, 167-168.

principe que la philosophie devait être considérée comme exercice permanent du soin de soi-même. « Que nul, étant jeune, ne tarde à philosopher, ni vieux ne se lasse de la philosophie. Car il n'est, pour personne, ni trop tôt ni trop tard pour assurer la santé de l'âme[1]. » C'est ce thème épicurien qu'il faut prendre soin de soi-même que Sénèque rapporte dans une de ses lettres : « De même qu'un ciel serein n'est pas susceptible d'une clarté encore plus vive quand, à force d'être balayé, il revêt une splendeur que rien ne ternit, ainsi l'homme qui veille sur son corps et sur son âme *(hominis corpus animumque curantis)*, pour bâtir au moyen de l'un et de l'autre la trame de sa félicité, se trouve dans un état parfait et au comble de ses désirs, du moment que son âme est sans agitation et son corps sans souffrance[2]. »

Soigner son âme était un précepte que Zénon avait, dès l'origine, donné à ses disciples et que Musonius, au Iᵉʳ siècle, répétera dans une sentence citée par Plutarque : « Ceux qui veulent se sauver doivent vivre en se soignant sans cesse[3]. » On sait l'ampleur prise, chez Sénèque, par le thème de l'application à soi-même : c'est pour se consacrer à celle-ci qu'il faut selon lui renoncer aux autres occupations : ainsi pourrait-on se rendre vacant pour soi-même *(sibi vacare)*[4]. Mais cette « vacance » prend la forme d'une activité multiple qui demande qu'on ne perde pas de temps et qu'on ne ménage pas sa peine pour « se faire soi-même », « se tranformer soi-même », « revenir à soi ». *Se formare*[5], *sibi vin-*

---

1. Épicure, *Lettre à Ménécée*, 122.
2. Sénèque, *Lettres à Lucilius*, 66, 45.
3. Musonius Rufus, éd. Hense, *Fragments*, 36 ; cité par Plutarque, *De ira*, 453 d.
4. Sénèque, *Lettres à Lucilius*, 17, 5 ; *De la brièveté de la vie*, 7, 5.
5. Sénèque, *De la brièveté de la vie*, 24, 1.

dicare[1], *se facere*[2], *se ad studia revocare*[3], *sibi appli-
care*[4], *suum fieri*[5], *in se recedere*[6], *ad se recurrere*[7],
secum morari[8], Sénèque dispose de tout un vocabulaire
pour désigner les formes différentes que doivent prendre
le souci de soi et la hâte avec laquelle on cherche à se
rejoindre soi-même *(ad se properare)*[9]. Marc Aurèle, lui
aussi, éprouve une même hâte à s'occuper de lui-même :
ni la lecture ni l'écriture ne doivent le retenir plus longtemps du soin direct qu'il doit prendre de son propre
être : « Ne vagabonde plus. Tu n'es plus destiné à relire
tes notes, ni les histoires anciennes des Romains et des
Grecs, ni les extraits que tu réservais pour tes vieux jours.
Hâte-toi donc au but ; dis adieu aux vains espoirs, viens-
toi en aide si tu te souviens de toi-même *(sautōi boēthei ei
ti soi meleî sautou)*, tant que c'est encore possible[10]. »

C'est chez Épictète sans doute que se marque la plus
haute élaboration philosophique de ce thème. L'être
humain est défini, dans les *Entretiens*, comme l'être qui
a été confié au souci de soi. Là réside sa différence fondamentale avec les autres vivants : les animaux trouvent
« tout prêt » ce qui leur est nécessaire pour vivre, car la
nature a fait en sorte qu'ils puissent être à notre disposition sans qu'ils aient à s'occuper d'eux-mêmes, et sans
que nous ayons, nous, à nous occuper d'eux[11]. L'homme

---

1. SÉNÈQUE, *Lettres à Lucilius*, I, 1.
2. *Ibid.*, 13-1 ; *De la vie heureuse*, 24, 4.
3. SÉNÈQUE, *De la tranquillité de l'âme*, 3, 6.
4. SÉNÈQUE, *ibid.*, 24, 2.
5. SÉNÈQUE, *Lettres à Lucilius*, 75, 118.
6. SÉNÈQUE, *De la tranquillité de l'âme*, 17, 3 ; *Lettres à Lucilius*, 74, 29.
7. SÉNÈQUE, *De la brièveté de la vie*, 18, 1.
8. SÉNÈQUE, *Lettres à Lucilius*, 2, 1.
9. *Ibid.*, 35. 4
10. MARC AURÈLE, *Pensées*, III, 14.
11. ÉPICTÈTE, *Entretiens*, I, 16, 1-3.

en revanche doit veiller à lui-même : non point cependant par suite de quelque défaut qui le mettrait dans
une situation de manque et le rendrait de ce point de
vue inférieur aux animaux ; mais parce que le dieu a
tenu à ce qu'il puisse faire librement usage de lui-même ;
et c'est à cette fin qu'il l'a doté de la raison ; celle-ci n'est
pas à comprendre comme substitut aux facultés naturelles absentes ; elle est au contraire la faculté qui permet de se servir, quand il faut et comme il faut, des
autres facultés ; elle est même cette faculté absolument
singulière qui est capable de se servir d'elle-même : car
elle est capable de « se prendre elle-même ainsi que tout
le reste pour objet d'étude[1] ». En couronnant par cette
raison tout ce qui nous est déjà donné par la nature,
Zeus nous a donné et la possibilité et le devoir de nous
occuper de nous-mêmes. C'est dans la mesure où il est
libre et raisonnable — et libre d'être raisonnable — que
l'homme est dans la nature l'être qui a été commis au
souci de lui-même. Le dieu ne nous a pas façonnés
comme Phidias son Athéna de marbre, qui tend pour
toujours la main où s'est posée la victoire immobile aux
ailes déployées. Zeus « non seulement t'a créé, mais il t'a
de plus confié et livré à toi seul[2] ». Le souci de soi, pour
Épictète, est un privilège-devoir, un don-obligation qui
nous assure la liberté en nous astreignant à nous
prendre nous-même comme objet de toute notre application[3].

Mais que les philosophes recommandent de se soucier
de soi ne veut pas dire que ce zèle soit réservé à ceux qui
choisissent une vie semblable à la leur ; ou qu'une pareille

1. *Ibid.*, I, 1, 4.
2. *Ibid.*, II, 8, 18-23.
3. Cf. M. Spanneut, « Epiktet », in *Reallexikon für Antike und Christentum.*

attitude ne soit indispensable que pendant le temps
qu'on passe auprès d'eux. C'est un principe valable pour
tous, tout le temps et pendant toute la vie. Apulée le fait
remarquer : on peut, sans honte ni déshonneur, ignorer
les règles qui permettent de peindre et de jouer de la
cithare ; mais savoir « perfectionner sa propre âme à
l'aide de la raison » est une règle « également nécessaire
pour tous les hommes ». Le cas de Pline peut servir
d'exemple concret : éloigné de toute appartenance doctrinale stricte, menant la carrière régulière des hon-
neurs, préoccupé de ses activités d'avocat et de ses
travaux littéraires, il n'est en aucune façon en instance
de rupture avec le monde. Et pourtant il ne cesse pas de
manifester tout au long de sa vie le soin qu'il entend
prendre de lui-même comme de l'objet le plus important, peut-être, dont il aurait à s'occuper. Tout jeune
encore, lorsqu'il est envoyé en Syrie avec des fonctions
militaires, son premier soin est de se rendre auprès
d'Euphratès non seulement pour suivre son enseignement mais pour entrer peu à peu dans sa familiarité, « se
faire aimer de lui » et bénéficier des admonestations
d'un maître qui sait combattre les défauts sans s'atta-
quer aux individus[1]. Et lorsque plus tard, à Rome, il lui
arrive d'aller prendre du repos dans sa villa de Lau-
rentes, c'est pour pouvoir s'occuper de lui-même ; « en
s'adonnant à la lecture, à la composition, au soin de la
santé », et en faisant conversation « avec lui-même et
avec ses propres écrits[2] ».

Il n'y a donc pas d'âge pour s'occuper de soi. « Il n'est
jamais ni trop tôt, ni trop tard pour s'occuper de son

---

1. PLINE, *Lettres*, I, 10.
2. *Ibid.*, I, 9.

âme », disait déjà Épicure : « Celui qui dit que le temps de philosopher n'est pas encore venu ou qu'il est passé est semblable à celui qui dit que le temps du bonheur n'est pas encore venu ou qu'il n'est plus. De sorte que, ont à philosopher et le jeune et le vieux, celui-ci pour que, vieillissant, il soit jeune en biens par la gratitude de ce qui a été, celui-là pour que, jeune, il soit en même temps un ancien par son absence de crainte de l'avenir[1]. » Apprendre à vivre toute sa vie, c'était un aphorisme que cite Sénèque et qui invite à transformer l'existence en une sorte d'exercice permanent ; et même s'il est bon de commencer tôt, il est important de ne se relâcher jamais[2]. Ceux auxquels Sénèque ou Plutarque proposent leurs conseils, ce ne sont plus en effet des adolescents avides ou timides que le Socrate de Platon ou celui de Xénophon incitait à s'occuper d'eux-mêmes. Ce sont des hommes. Serenus, auquel est adressée la consultation du *De tranquillitate* (outre le *De constantia* et peut-être le *De otio*), est un jeune parent protégé de Sénèque : mais rien de semblable à un garçon en cours d'étude ; c'est, à l'époque du *De tranquillitate*, un provincial qui vient d'arriver à Rome, et qui hésite encore à la fois sur sa carrière et son mode de vie ; mais il a derrière lui déjà un certain itinéraire philosophique : son embarras touche essentiellement à la manière de le mener à terme. Quant à Lucilius, il n'avait, semble-t-il, que quelques années de moins que Sénèque. Il est procurateur en Sicile lorsqu'ils échangent, à partir de 62, la correspondance serrée où Sénèque lui expose les principes et les pratiques de sa sagesse, lui raconte ses

---

1. ÉPICURE, *Lettre à Ménécée*, 122.
2. Sur ce thème, voir par exemple SÉNÈQUE, *Lettres à Lucilius*, 82, 76 ; 90, 44-45 ; *De constantia*, IX, 13.

propres faiblesses et ses combats encore inachevés, et lui demande même parfois son aide. Il ne rougit pas d'ailleurs de lui dire qu'à plus de soixante ans, il est allé lui-même suivre l'enseignement de Metronax[1]. Les correspondants auxquels Plutarque adresse des traités qui ne sont pas simplement des considérations générales sur les vertus et les défauts, sur le bonheur de l'âme ou les infortunes de la vie, mais des conseils de conduite et souvent en fonction de situations bien déterminées, sont eux aussi des hommes.

Cet acharnement des adultes à s'occuper de leur âme, leur zèle d'écoliers vieillis à aller trouver les philosophes pour qu'ils leur apprennent le chemin du bonheur, agaçait Lucien, et bien d'autres avec lui. Il se moque d'Hermotime qu'on voit marmonner dans la rue les leçons qu'il ne doit pas oublier; il est bien âgé pourtant : depuis vingt ans déjà, il a décidé de ne plus confondre sa vie avec celle des malheureux humains, et il estime encore à vingt bonnes années le temps dont il a besoin pour parvenir à la félicité. Or (il l'indique lui-même un peu plus loin), il a commencé à philosopher à quarante ans. C'est donc les quarante dernières années de sa vie qu'il aura finalement consacrées à veiller sur lui-même, sous la direction d'un maître. Et son interlocuteur Lycinus, pour s'amuser, feint de découvrir que pour lui aussi, le moment est venu d'apprendre la philosophie, puisqu'il vient justement d'avoir quarante ans : «Sers-moi de béquille», dit-il à Hermotime, et «conduis-moi par la main[2]». Comme le dit I. Hadot à propos de Sénèque, toute cette activité de direction de conscience est de

---

1. SÉNÈQUE, *Lettres à Lucilius*, 76, 1-4. Cf. A. GRILLI, *Il problema della vita contemplativa nel mondo greco-romano*, pp. 217-280.
2. LUCIEN, *Hermotime*, 1-2.

l'ordre de l'éducation des adultes — de l'*Erwachsener-ziehung*[1].

2. Il faut comprendre que cette application à soi ne requiert pas simplement une attitude générale, une attention diffuse. Le terme d'*epimeleia* ne désigne pas simplement une préoccupation, mais tout un ensemble d'occupations ; c'est d'*epimeleia* qu'on parle pour désigner les activités du maître de maison[2], les tâches du prince qui veille sur ses sujets[3], les soins qu'on doit apporter à un malade ou à un blessé[4], ou encore les devoirs qu'on rend aux dieux ou aux morts[5]. À l'égard de soi-même également, l'*epimeleia* implique un labeur.

Il y faut du temps. Et c'est un des grands problèmes de cette culture de soi que de fixer, dans la journée ou dans la vie, la part qu'il convient de lui consacrer. On a recours à bien des formules diverses. On peut, le soir ou le matin, réserver quelques moments au recueillement, à l'examen de ce qu'on a à faire, à la mémorisation de certains principes utiles, à l'examen de la journée écoulée ; l'examen matinal et vespéral des pythagoriciens se retrouve, avec sans doute des contenus différents, chez les stoïciens ; Sénèque[6], Épictète[7], Marc Aurèle[8] font référence à ces moments qu'on doit consacrer à se tourner vers soi-même. On peut aussi interrompre de temps

1. I. HADOT, *Seneca und die griechisch-römische Tradition der Seelenleitung*, 1969, p. 160.
2. XÉNOPHON, *Économique*, V, 1.
3. DION DE PRUSE, *Discours*, III, 55.
4. PLUTARQUE, *Regum et imperatorum apophthegmata*, 197 d.
5. PLATON, *Lois*, 717 e.
6. SÉNÈQUE, *De ira*, III.
7. ÉPICTÈTE, *Entretiens*, II, 21 sq. ; III, 10, 1-5.
8. MARC AURÈLE, *Pensées*, IV, 3. XII, 19.

en temps ses activités ordinaires et faire une de ces retraites que Musonius, parmi tant d'autres, recommandait vivement[1] : elles permettent d'être en tête à tête avec soi-même, de recueillir son passé, de placer sous ses yeux l'ensemble de la vie écoulée, de se familiariser, par la lecture, avec les préceptes et les exemples dont on veut s'inspirer, et de retrouver, grâce à une vie dépouillée, les principes essentiels d'une conduite rationnelle. Il est possible encore, au milieu ou au terme de sa carrière, de se décharger de ses diverses activités, et profitant de ce déclin de l'âge où les désirs sont apaisés de se consacrer entièrement, comme Sénèque dans le travail philosophique, ou Spurrina dans le calme d'une existence agréable[2], à la possession de soi-même.

Ce temps n'est pas vide : il est peuplé d'exercices, de tâches pratiques, d'activités diverses. S'occuper de soi n'est pas une sinécure. Il y a les soins du corps, les régimes de santé, les exercices physiques sans excès, la satisfaction aussi mesurée que possible des besoins. Il y a les méditations, les lectures, les notes qu'on prend sur les livres ou sur les conversations entendues, et qu'on relit par la suite, la remémoration des vérités qu'on sait déjà mais qu'il faut s'approprier mieux encore. Marc Aurèle donne ainsi un exemple d'« anachorèse en soi-même » : c'est un long travail de réactivation des principes généraux, et des arguments rationnels qui persuadent de ne se laisser irriter ni contre les autres, ni contre les accidents, ni contre des choses[3]. Il y a aussi les entretiens avec un confident, avec des amis, avec un guide ou directeur ; à quoi s'ajoute la correspondance dans laquelle on expose

1. Musonius Rufus, éd. Hense, *Fragments*, 60.
2. Pline, *Lettres*, III, 1.
3. Marc Aurèle, *Pensées*, IV, 3.

l'état de son âme, on sollicite des conseils, on en donne à qui en a besoin — ce qui d'ailleurs constitue un exercice bénéfique pour celui-là même qui s'appelle le précepteur, car il les réactualise ainsi pour lui-même[1] : autour du soin de soi-même, toute une activité de parole et d'écriture s'est développée, où sont liés le travail de soi sur soi et la communication avec autrui.

On touche là à l'un des points les plus importants de cette activité consacrée à soi-même : elle constitue, non pas un exercice de la solitude, mais une véritable pratique sociale. Et cela, en plusieurs sens. Elle a en effet souvent pris forme dans des structures plus ou moins institutionnalisées ; ainsi les communautés néo-pythagoriciennes ou encore ces groupes épicuriens sur les pratiques desquels on a quelques renseignements à travers Philodème : une hiérarchie reconnue donnait aux plus avancés la tâche de diriger les autres (soit individuellement, soit de façon plus collective) ; mais il existait aussi des exercices communs qui permettaient, dans le soin qu'on prenait de soi, de recevoir l'aide des autres : la tâche définie comme *to di' allēlōn sōzesthai*[2]. Épictète, pour sa part, enseignait dans un cadre qui ressemblait beaucoup plus à celui d'une école ; il avait plusieurs catégories d'élèves : les uns n'étaient que de passage, d'autres restaient plus longtemps afin de se préparer à l'existence de citoyen ordinaire ou même à des activités importantes et quelques autres enfin, se destinant eux-mêmes à devenir philosophes de profession, devaient être formés aux règles et pratiques de la direction de conscience[3]. On trouvait

---

1. Cf. SÉNÈQUE, *Lettres à Lucilius*, 7, 99 et 109.
2. PHILODÈME, *Œuvres*, éd. Olivieri, frag. 36, p. 17.
3. Sur les exercices de l'école, cf. B. L. HIJMANS, *Askēsis, Notes on Epictetus' Educational System*, pp. 41-46.

aussi — et à Rome en particulier, dans les milieux aris-
tocratiques — la pratique du consultant privé qui servait, dans une famille ou dans un groupe, de conseiller
d'existence, d'inspirateur politique, d'intermédiaire éventuel dans une négociation : « il y avait de riches Romains
pour trouver utile d'entretenir un philosophe, et des
hommes de distinction ne trouvaient pas humiliante
cette position » ; ils devaient donner « des conseils moraux
et des encouragements à leurs patrons et leur famille,
tandis que ceux-ci tiraient force de leur approbation[1] ».
Ainsi Demetrius était-il le guide d'âme de Thrasea Pae-
tus qui le fit participer à la mise en scène de son suicide,
pour qu'il l'aide dans ce dernier moment à donner à son
existence sa forme la plus belle et la mieux achevée.
D'ailleurs ces différentes fonctions de professeur, de
guide, de conseiller et de confident personnel n'étaient
pas toujours distinctes, tant s'en faut : dans la pratique
de la culture de soi, les rôles étaient souvent interchan-
geables, et tour à tour ils pouvaient être joués par le
même personnage. Musonius Rufus avait été le conseiller politique de Rubellius Plautus ; dans l'exil qui suivit
la mort de ce dernier, il attira autour de lui visiteurs et
fidèles et tint une sorte d'école ; puis vers la fin de sa vie,
après un second exil sous Vespasien, il revint à Rome,
donnant un enseignement public et faisant partie de
l'entourage de Titus.

Mais toute cette application à soi n'avait pas pour seul
support social l'existence des écoles, de l'enseignement
et des professionnels de la direction d'âme ; elle trouvait
facilement son appui dans tout le faisceau des relations

---

1. F. H. SANDBACH, *The Stoics*, p. 144 ; Cf. aussi J. H. LIEBESCHÜTZ, *Continuity and Change in Roman Religion*, pp. 112-113.

habituelles de parenté, d'amitié ou d'obligation. Quand, dans l'exercice du souci de soi, on fait appel à un autre dont on devine l'aptitude à diriger et à conseiller, on fait usage d'un droit; et c'est un devoir qu'on accomplit lorsqu'on prodigue son aide à un autre, ou lorsqu'on reçoit avec gratitude les leçons qu'il peut vous donner. Le texte de Galien sur la guérison des passions est significatif de ce point de vue : il conseille à qui veut bien avoir soin de soi-même de chercher l'aide d'un autre; il ne recommande pas cependant un technicien connu pour sa compétence et son savoir; mais tout simplement un homme de bonne réputation dont on peut avoir l'occasion d'éprouver l'intransigeante franchise[1]. Mais il arrive aussi que le jeu entre le soin de soi et l'aide de l'autre s'insère dans des relations préexistantes auxquelles il donne une coloration nouvelle et une chaleur plus grande. Le souci de soi — ou le soin qu'on prend du souci que les autres doivent avoir d'eux-mêmes — apparaît alors comme une intensification des relations sociales. Sénèque adresse une consolation à sa mère, au moment où il est lui-même en exil, pour l'aider à supporter aujourd'hui ce malheur, et plus tard peut-être des infortunes plus grandes. Le Serenus auquel il adresse la longue consultation sur la tranquillité de l'âme est un jeune parent de province qu'il a sous sa protection. Sa correspondance avec Lucilius approfondit, entre deux hommes qui n'ont pas une grande différence d'âge, une relation préexistante et elle tend à faire peu à peu de ce guidage spirituel une expérience commune dont chacun peut tirer profit pour lui-même. Dans la lettre trente-quatre Sénèque, qui peut dire à Lucilius : « Je te reven-

---

1. GALIEN, *Traité des passions de l'âme et de ses erreurs*, III, 6-10.

dique, tu es mon ouvrage », ajoute aussitôt : « J'exhorte
quelqu'un qui est déjà rondement parti et qui m'exhorte
à son tour » ; et dès la lettre suivante, il évoque la récompense de la parfaite amitié où chacun des deux sera pour
l'autre le secours permanent dont il sera question dans
la lettre cent neuf : « L'habileté du lutteur s'entretient
par l'exercice de la lutte ; un accompagnateur stimule le
jeu des musiciens. Le sage a besoin pareillement de tenir
ses vertus en haleine : ainsi, stimulant lui-même, il
reçoit encore d'un autre sage du stimulant[1]. » Le soin de
soi apparaît donc intrinsèquement lié à un « service
d'âme » qui comporte la possibilité d'un jeu d'échanges
avec l'autre et d'un système d'obligations réciproques.

3. Selon une tradition qui remonte fort loin dans la
culture grecque, le souci de soi est en corrélation étroite
avec la pensée et la pratique médicales. Cette corrélation
ancienne a pris de plus en plus d'ampleur. Au point que
Plutarque pourra dire, au début des *Préceptes de santé*,
que philosophie et médecine ont affaire à « un seul et
même domaine » *(mia chōra)*[2]. Elles disposent en effet
d'un jeu notionnel commun dont l'élément central est le
concept de « pathos » ; il s'applique aussi bien à la passion qu'à la maladie physique, à la perturbation du
corps qu'au mouvement involontaire de l'âme ; et dans
un cas comme dans l'autre, il se réfère à un état de passivité qui pour le corps prend la forme d'une affection
troublant l'équilibre de ses humeurs ou de ses qualités et
qui pour l'âme prend la forme d'un mouvement capable

---

1. SÉNÈQUE, *Lettres à Lucilius*, 109, 2. Sur Sénèque, ses relations et son
activité de directeur, cf P. GRIMAL, *Sénèque ou la conscience de l'Empire*,
pp. 393-410.
2. PLUTARQUE, *De tuenda sanitate praecepta*, 122 e.

de l'emporter malgré elle. À partir de ce concept commun, on a pu construire une grille d'analyse valable pour les maux du corps et de l'âme. Ainsi le schéma « nosographique » proposé par les stoïciens et qui fixe les degrés croissants de développement et de chronicité des maux : on y distingue d'abord la disposition aux maux, la *proclivitas* qui expose aux maladies possibles ; il y a ensuite l'affection, la perturbation, qui, en grec, est appelée *pathos* et en latin *affectus* ; puis la maladie *(nosēma, morbus)* qui est établie et déclarée lorsque la perturbation s'est ancrée dans le corps et dans l'âme ; plus grave, plus durable, l'*aegrotatio* ou l'*arrhōstēma* qui constitue un état de maladie et de faiblesse ; enfin il y a le mal invétéré *(kakia, aegrotatio inveterata, vitium malum)* qui échappe à toute guérison possible. Les stoïciens ont aussi présenté des schémas qui marquent les différents stades ou les différentes formes possibles de la guérison ; ainsi Sénèque distingue-t-il les malades guéris de tout ou partie de leurs vices, ceux qui sont délivrés de leurs maladies mais non encore de leurs affections ; il y a ceux qui ont recouvré la santé mais sont encore fragiles à cause des dispositions qui ne sont pas corrigées[1]. Ces notions et ces schémas doivent servir de guide commun à la médecine du corps et à la thérapeutique de l'âme. Ils permettent non seulement d'appliquer le même type d'analyse théorique aux troubles physiques et aux désordres moraux, mais aussi de suivre le même genre de démarche pour intervenir sur les uns et les autres, s'en occuper, les soigner et éventuellement les guérir.

Toute une série de métaphores médicales sont utilisées

---

1. Cf. CICÉRON, *Tusculanes*, IV, 10 ; SÉNÈQUE, *Lettres à Lucilius*, 75, 9-15. Voir sur ce point I. HADOT, *Seneca und die griechisch-römische Tradition der Seelenleitung*, Berlin, 1969, IIe partie, chap. 2.

régulièrement pour désigner les opérations qui sont nécessaires pour les soins de l'âme : porter le scalpel dans la
blessure, ouvrir un abcès, amputer, évacuer les superfluités, donner des médications, prescrire des potions amères,
calmantes ou tonifiantes[1]. L'amélioration, le perfection-
nement de l'âme qu'on cherche auprès de la philosophie,
la *paideia* que celle-ci doit assurer se teinte de plus en plus
de couleurs médicales. Se former et se soigner sont des
activités solidaires. Épictète y insiste : il veut que son école
ne soit pas considérée comme un simple lieu de formation
où on peut acquérir des connaissances utiles pour la carrière ou la notoriété, avant de repartir chez soi afin d'en
tirer avantage. Il faut la prendre pour un « dispensaire de
l'âme » : « C'est un cabinet médical *(iatreion)*, que l'école
d'un philosophe ; on ne doit pas, quand on sort, avoir joui,
mais avoir souffert[2]. » Il insiste beaucoup auprès de ses
disciples : qu'ils prennent conscience de leur condition
comme d'un état pathologique ; qu'ils ne se considèrent
pas d'abord et avant tout comme des écoliers qui viennent
chercher des connaissances chez qui les possède ; qu'ils se
présentent à titre de malades, comme si l'un avait une
épaule démise, l'autre un abcès, le troisième une fistule,
celui-là des maux de tête. Il leur reproche de venir à lui
non pour se faire soigner *(therapeuthēsomenoi)* mais pour
faire rectifier leurs jugements et les corriger *(epanorthō
sontes)*. « Vous voulez apprendre les syllogismes ? Guéris-
sez d'abord vos blessures ; arrêtez le flux de vos humeurs,
calmez vos esprits[3]. »

1. Sur la comparaison entre thérapeutique du corps et médecine de l'âme,
cf. par exemple SÉNÈQUE, *Lettres à Lucilius*, 64, 8.
2. ÉPICTÈTE, *Entretiens*, III, 23, 30 et III, 21, 20-24 ; cf. aussi Sénèque à propos de quelqu'un qui fréquente le cours d'un philosophe : « *Aut sanior domum
redeat, aut sanabilior* » (*Lettres à Lucilius*, 108, 4).
3. ÉPICTÈTE, *Entretiens*, II, 21, 12-22 ; cf. aussi II, 15, 15-20.

En retour, un médecin comme Galien considère qu'il est de sa compétence non seulement de guérir les grands égarements de l'esprit (la folie amoureuse était traditionnellement du domaine de la médecine); mais de soigner les passions («énergie déréglée, rebelle à la raison»), et les erreurs (qui «naissent d'une opinion fausse»); d'ailleurs «globalement et dans un sens général», les unes et les autres «se nomment erreurs[1]». Ainsi il entreprend la cure d'un compagnon de voyage qui était trop facilement enclin à la colère. Ou encore il accueille la demande d'un jeune homme de sa familiarité qui était venu un jour lui demander consultation : celui-ci s'était imaginé en effet être inaccessible au trouble des passions, aussi petites qu'elles soient; mais il avait été bien obligé de reconnaître qu'il était plus troublé par des choses sans importance que son maître Galien par les grandes; il venait lui demander aide[2].

Dans la culture de soi, la montée du souci médical paraît bien s'être traduite par une certaine forme, à la fois particulière et intense, d'attention au corps. Cette attention est très différente de ce qu'avait pu être la valorisation de la vigueur physique à une époque où la gymnastique, l'entraînement sportif et militaire faisaient partie intégrante de la formation d'un homme libre. Elle a d'ailleurs, en elle-même, quelque chose de paradoxal puisqu'elle s'inscrit, au moins pour une part, à l'intérieur d'une morale qui pose que la mort, la maladie, ou même la souffrance physique ne constituent pas des maux véritables et qu'il vaut mieux s'appliquer à son âme que de consacrer ses soins à entretenir son corps[3].

1. GALIEN, *De la cure des passions de l'âme*, I, 1.
2. *Ibid.*, IV, 16 et VI, 28.
3. ÉPICTÈTE, *Entretiens*, I, 9, 12-17; I, 22, 10-12; *Manuel*, 41.

C'est que le point auquel on prête attention dans ces pratiques de soi est celui où les maux du corps et de l'âme peuvent communiquer entre eux et échanger leurs malaises : là où les mauvaises habitudes de l'âme peuvent entraîner des misères physiques, tandis que les excès du corps manifestent et entretiennent les défauts de l'âme. L'inquiétude porte surtout sur le point de passage des agitations et des troubles, en tenant compte du fait qu'il convient de corriger l'âme si on veut que le corps ne l'emporte pas sur elle et rectifier le corps si on veut qu'elle garde l'entière maîtrise sur elle-même. C'est à ce point de contact, comme point de faiblesse de l'individu, que s'adresse l'attention qu'on tourne vers les maux, malaises et souffrances physiques. Le corps dont l'adulte a à s'occuper, quand il se soucie de lui-même, n'est plus le corps jeune qu'il s'agissait de former par la gymnastique ; c'est un corps fragile, menacé, miné de petites misères et qui en retour menace l'âme moins par ses exigences trop vigoureuses que par ses propres faiblesses. Les lettres de Sénèque offriraient bien des exemples de cette attention portée à la santé, au régime, aux malaises et à tous les troubles qui peuvent circuler entre corps et âme[1]. La correspondance entre Fronton et Marc Aurèle[2] — sans parler, bien entendu, des *Discours sacrés* d'Aelius Aristide qui donnent de tout autres dimensions au récit de la maladie et une tout autre valeur à son expérience — montre bien la place occupée par le souci du corps dans ces pratiques de soi, mais aussi le style de cette préoccupation : la crainte de l'excès, l'économie du régime, l'écoute des troubles, l'atten-

1. SÉNÈQUE, *Lettres à Lucilius*, 55, 57, 78.
2. MARC AURÈLE, *Lettres*, VI, 6.

tion détaillée au dysfonctionnement, la prise en compte de tous les éléments (saison, climat, nourriture, mode de vie) qui peuvent troubler le corps et, à travers lui, l'âme.

Mais il y a plus important peut-être : c'est, à partir de ce rapprochement (pratique et théorique) entre médecine et morale, l'invite qui est faite à se reconnaître comme malade ou menacé par la maladie. La pratique de soi implique qu'on se constitue à ses propres yeux non pas simplement comme individu imparfait, ignorant et qui a besoin d'être corrigé, formé et instruit, mais comme individu qui souffre de certains maux et qui doit les faire soigner soit par lui-même, soit par quelqu'un qui en a la compétence. Chacun doit découvrir qu'il est en état de besoin, qu'il lui est nécessaire de recevoir médication et secours. « Voici donc, dit Épictète, le point de départ de la philosophie : se rendre compte de l'état où se trouve notre partie maîtresse *(aisthēsis tou idiou hēgemonikou pōs echei)*. Après avoir reconnu sa faiblesse, on ne voudra plus la faire servir à des usages plus importants. Mais aujourd'hui des gens qui sont incapables d'avaler la moindre bouchée achètent un traité et entreprennent de le dévorer. Aussi vomissent-ils ou ont-ils une indigestion. Puis viennent les coliques, les rhumes, les fièvres, il leur aurait fallu d'abord réfléchir sur leur capacité[1]... » Et l'instauration de ce rapport à soi comme malade est d'autant plus nécessaire que les maladies de l'âme — à la différence de celles du corps — ne s'annoncent pas par des souffrances qu'on perçoit ; non seulement elles peuvent rester longtemps insensibles, mais elles aveuglent ceux qu'elles atteignent. Plutarque rappelle que les désordres du corps peuvent en général être

---

1. ÉPICTÈTE, *Entretiens* ; cf. aussi II, 11. 1.

détectés par le pouls, la bile, la température, les douleurs ; et que d'ailleurs les pires des maladies physiques
sont celles où le sujet, comme dans la léthargie, l'épilepsie, l'apoplexie, ne se rend pas compte de son état. Le
grave, dans les maladies de l'âme, c'est qu'elles passent
inaperçues, ou même qu'on peut les prendre pour des
vertus (la colère pour du courage, la passion amoureuse
pour de l'amitié, l'envie pour de l'émulation, la couar-
dise pour de la prudence). Or ce que veulent les médecins, c'est « qu'on ne soit pas malade ; mais, si on l'est,
qu'on ne l'ignore pas[1] ».

4. Dans cette pratique, à la fois personnelle et sociale,
la connaissance de soi occupe évidemment une place
considérable. Le principe delphique est souvent rappelé ;
mais il ne serait pas suffisant d'y reconnaître la pure et
simple influence du thème socratique. En fait, tout un
art de la connaissance de soi s'est développé, avec des
recettes précises, avec des formes spécifiées d'examen et
des exercices codifiés.

a. On peut ainsi de façon très schématisée, et sous
réserve d'une étude plus complète et plus systématique,
isoler d'abord ce qu'on pourrait appeler les « procédures
d'épreuve ». Elles ont pour double rôle de faire avancer
dans l'acquisition d'une vertu et de mesurer le point
auquel on est parvenu : de là leur progressivité sur
laquelle Plutarque et Épictète ont insisté l'un et l'autre.
Mais surtout la finalité de ces épreuves n'est pas de pratiquer le renoncement pour lui-même ; elle est de rendre
capable de se passer du superflu, en constituant sur soi
une souveraineté qui ne dépende aucunement de leur

---

1. PLUTARQUE, *Animine an corporis affectiones sint pejores*, 501 a.

présence ou de leur absence. Les épreuves auxquelles on se soumet ne sont pas des stades successifs dans la privation ; elles sont une manière de mesurer et de confirmer l'indépendance dont on est capable à l'égard de tout ce qui n'est pas indispensable et essentiel. Elle ramène, pour un temps, au socle des besoins élémentaires, faisant apparaître ainsi dans les faits à la fois tout ce qui est superflu et la possibilité de s'en passer. Dans le *Démon de Socrate*, Plutarque rapporte une épreuve de ce genre dont la valeur est affirmée par celui qui, dans le dialogue, représente les thèmes du néo-pythagorisme ; on commençait par s'ouvrir l'appétit par la pratique intensive de quelque sport ; on se plaçait ensuite devant des tables chargées des mets les plus succulents, puis après les avoir contemplés, on les laissait aux serviteurs et on se contentait soi-même de la nourriture des esclaves[1].

Les exercices d'abstinence étaient communs aux épicuriens et aux stoïciens ; mais cet entraînement n'avait pas le même sens pour les uns et pour les autres. Dans la tradition d'Épicure, il s'agissait de montrer comment, dans cette satisfaction des besoins les plus élémentaires, on pouvait trouver un plaisir plus plein, plus pur, plus stable que dans les voluptés prises à tout ce qui est superflu ; et l'épreuve servait à marquer le seuil à partir duquel la privation pouvait faire souffrir. Épicure, dont le régime pourtant était d'une extrême sobriété, ne prenait certains jours qu'une ration diminuée pour voir de combien son plaisir se trouvait amputé[2]. Pour les stoïciens, il s'agissait surtout de se préparer aux privations

---

1. PLUTARQUE, *Démon de Socrate*, 585 a.
2. SÉNÈQUE cite ce trait épicurien dans les *Lettres à Lucilius*, 18, 9.

éventuelles, en découvrant combien finalement il était facile de se passer de tout ce à quoi l'habitude, l'opinion, l'éducation, le soin de la réputation, le goût de l'ostentation nous a attachés; dans ces épreuves réductrices, ils voulaient montrer que l'indispensable, nous pouvons l'avoir toujours à notre disposition, et qu'il faut se garder de toute appréhension à la pensée des privations possibles. « En pleine paix, remarque Sénèque, le soldat manœuvre; sans ennemi devant lui, il établit un retranchement; il se lasse à des travaux superflus, en vue de suffire aux besognes nécessaires. Tu ne veux pas qu'au fort de l'action cet homme perde la tête. Entraîne-le avant l'action[1]. » Et Sénèque évoque une pratique dont il parle également dans une autre lettre[2] : de petits stages de « pauvreté fictive » à faire tous les mois et au cours desquels, en se plaçant volontairement pendant trois ou quatre jours « aux confins de la misère », on fait l'expérience du grabat, du vêtement grossier, du pain de dernière qualité : non pas « jeu mais épreuve » *(non lusus, sed experimentum)*. On ne se prive pas un moment pour mieux goûter les raffinements futurs, mais pour se convaincre que la pire infortune ne privera pas de l'indispensable, et qu'on pourra supporter toujours ce qu'on est capable d'endurer quelquefois[3]. On se familiarise avec le minimum. C'est ce que veut faire Sénèque selon une lettre écrite peu de temps avant les Saturnales de l'année 62; Rome alors est « en sueur » et la licence « se voit officiellement accréditée ». Sénèque se demande s'il faut ou non participer aux festivités : c'est faire preuve de retenue que de s'en abstenir et de rompre avec

1. SÉNÈQUE, *op. cit.*, 18, 6.
2. *Ibid.*, 20, 11.
3. Voir aussi SÉNÈQUE, *Consolation à Helvia*, 12, 3.

l'attitude générale. Mais c'est agir avec une force morale plus grande encore que de ne pas s'isoler ; le mieux, c'est « sans se confondre avec la foule, de faire les mêmes choses, mais d'une autre manière ». Et cette « autre manière », c'est celle à laquelle on se forme à l'avance par des exercices volontaires, des stages d'abstinence et des cures de pauvreté ; ceux-ci permettent de célébrer comme tout le monde la fête mais sans tomber jamais dans la *luxuria* ; grâce à eux, on peut garder une âme détachée au milieu de l'abondance ; « riche, on se sentira plus tranquille lorsqu'on saura combien il est peu pénible d'être pauvre[1] ».

b. À côté de ces épreuves pratiques, on considérait comme important de se soumettre à l'examen de conscience. Cette habitude faisait partie de l'enseignement pythagoricien[2], mais s'était très largement répandue. Il semble que l'examen du matin servait surtout à envisager les tâches et obligations de la journée, pour y être suffisamment préparé. L'examen du soir, quant à lui, était consacré d'une façon beaucoup plus univoque à la mémorisation de la journée passée. De cet exercice régulièrement recommandé par de nombreux auteurs, la description la plus détaillée est donnée par Sénèque dans le *De ira*[3]. Il en rapporte la pratique à Sextius, ce stoïcien romain dont il connaissait l'enseignement par Papirius Fabianus et par Sotion. Il présente la pratique de Sextius comme centrée essentiellement sur le bilan d'un progrès à la fin de la journée ; quand il se recueil-

---

1. SÉNÈQUE, *Lettres à Lucilius*, 18, 1-8 ; cf. lettre 17, 5 : « L'étude de la sagesse n'aboutit pas à de salutaires effets sans la pratique de la sobriété. Or la sobriété est une pauvreté volontaire. »
2. Cf. DIOGÈNE LAËRCE, *Vie des Philosophes*, VIII, 1, 27. PORPHYRE, *Vie de Pythagore*, 40.
3. SÉNÈQUE, *De ira*, III, 36.

lait pour le repos de la nuit, Sextius interrogeait son âme : « De quel défaut t'es-tu guérie ; quel vice as-tu combattu ; en quoi es-tu devenue meilleure ? » Sénèque, lui aussi, procède tous les soirs à un examen de ce genre. L'obscurité — « dès que la lumière est retirée » — et le silence — « quand sa femme s'est tue » — en sont les conditions extérieures. Le souci d'une préparation à un sommeil heureux n'est d'ailleurs pas absent chez Sénèque : « Quoi de plus beau que cette habitude de faire l'enquête de toute sa journée ? Quel sommeil que celui qui succède à cette revue de ses actions ? Qu'il est calme *(tranquillus)*, profond *(altus)* et libre *(liber)* lorsque l'âme a reçu sa portion d'éloge et de blâme. » Au premier regard, l'examen auquel Sénèque se soumet lui-même constitue une sorte de petite scène judiciaire qu'évoquent clairement des expressions comme « comparaître devant le juge », « instruire le procès de ses propres mœurs », « plaider ou citer sa cause ». Ces éléments semblent indiquer la césure du sujet en une instance qui juge et un individu accusé. Pourtant l'ensemble du processus évoque aussi une sorte de contrôle administratif, où il s'agit de prendre les mesures d'une activité accomplie, pour en réactiver les principes et en corriger à l'avenir l'application. Autant que le rôle d'un juge, c'est l'activité d'un inspecteur qu'évoque Sénèque, ou celle d'un maître de maison vérifiant ses comptes.

Les termes employés sont significatifs. La journée tout entière qui vient de s'écouler, Sénèque veut en « faire l'examen » (le verbe *excutere*, secouer, frapper comme pour faire tomber des poussières, est utilisé pour désigner la vérification qui permet de relever les erreurs d'un compte) ; il veut l'« inspecter » ; les actions commises, les paroles dites, il veut en « reprendre les mesures » *(reme-*

tiri, comme on peut le faire après un travail achevé pour voir s'il est conforme à ce qui était prévu). Le rapport du sujet à lui-même dans cet examen ne s'établit pas tellement sous la forme d'une relation judiciaire où l'accusé se trouve en face du juge ; il a plutôt l'allure d'une action d'inspection où le contrôleur veut apprécier un travail, une mission accomplie ; le terme de *speculator* (on doit être *speculator sui*) désigne précisément ce rôle. Et d'ailleurs l'examen ainsi pratiqué ne porte pas, comme s'il s'agissait d'une imitation de la procédure judiciaire, sur des « infractions » ; et il ne mène pas à une sentence de culpabilité, ou à des décisions d'autochâtiment. Sénèque, dans l'exemple qu'il donne ici, relève des actions comme le fait de discuter trop vivement avec des ignorants que, de toute façon, on ne peut convaincre ; ou de vexer, par des reproches, un ami qu'on aurait voulu faire progresser. De ces conduites, Sénèque n'est pas satisfait dans la mesure où pour atteindre les fins qu'on doit en effet se proposer, les moyens employés n'ont pas été ceux qu'il fallait : il est bon de vouloir corriger ses amis, lorsqu'il en est besoin, mais la réprimande, à n'être pas mesurée, blesse au lieu d'améliorer ; il est bon de convaincre ceux qui ne savent pas, mais encore faut-il les choisir tels qu'ils sont capables d'être instruits. L'enjeu de l'examen n'est donc pas de découvrir sa propre culpabilité, jusqu'en ses moindres formes et ses racines les plus ténues. Si on « ne se cache rien », si on « ne se passe rien », c'est pour pouvoir mémoriser, pour les avoir ultérieurement présentes à l'esprit, les fins légitimes, mais aussi les règles de conduite qui permettent de les atteindre par le choix de moyens convenables. La faute n'est pas réactivée par l'examen pour fixer une culpabilité ou stimuler un sentiment de remords, mais pour renforcer, à partir du constat rappelé et réfléchi d'un échec, l'équipement rationnel qui assure une conduite sage.

c. À cela s'ajoute la nécessité d'un travail de la pensée sur elle-même; il devra être plus qu'une épreuve destinée à prendre la mesure de ce dont on est capable; il devra être autre chose aussi que l'estimation d'une faute par rapport aux règles de conduite; il doit avoir la forme d'un filtrage permanent des représentations : les examiner, les contrôler et les trier. Plus qu'un exercice fait à intervalles réguliers, c'est une attitude constante qu'il faut prendre à l'égard de soi-même. Pour caractériser cette attitude, Épictète emploie des métaphores qui auront une longue destinée dans la spiritualité chrétienne; mais elles y prendront des valeurs bien différentes. Il demande que, vis-à-vis de soi-même, on adopte le rôle et la posture d'un « veilleur de nuit » qui vérifie les entrées à la porte des villes ou des maisons[1]; ou encore, il suggère qu'on exerce sur soi les fonctions d'un « vérificateur de monnaie », d'un « argyronome », d'un de ces changeurs d'argent qui n'accepte aucune pièce sans s'être assuré de ce qu'elle vaut. « Voyez quand il s'agit de la monnaie... nous avons inventé un art; et que de procédés met en œuvre l'argyronome pour faire l'épreuve de la monnaie! La vue, le toucher, l'odorat, finalement l'ouïe; il jette à terre le denier et remarque le son qu'il rend; il ne se contente pas de le faire sonner une seule fois, mais il s'y applique à différentes reprises, à se faire une oreille de musicien. » Malheureusement, poursuit Épictète, ces précautions que nous prenons volontiers quand il est question d'argent, nous les négligeons lorsqu'il s'agit de notre âme. Or la tâche de la phi-

---

1. ÉPICTÈTE, *Entretiens*, III, 12, 15.

losophie — son *ergon* principal et premier — sera précisément d'exercer ce contrôle *(dokimazein)* [1].

Pour formuler ce qui est à la fois principe général et schéma d'attitude, Épictète se réfère à Socrate ainsi qu'à l'aphorisme qui est énoncé dans l'*Apologie* : «Une vie sans examen *(anexetastos bios)* ne mérite pas d'être vécue [2]. » En fait l'examen dont parlait Socrate, c'était celui auquel il entendait soumettre et lui-même et les autres à propos de l'ignorance, du savoir, et du non-savoir de cette ignorance. L'examen dont parle Épictète est tout autre : c'est un examen qui porte sur la représentation et qui vise à en « faire l'épreuve », à les « distinguer » *(diakrinein)* les uns des autres et à éviter ainsi qu'on accepte la « première venue ». « Chaque représentation, il faudrait pouvoir l'arrêter et lui dire : "Attends, laisse-moi voir qui tu es et d'où tu viens" tout comme les gardes de nuit disent : "Montre-moi tes papiers." Tiens-tu de la nature la marque que doit posséder la représentation pour être approuvée [3] ? » Cependant il faut préciser que le point du contrôle n'est pas à localiser dans l'origine ou dans l'objet même de la représentation, mais dans l'assentiment qu'il convient ou non de lui apporter. Quand une représentation survient à l'esprit, le travail de la discrimination, de la *diakrisis*, consistera à lui appliquer le fameux canon stoïcien qui marque le partage entre ce qui ne dépend pas de nous et ce qui en dépend ; les premières, puisqu'elles sont hors de notre portée, on ne les accueillera pas, on les rejettera comme ne devant pas devenir objets de « désir » ou d'« aversion », de « propension » ou de « répulsion ». Le contrôle

---

1. *Ibid.*, I, 20, 7-11 ; cf. aussi III, 3, 1-13.
2. PLATON, *Apologie de Socrate*, 38 a.
3. ÉPICTÈTE, *Entretiens*, III, 12, 15.

est une épreuve de pouvoir et une garantie de liberté : une manière de s'assurer en permanence qu'on ne se liera pas à ce qui ne relève pas de notre maîtrise. Veiller en permanence sur ses représentations, ou vérifier les marques comme on authentifie une monnaie, ce n'est pas s'interroger (comme on le fera plus tard dans la spiritualité chrétienne) sur l'origine profonde de l'idée qui vient ; ce n'est pas essayer de déchiffrer un sens caché sous la représentation apparente ; c'est jauger la relation entre soi-même et ce qui est représenté, pour n'accepter dans le rapport à soi que ce qui peut dépendre du choix libre et raisonnable du sujet.

5. L'objectif commun de ces pratiques de soi, à travers les différences qu'elles présentent, peut être caractérisé par le principe tout à fait général de la conversion à soi — de l'*epistrophē eis heauton*[1]. La formule est d'allure platonicienne, mais elle recouvre la plupart du temps des significations sensiblement différentes. Elle est à comprendre d'abord comme une modification d'activité : ce n'est pas qu'il faille cesser toute autre forme d'occupation pour se consacrer entièrement et exclusivement à soi ; mais dans les activités qu'il faut avoir, il convient de garder à l'esprit que la fin principale qu'on doit se proposer est à chercher en soi-même, dans le rapport de soi à soi. Cette conversion implique un déplacement du regard : il ne faut pas que celui-ci se disperse dans une curiosité oiseuse, que ce soit celle des agitations quotidiennes et de la vie des autres (Plutarque a consacré tout un traité à cette *polupragmosunē*), ou

---

1. Les expressions *epistrophē eis heauton, epistrephein eis heauton,* se rencontrent dans ÉPICTÈTE, *Entretiens,* I, 4, 18 ; III, 16, 15 ; III, 22, 39 ; III, 23, 37 ; III, 24-106 ; *Manuel,* 41.

celle qui cherche à découvrir les secrets de la nature les plus éloignés de l'existence humaine et de ce qui importe pour elle (Demetrius, cité par Sénèque, faisait valoir que la nature, ne celant que les secrets inutiles, avait mis à la portée de l'être humain et sous son regard les choses qu'il lui était nécessaire de connaître). Mais la *conversio ad se* est aussi une trajectoire; une trajectoire grâce à laquelle, échappant à toutes les dépendances et à tous les asservissements, on finit par se rejoindre soi-même, comme un havre à l'abri des tempêtes ou comme une citadelle que ses remparts protègent : « Elle tient une position imprenable, l'âme qui, dégagée des choses du futur, se défend dans le fort qu'elle s'est fait; les traits qui la visent tombent toujours au-dessous d'elle. La Fortune ne possède pas les longs bras que lui attribue l'opinion; elle n'a de prise sur personne, excepté sur ceux qui s'attachent à elle. Faisons donc le bond qui, autant qu'il est possible, nous rejettera loin d'elle[1]. »

Ce rapport à soi qui constitue le terme de la conversion et l'objectif final de toutes les pratiques de soi relève encore d'une éthique de la maîtrise. Cependant pour le caractériser, on ne se contente pas d'invoquer la forme agonistique d'une victoire sur des forces difficiles à dompter et d'une domination capable de s'exercer sur elles sans contestation possible. Ce rapport est pensé souvent sur le modèle juridique de la possession : on est « à soi », on est « sien » (*suum fieri, suum esse* sont des expressions qui reviennent souvent chez Sénèque)[2]; on ne relève que de soi-même, on est *sui juris*; on exerce sur soi un pouvoir que rien ne limite ni ne menace; on

---

1. SÉNÈQUE, *Lettres à Lucilius*, 82, 5.
2. SÉNÈQUE, *De la brièveté de la vie*, II, 4; *De la tranquillité de l'âme*, XI, 2; *Lettres à Lucilius*, 62, 1; 75, 18.

détient la *potestas sui*[1]. Mais à travers cette forme plutôt politique et juridique, le rapport à soi est aussi défini comme une relation concrète, qui permet de jouir de soi, comme d'une chose qu'on a à la fois en sa possession et sous les yeux. Si se convertir à soi, c'est se détourner des préoccupations de l'extérieur, des soucis de l'ambition, de la crainte devant l'avenir, on peut alors se retourner vers son propre passé, en faire la récollection, le dérouler à son gré sous ses propres yeux et avoir sur lui un rapport que rien ne viendra troubler : « C'est la seule partie de notre vie qui soit sacrée et inviolable, qui ait échappé à tous les hasards humains, qui soit soustraite à l'empire de la fortune, que ne bouleverse pas la pauvreté, ni la crainte, ni l'incursion des maladies ; celle-ci ne peut être troublée ni ravie ; perpétuelle et sereine en est la possession[2]. » Et l'expérience de soi qui se forme dans cette possession n'est pas simplement celle d'une force maîtrisée, ou d'une souveraineté exercée sur une puissance prête à se révolter ; c'est celle d'un plaisir qu'on prend à soi-même. Celui qui est parvenu à avoir finalement accès à lui-même est, pour soi, un objet de plaisir. Non seulement on se contente de ce qu'on est et on accepte de s'y borner, mais on « se plaît » à soi-même[3]. Ce plaisir pour lequel Sénèque emploie en général les termes de *gaudium* ou de *laetitia* est un état qui n'est ni accompagné ni suivi par aucune forme de trouble dans le corps et dans l'âme ; il est défini par le fait de n'être provoqué par rien qui soit indépendant de

1. SÉNÈQUE, *De la brièveté de la vie*, V, 3 *(sui juris)* ; *Lettres à Lucilius*, 75, 8 *(in se habere potestatem)* ; 32, 5 *(facultas sui)*.
2. SÉNÈQUE, *De la brièveté de la vie*, X, 4, et XV, 5.
3. SÉNÈQUE, *Lettres à Lucilius*, 13, 1 ; cf. aussi 23, 2-3 ; ÉPICTÈTE, *Entretiens*, II, 18 ; MARC AURÈLE, *Pensées*, VI, 16.

nous et qui échappe par conséquent à notre pouvoir; il
naît de nous-même et en nous-même[1]. Il est caractérisé
également par le fait qu'il ne connaît ni degré ni changement, mais qu'il est donné «tout d'une pièce», et
qu'une fois donné aucun événement extérieur ne saurait
l'entamer[2]. En cela, cette sorte de plaisir peut être opposée trait pour trait à ce qui est désigné par le terme de
voluptas; celui-ci désigne un plaisir dont l'origine est à
placer hors de nous et dans des objets dont la présence
ne nous est pas assurée : plaisir par conséquent précaire
en lui-même, miné par la crainte de la privation et
auquel nous tendons par la force du désir qui peut ou
non trouver à se satisfaire. À ce genre de plaisirs violents, incertains et provisoires, l'accès à soi est susceptible de substituer une forme de plaisir que, dans la
sérénité et pour toujours, on prend à soi-même. «*Disce
gaudere*, apprends la joie», dit Sénèque à Lucilius; «Je
veux que tu n'aies jamais manqué d'allégresse. Je veux
qu'elle foisonne en ton logis. Elle foisonnera à condition
d'être au-dedans de toi-même... Elle ne cessera jamais
quand tu auras trouvé une fois d'où on la prend...
Tourne ton regard vers le bien véritable; sois heureux de
ton propre fonds *(de tuo)*. Mais ce fonds, quel est-il?
Toi-même et la meilleure partie de toi[3].»

*

C'est dans le cadre de cette culture de soi, de ses
thèmes et de ses pratiques, que se sont développées, aux

1. SÉNÈQUE, *Lettres à Lucilius*, 72, 4.
2. *Ibid.*, 72. Cf. aussi *De la vie heureuse*, III, 4.
3. *Lettres à Lucilius*, 23, 3-6. Cf. aussi 124, 24. Sur la critique de la volupté :
De la vie heureuse, XI, 1-2.

premiers siècles de notre ère, les réflexions sur la morale des plaisirs; c'est de ce côté qu'il faut regarder pour comprendre les transformations qui ont pu affecter cette morale. Ce qui, au premier regard, peut être considéré comme sévérité plus marquée, austérité accrue, exigence plus stricte n'est pas à interpréter, en effet, comme un resserrement des interdits; le domaine de ce qui pouvait être défendu ne s'est guère élargi et on n'a pas cherché à organiser des systèmes de prohibition plus autoritaires et plus efficaces. Le changement concerne beaucoup plus tôt la manière dont l'individu doit se constituer comme sujet moral. Le développement de la culture de soi a produit son effet non pas dans le renforcement de ce qui peut barrer le désir, mais dans certaines modifications qui touchent aux éléments constitutifs de la subjectivité morale. Rupture avec l'éthique traditionnelle de la maîtrise de soi? Certainement pas, mais déplacement, infléchissement et différence d'accentuation.

Le plaisir sexuel comme substance éthique est encore et toujours de l'ordre de la force — de la force contre laquelle il faut lutter et sur laquelle le sujet doit assurer sa domination; mais dans ce jeu de la violence, de l'excès, de la révolte et du combat, l'accent est mis de plus en plus volontiers sur la faiblesse de l'individu, sur la fragilité, sur la nécessité où il est de fuir, d'échapper, de se protéger et de se tenir à l'abri. La morale sexuelle exige encore et toujours que l'individu s'assujettisse à un certain art de vivre qui définit les critères esthétiques et éthiques de l'existence; mais cet art se réfère de plus en plus à des principes universels de la nature ou de la raison, auxquels tous doivent se plier de la même façon, quel que soit leur statut. Quant à la définition du travail qu'il faut accomplir sur soi-même, elle subit aussi, à travers la culture de soi, une certaine modification : à travers les exercices d'abstinence et de maîtrise qui constituent l'*askēsis* nécessaire, la place qui est faite à la connaissance de soi devient plus importante : la tâche de s'éprouver, de s'examiner, de se contrôler dans une série d'exercices bien définis place la question de la vérité — de la vérité de ce qu'on est, de ce qu'on fait et de ce qu'on est capable de faire — au cœur de la constitution du sujet moral. Enfin, le point d'aboutissement de cette élaboration est bien encore et toujours défini par la souveraineté de l'individu sur lui-même ; mais cette souveraineté s'élargit en une expérience où le rapport à soi prend la forme non seulement d'une domination mais d'une jouissance sans désir et sans trouble.

On est loin encore d'une expérience des plaisirs sexuels où ceux-ci seront associés au mal, où le comportement devra se soumettre à la forme universelle de la loi et où le déchiffrement du désir sera une condition indispensable pour accéder à une existence purifiée. Cependant on peut voir déjà comment la question du mal commence à travailler le thème ancien de la force, comment la question de la loi commence à infléchir le thème de l'art et de la *technē*, comment la question de la vérité et le principe de la connaissance de soi se développent dans les pratiques de l'ascèse. Mais il convient auparavant de chercher dans quel contexte et pour quelles raisons la culture de soi s'est ainsi développée, et précisément sous la forme qu'on vient de voir.

CHAPITRE III

Soi et les autres

. LE RÔLE MATRIMONIAL
II. LE JEU POLITIQUE

À ce développement de la culture de soi et à l'inflexion qui s'opère alors dans l'éthique des plaisirs, les travaux des historiens peuvent suggérer plusieurs motifs. Deux surtout semblent importants : des changements dans la pratique matrimoniale et des modifications dans les règles du jeu politique. Je me bornerai, dans ce bref chapitre, à reprendre sur ces deux thèmes quelques éléments empruntés à des recherches historiques antérieures et à esquisser la proposition d'une hypothèse d'ensemble. L'importance nouvelle du mariage et du couple, une certaine redistribution dans les rôles politiques n'ont-elles pas provoqué dans cette morale qui était essentiellement une morale d'hommes une problématisation nouvelle du rapport à soi ? Elles pourraient bien avoir suscité non pas un repli sur soi, mais une façon nouvelle de se réfléchir soi-même dans son rapport à la femme, aux autres, aux événements et aux activités civiques et politiques, et une autre façon de se considérer comme sujet de ses plaisirs. La culture de soi ne serait pas la « conséquence » nécessaire de ces modifications sociales ; elle n'en serait pas l'expression dans l'ordre de l'idéologie. Elle constituerait par rapport à elles une réponse originale sous la forme d'une nouvelle stylistique de l'existence.

LE RÔLE MATRIMONIAL

Il est difficile de dire quelle était dans la civilisation hellénistique ou romaine, selon les différentes régions et les différentes couches sociales, l'extension réelle de la pratique matrimoniale. Les historiens ont pu cependant repérer — là où la documentation le permet — certaines transformations, touchant soit les formes institutionnelles, soit l'organisation des rapports conjugaux, soit la signification et la valeur morale qui pouvaient leur être données.

Le point de vue institutionnel d'abord. Acte privé, relevant de la famille, de son autorité, des règles qu'elle pratiquait et qu'elle reconnaissait comme les siennes, le mariage, ni en Grèce ni à Rome, n'appelait l'intervention des pouvoirs publics. Il était en Grèce une pratique « destinée à assurer la permanence de l'*oikos* », dont les deux actes fondamentaux et vitaux marquaient, l'un le transfert au mari de la tutelle exercée jusqu'alors par le père, l'autre la remise effective de l'épouse à son conjoint[1]. Il constituait donc une « transaction privée,

---

1. J.-P. BROUDEHOUX, *Mariage et famille chez Clément d'Alexandrie*, pp. 16-17.

une affaire conclue entre deux chefs de famille, l'un réel, le père de la fille, l'autre virtuel, le futur mari » ; cette affaire privée était « sans lien avec l'organisation politique et sociale[1] ». De même, du mariage romain, J. A. Crook et P. Veyne rappellent qu'il n'était originairement qu'un état de fait « dépendant de l'intention des parties » et « marqué par une cérémonie » et entraînant « des effets de droit » sans être pour autant « un acte juridique[2] ».

Progressivement le mariage, dans le monde hellénistique, prend place à l'intérieur de la sphère publique. Il déborde ainsi le cadre de la famille avec cet effet paradoxal que l'autorité de celle-ci se trouve « publiquement » sanctionnée, mais aussi relativement limitée. Dans le monde hellénistique, Cl. Vatin voit cette évolution s'appuyer sur le recours aux cérémonies religieuses, qui servent en quelque sorte d'intermédiaire entre l'acte privé et l'institution publique ; résumant cette transformation, dont on peut constater les résultats au IIe et au Ier siècle avant notre ère, il écrit : « Il est clair que le mariage est désormais sorti du cadre des institutions familiales et le mariage religieux alexandrin qui est peut-être un vestige du mariage privé antique est aussi une institution civique : que ce soit par un fonctionnaire ou par un prêtre, c'est toujours la cité tout entière qui sanctionne le mariage. » Et confrontant les données qui concernent la ville d'Alexandrie avec celles qui se rapportent à la société rurale, il ajoute : « Avec des variantes, on assiste dans la *chōra* et dans la capitale à un phéno-

---

1. Cl. VATIN, *Recherches sur le mariage et la condition de la femme mariée à l'époque hellénistique*, p. 4.
2. J. A. CROOK, *Law and Life of Rome*, p. 99 sq. P. VEYNE, « L'amour à Rome », *Annales E.S.C.*, 1978, 1, pp. 39-40.

mène d'évolution rapide d'institution privée en institution publique[1]. »

À Rome, on peut constater une évolution qui est globalement du même type, même si elle emprunte des chemins différents, et même si, jusque tard, le mariage continue à être, pour l'essentiel, « une cérémonie privée, une fête[2] ». Un ensemble de mesures législatives marque peu à peu l'emprise de l'autorité publique sur l'institution matrimoniale. La fameuse loi *de adulteriis* est une des manifestations de ce phénomène. Manifestation d'autant plus intéressante qu'en condamnant pour adultère la femme mariée qui a commerce avec un autre homme, et l'homme qui a commerce avec une femme mariée (et non pas l'homme marié qui aurait rapport avec une femme qui ne l'est pas), cette loi ne propose rien de nouveau sur la qualification des faits. Elle reprend exactement les schémas traditionnels de l'appréciation éthique ; elle se borne à transférer à la puissance publique une sanction qui relevait jusque-là de l'autorité familiale.

Cette « publicisation » progressive du mariage accompagne bien d'autres transformations, dont elle est à la fois l'effet, le relais et l'instrument. Il semble, autant que les documents permettent d'en juger, que la pratique du mariage, ou du concubinat régulier, se soit généralisée ou du moins se soit répandue dans des couches plus importantes de population. Dans sa forme ancienne, le mariage n'avait d'intérêt et de raison d'être que dans la mesure où, tout en étant un acte privé, il portait des effets de droit ou du moins de statut : transmission d'un nom, constitution d'héritiers, organisation d'un système

1. Cl. VATIN, *op. cit.*, pp. 177-178.
2. P. VEYNE, *loc. cit.*

d'alliances, jonction de fortunes. Ce qui n'avait de sens que pour ceux qui pouvaient développer des stratégies dans de tels domaines. Comme le dit encore P. Veyne : « Dans la société païenne, tout le monde ne se mariait pas, loin de là... Le mariage, quand on se mariait, répondait à un objectif privé : transmettre le patrimoine aux descendants, plutôt qu'à d'autres membres de la famille ou à des fils d'amis ; et à une politique de castes : perpétuer la caste des citoyens[1]. » Il s'agissait, pour reprendre les termes de J. Boswell, d'un mariage qui, « pour les classes supérieures, était largement dynastique, politique et économique[2] ». Quant aux classes pauvres, aussi peu renseigné qu'on soit sur leur pratique matrimoniale, on peut supposer avec S. B. Pomeroy que deux facteurs contradictoires étaient en mesure de jouer, qui, tous deux, renvoyaient aux fonctions économiques du mariage : l'épouse et les enfants pouvaient constituer une main-d'œuvre utile pour l'homme libre et pauvre ; mais d'un autre côté, « il y a un niveau économique au-dessous duquel un homme ne peut pas espérer entretenir une femme et des enfants[3] ».

Les impératifs économico-politiques qui commandaient le mariage (le rendant nécessaire dans certains cas, et, dans d'autres, inutile) ont dû perdre une part de leur importance lorsque dans les classes privilégiées le statut et la fortune se sont trouvés dépendre de la proximité du prince, de la « carrière » civile ou militaire, du succès dans les « affaires », plus que de la seule alliance entre des groupes familiaux. Moins surchargé de stratégies diverses, le mariage devient plus « libre » : libre

1. *Ibid.*
2. J. Boswell, *Christianity, Social Tolerance, and Homosexuality*, p. 62.
3. S. B. Pomeroy, *Goddesses, Whores, Wives and Slaves*, 1975, p. 133.

dans le choix de l'épouse, libre aussi dans la décision de se marier et dans les raisons personnelles de le faire. Il se pourrait aussi que dans les classes moins favorisées, le mariage soit devenu — au-delà des motifs économiques qui pouvaient le faire apparaître appréciable — une forme de lien qui tenait sa valeur du fait qu'il établissait et maintenait des rapports personnels forts, impliquant le partage de la vie, l'aide mutuelle, l'appui moral. En tout cas, l'étude des inscriptions tombales a pu montrer la relative fréquence et la stabilité des unions, dans des milieux qui n'étaient pas ceux de l'aristocratie[1]; et on a des témoignages sur le mariage des esclaves[2]. Quelle que soit la réponse qu'on apporte à la question de l'étendue de la pratique matrimoniale, il semble que celle-ci soit devenue plus facile d'accès; les seuils qui la rendent « intéressante » ont été abaissés.

Suit que le mariage apparaît de plus en plus comme une union librement consentie entre deux partenaires dont l'inégalité s'atténue jusqu'à un certain point sans pour autant disparaître. Il semble bien que dans le monde hellénistique, **et** compte tenu de beaucoup de différences locales, le statut de la femme ait gagné en indépendance par rapport à ce qu'il était à l'époque classique — et surtout par rapport à la situation athénienne. Cette modification relative tient d'abord au fait que la position de l'homme-citoyen a perdu une part de son importance politique; elle tient aussi à un renforcement positif du rôle de la femme — de son rôle économique et de son indépendance juridique. D'après certains historiens, les documents montrent que l'inter-

1. *Ibid.*, p. 209.
2. P. VEYNE, *loc. cit.*, p. 40; S. B. POMEROY, *op. cit.*, p. 193.

vention du père de la femme devient de moins en moins
décisive dans le mariage. « Il était courant qu'un père,
en tant que gardien institutionnel, donne sa fille en
mariage. Mais certains contrats étaient passés simplement entre un homme et une femme, convenant de partager leur vie. Le droit d'une fille mariée de se déterminer
elle-même contre l'autorité paternelle commence à être
affirmé. Selon la loi athénienne, romaine et égyptienne,
le père était habilité à dissoudre le mariage de sa fille
contre sa volonté. Plus tard cependant, dans l'Égypte
romaine sous la loi égyptienne, l'autorité du père sur
une fille mariée était contestée par des décisions judi-
ciaires posant que la volonté de la femme était un facteur déterminant. Voulait-elle rester mariée, elle le
pouvait [1]. » Le mariage se conclut de plus en plus nettement comme un contrat voulu par les deux conjoints,
qui s'y engagent personnellement. L'*ekdosis* par laquelle
la jeune fille était remise solennellement par son père ou
tuteur à l'époux « tend à disparaître » ; et le contrat d'aspect essentiellement financier qui l'accompagnait de
façon traditionnelle finit par subsister seul dans le cas
des mariages écrits ; il est complété alors par des clauses
relatives aux personnes. Non seulement les femmes
reçoivent leur dot, dont elles disposent de plus en plus
librement dans le mariage, et dont certains contrats pré-
voient qu'elle leur sera restituée en cas de divorce, mais
encore elles recouvrent leur part d'héritage.

Quant aux obligations que les contrats de mariage
imposent aux époux, l'étude de Cl. Vatin montre pour
l'Égypte hellénistique une évolution significative. Dans
des documents datant de la fin du IVᵉ ou du IIIᵉ siècle av.

---

1. S. B. POMEROY, *op. cit.*, p. 129.

J.-C. les engagements de la femme impliquaient l'obéissance au mari, l'interdiction de sortir, de nuit ou de jour, sans la permission de celui-ci, l'exclusion de tout rapport sexuel avec un autre homme, l'obligation de ne pas ruiner la maison et de ne pas déshonorer son mari. Celui-ci en revanche devait entretenir sa femme, ne pas installer une concubine à la maison, ne pas maltraiter son épouse et ne pas avoir d'enfants des liaisons qu'il pouvait entretenir à l'extérieur. Plus tard, les contrats étudiés spécifient des obligations beaucoup plus strictes du côté du mari. L'obligation, pour lui, de subvenir aux besoins de sa femme est précisée ; mais aussi est spécifiée l'interdiction d'avoir une maîtresse, ou un mignon, et de posséder une autre maison (dans laquelle il pourrait entretenir une concubine). Comme le note Cl. Vatin, dans ce type de contrat, « c'est la liberté sexuelle du mari qui est en cause ; la femme sera maintenant tout aussi exclusive que l'homme ». Les contrats de mariage, ainsi développés, font entrer le mari et la femme dans un système de devoirs ou d'obligations qui certes ne sont pas égaux, mais sont partagés. Et ce partage se fait non pas au nom du respect qui est dû à la famille dont chacun des deux conjoints est en quelque sorte le représentant dans l'état de mariage, mais en vue du couple, de sa stabilité et de sa régulation interne[1].

De telles obligations, explicitement affirmées, appellent et révèlent, chez les époux, des formes de vie conjugale plus serrées que par le passé. Les prescriptions ne pourraient pas se trouver formulées dans les contrats si elles ne correspondaient pas déjà à une attitude nouvelle ; et en même temps elles ont dû peser sur chacun

---

1. Cl. VATIN, *op. cit.*, pp. 203-206.

des conjoints de telle manière qu'elles inscrivaient dans leur vie, beaucoup plus nettement que par le passé, la réalité du couple. L'institutionnalisation du mariage par consentement mutuel, écrit Cl. Vatin, fait « naître l'idée qu'il existait une communauté conjugale et que cette réalité, constituée par le couple, a une valeur supérieure à celle de ses composantes[1] ». C'est une évolution un peu analogue que P. Veyne a relevée dans la société romaine : « Sous la République, chacun des époux avait un rôle défini à jouer et une fois ce rôle rempli, les relations affectives entre époux étaient ce qu'elles pouvaient être... Sous l'Empire, ... le fonctionnement même du mariage est censé reposer sur la bonne entente et la loi du cœur. Ainsi naît une idée neuve : le couple du maître et de la maîtresse de maison[2]. »

Multiples seraient donc les paradoxes dans l'évolution de cette pratique matrimoniale. Elle cherche ses cautions du côté de l'autorité publique ; et elle devient une affaire de plus en plus importante dans la vie privée. Elle s'affranchit des objectifs économiques et sociaux qui la valorisaient ; et elle se généralise en même temps. Elle devient pour les époux de plus en plus contraignante, et suscite en même temps des attitudes de plus en plus favorables, comme si, plus elle exigeait, plus elle attirait. Le mariage deviendrait plus général comme pratique, plus public comme institution, plus privé comme mode d'existence, plus fort pour lier les conjoints et donc plus efficace pour isoler le couple dans le champ des autres relations sociales.

Il est évidemment difficile de mesurer avec précision

---

1. *Ibid.*, p. 274.
2. P. Veyne, « L'amour à Rome », *Annales E.S.C.*, 1978, 1.

l'ampleur de ce phénomène. La documentation accessible porte sur quelques aires géographiques privilégiées ; et elle n'éclaire que certaines couches de la population. Il serait spéculatif d'en faire un mouvement universel et massif, même si, à travers leur caractère lacunaire et dispersé, les indications sont assez convergentes. En tout cas, si l'on en croit les autres textes des premiers siècles de notre ère, le mariage paraissait devenir pour les hommes — puisque c'est de leur témoignage seulement qu'on dispose — un foyer d'expériences plus importantes, plus intenses, plus difficiles aussi et plus problématiques. Et par mariage il ne faut pas entendre seulement l'institution utile à la famille ou à la cité, ni l'activité domestique qui se déroule dans le cadre et selon les règles d'une bonne maisonnée, mais bien « l'état » de mariage comme forme de vie, existence partagée, lien personnel et position respective des partenaires dans cette relation. Ce n'est pas, on l'a vu, que la vie matrimoniale selon son schéma ancien ait exclu entre époux proximité et sentiment. Mais il semble bien que dans l'idéal proposé par Xénophon, ces sentiments étaient directement liés (ce qui n'était exclusif ni du sérieux ni de l'intensité) à l'exercice du statut du mari et à l'autorité qui lui était conférée : un peu paternel à l'égard de sa jeune femme, Ischomaque lui enseignait avec patience ce qu'elle avait à faire ; et dans la mesure où, en effet, elle jouait bien le rôle inhérent à ses fonctions de maîtresse de maison, il avait pour elle un respect et une affection qui ne devaient pas se démentir jusqu'à la fin de leurs jours. Dans la littérature de l'époque impériale, on trouve les témoignages d'une expérience autrement plus complexe du mariage : et les recherches d'une éthique de l'« honneur conjugal » se montrent bien à travers les réflexions sur le rôle de l'époux, sur la nature et la forme du lien qui l'attache à sa femme, sur le jeu entre une supériorité à la fois naturelle et statutaire et une affection qui peut aller jusqu'au besoin et à la dépendance.

On pourrait ainsi évoquer l'image que, dans certaines de ses lettres, Pline donne de lui-même comme « individu conjugal », et la comparer avec le portrait de cet autre bon mari qu'était Ischomaque. Ainsi dans le fameux billet qu'il adresse à son épouse pour pleurer son absence, ce qui apparaît, ce n'est pas simplement, comme dans d'autres lettres, l'homme qui prend son épouse admirative et docile à témoin de ses travaux littéraires et de ses succès de tribune ; c'est un homme qui a pour sa femme un attachement intense et un désir physique si vif qu'il ne peut s'empêcher de la chercher nuit et jour quand même elle n'est plus là : « Vous ne sauriez croire combien vous me manquez ; la raison est mon amour d'abord, puis le fait que nous n'avons pas l'habitude d'être séparés. Voilà pourquoi une grande partie de mes nuits se passe pour moi à me représenter tout éveillé votre image ; pourquoi en plein jour, à l'heure où j'avais l'habitude d'aller vous voir, mes pieds me portent d'eux-mêmes à votre appartement ; pourquoi enfin, triste et affligé comme si on m'avait fermé la porte, je reviens dans votre chambre vide. Il n'est qu'un temps où je sois exclu de cette torture : c'est celui que je passe sur le forum, absorbé par le procès de mes amis. Représentez-vous donc ce qu'est ma vie, quand je dois chercher le repos dans le travail, et ma consolation dans les ennuis et les soucis[1]. » Les formules de cette lettre

---

1. Pline, *Lettres*, VII, 5.

méritent d'être retenues. La spécificité d'une relation conjugale personnelle, intense et affective, indépendante et du statut et de l'autorité maritale et des responsabilités de la maison, y apparaît clairement; l'amour y est distingué avec soin de ce qui est le partage habituel de l'existence, même si tous deux contribuent de façon légitime à rendre précieuse la présence de l'épouse et douloureuse son absence. D'autre part, Pline fait valoir plusieurs des signes traditionnellement reconnus à la passion amoureuse : les images qui hantent la nuit, les mouvements involontaires d'allées et venues, la recherche de l'objet perdu; or ces conduites qui appartiennent au tableau classique et négatif de la passion sont ici présentées de façon positive; ou plutôt, la souffrance de l'époux, le mouvement passionné par lequel il est emporté, le fait qu'il soit dominé par son désir et son chagrin sont donnés comme les gages positifs de l'affection conjugale. Enfin, entre vie matrimoniale et activité publique, Pline pose non un principe commun qui unifie le gouvernement de la maison et l'autorité sur les autres, mais un jeu complexe de substitution et de compensation : à défaut de trouver chez lui le bonheur que lui procurait sa femme, il se plonge dans les affaires publiques; mais faut-il que sa blessure soit vive pour qu'il trouve dans les ennuis de cette vie à l'extérieur les consolations de ses chagrins privés.

Dans bien d'autres textes encore, on voit la relation entre époux se dégager des fonctions matrimoniales, de l'autorité statutaire de l'époux et du gouvernement raisonnable de la maisonnée, pour se présenter comme une relation singulière qui a sa force, ses problèmes, ses difficultés, ses obligations, ses bénéfices et ses plaisirs propres. On pourrait citer d'autres lettres de Pline et relever des indications chez Lucain ou Tacite ; on pourrait aussi se référer à cette poésie de l'amour conjugal dont Stace fournit l'exemple : l'état de mariage y apparaît comme la fusion de deux destinées dans une passion indéfectible où le mari reconnaît sa sujétion affective : « C'est Vénus qui nous a unis dans la fleur de nos années ; Vénus nous conservera la faveur sur le déclin de la vie. Tes lois m'ont trouvé content et docile *(libens et docilis)* ; je ne briserai pas un lien que je ressens de plus en plus tous les jours... Cette terre m'a fait naître pour toi *(creavit me tibi)* : elle a à jamais enchaîné ma destinée à la tienne[1]. »

Ce n'est évidemment pas dans des textes comme ceuxci qu'il faudrait chercher une représentation de ce qu'a pu être réellement la vie matrimoniale à l'époque de l'Empire. La sincérité qu'ils affichent ne vaut pas témoignage. Ce sont des textes qui proclament de façon volontairement appliquée un idéal de conjugalité. Il faut les prendre non comme le reflet d'une situation, mais comme la formulation d'une exigence, et c'est à ce titre justement qu'ils font partie du réel. Ils montrent que le mariage est interrogé comme un mode de vie dont la valeur n'est pas exclusivement ni même peut-être essentiellement liée au fonctionnement de l'*oikos*, mais à un mode de relation entre deux partenaires ; ils montrent aussi que, dans ce lien, l'homme a à régler sa conduite, non seulement à partir d'un statut, de privilèges et de fonctions domestiques, mais aussi à partir d'un « rôle relationnel » à l'égard de sa femme ; ils montrent enfin que ce rôle n'est pas seulement une fonction gouvernementale de formation, d'éducation, de direction, mais

---

1. STACE, *Silves*, III, 3, v. 23-26 et 106-107.

qu'il s'inscrit dans un jeu complexe de réciprocité affective et de dépendance réciproque. Or s'il est vrai que la réflexion morale sur la bonne conduite du mariage avait longtemps cherché ses principes dans une analyse de la « maisonnée » et de ses nécessités intrinsèques, on comprend l'apparition d'un nouveau type de problèmes où il s'agit de définir la manière dont l'homme pourra se constituer comme sujet moral dans la relation de conjugalité.

LE JEU POLITIQUE

Le déclin des cités-États comme entités autonomes à partir du IIIe siècle avant J.-C. est un fait connu. On y voit souvent le motif d'un recul général de la vie politique là où les activités civiques avaient constitué pour les citoyens un véritable métier; on y reconnaît la raison d'une décadence des classes traditionnellement dominantes; et on en cherche les conséquences dans un mouvement de repli sur soi par lequel les représentants de ces groupes privilégiés auraient transformé cette perte effective d'autorité en retraite volontaire, accordant ainsi de plus en plus de valeur à l'existence personnelle et à la vie privée. « L'effondrement de la cité-État était inévitable. D'une façon générale, les gens se sentaient sous la coupe de pouvoirs mondiaux qu'ils ne pouvaient pas contrôler ni même modifier... Le hasard régnait... Les philosophies de l'âge hellénistique étaient essentiellement des philosophies de l'évasion et le principal moyen de cette évasion, c'était de cultiver l'autonomie[1]. »

Si les cités-États — là où elles existaient — ont bien perdu, depuis le IIIe siècle, une part de leur autonomie, il

---

1. J. FERGUSON, *Moral Values in the Ancient World*, pp. 135-137.

serait évidemment contestable de réduire à ce phénomène l'essentiel des transformations qui ont pu avoir
lieu, à l'époque hellénistique et romaine, dans le domaine
des structures politiques; il serait inadéquat aussi d'y
chercher le principe explicatif essentiel des changements
qui ont pu se produire dans la réflexion morale et dans
la pratique de soi-même. En fait — et sur ce point, il
faut se référer aux travaux des historiens qui ont passablement entamé la grande figure nostalgique de la cité-
État que le XIXe siècle avait dessinée avec soin —
l'organisation des monarchies hellénistiques puis de
l'Empire romain ne peut être analysée simplement dans
les termes négatifs d'une décadence de la vie civique, et
d'une confiscation du pouvoir par des instances éta-
tiques de plus en plus lointaines. Il convient au contraire
de souligner que l'activité politique locale n'a pas été
étouffée par l'instauration et le renforcement de ces
grandes structures d'ensemble; la vie des cités, avec ses
règles institutionnelles, ses enjeux, ses luttes, ne disparaît pas par suite de l'élargissement du cadre où elle
s'inscrit, ni par le contrecoup du développement d'un
pouvoir de type monarchique. L'angoisse devant un
univers trop vaste qui aurait perdu ses communautés
politiques constituantes pourrait bien être un sentiment
qu'on a prêté rétrospectivement aux hommes du monde
gréco-romain. Les Grecs de l'époque hellénistique n'ont
pas eu à fuir « le monde sans cité des grands empires »
pour l'excellente raison que l'« hellénisme était un
monde de cités »; et critiquant l'idée que la philosophie
aurait constitué, après l'effondrement du système des
cités, « un abri contre la tempête », F. H. Sandbach fait
remarquer d'abord que, par le passé, « les cités-États
n'avaient jamais donné la sécurité », et ensuite qu'elles

ont continué à être la forme première et normale de l'organisation sociale « même après que le pouvoir militaire eut passé aux mains des grandes monarchies[1] ».

Plutôt qu'à une réduction ou à une annulation des activités politiques par les effets d'un impérialisme centralisé, il faut plutôt penser à l'organisation d'un espace complexe : beaucoup plus vaste, beaucoup moins discontinu, beaucoup moins refermé que ne pouvait l'être celui des petites cités-États, il est plus souple aussi, plus différencié, moins strictement hiérarchisé que ne le sera plus tard l'Empire autoritaire et bureaucratique qu'on essaiera d'organiser après la grande crise du IIIe siècle. C'est un espace où les foyers de pouvoir sont multiples, où les activités, les tensions, les conflits sont nombreux, où ils se développent selon plusieurs dimensions et où les équilibres sont obtenus par des transactions variées. C'est un fait, en tout cas, que les monarchies hellénistiques ont beaucoup moins cherché à supprimer, à brider ou même à réorganiser de fond en comble les pouvoirs locaux qu'à s'appuyer sur eux et à s'en servir comme intermédiaires et relais pour la levée des tributs réguliers, pour la perception des impôts extraordinaires et pour la fourniture de ce qui était nécessaire aux armées[2]. C'est un fait également que, d'une façon assez générale, l'impérialisme romain s'est orienté vers des solutions de ce genre plutôt que vers l'exercice d'une administration directe ; la politique de municipalisation a été une ligne assez constante dont l'effet était de stimuler la vie politique des cités dans le cadre plus large de l'Empire[3]. Et si le discours que

1. F. H. SANDBACH, *The Stoics*, p. 23.
2. M. ROSTOVTZEFF, *The Social and Economic History of the Hellenistic World*, II, pp. 1305-1306.
3. J. GAGÉ, *Les Classes sociales à Rome*, pp. 155 sq.

Dion Cassius place dans la bouche de Mécène présente des anachronismes par rapport à la politique qui avait pu être conseillée à Auguste et effectivement suivie par lui, il représente bien certaines des grandes tendances du gouvernement impérial au cours des deux premiers siècles : se chercher « des aides et des alliés », assurer la tranquillité des principaux citoyens au pouvoir, persuader « ceux auxquels on commande qu'on ne les traite pas comme des esclaves » mais qu'on leur fait partager avantages et autorité, les amener à considérer qu'« ils ne forment qu'une seule grande cité[1] ».

Dès lors, peut-on parler du déclin des aristocraties traditionnelles, de la dépossession politique dont elles auraient été l'objet, et du repli sur soi qui en aurait été la conséquence ? Il y avait bien entendu des facteurs économiques et politiques de transformation : l'élimination des opposants et les confiscations de biens y ont joué leur rôle. Il y avait aussi des facteurs de stabilité : l'importance des biens fonciers dans les patrimoines[2], ou encore le fait que dans des sociétés de ce genre, fortunes, influences, prestige, autorité et pouvoir étaient constamment liés. Mais le phénomène le plus important et le plus déterminant pour les accentuations nouvelles de la réflexion morale ne concerne pas la disparition des classes traditionnellement dirigeantes, mais les changements qu'on peut observer dans les conditions d'exercice du pouvoir. Ces changements concernent le recrutement d'abord puisqu'il s'agit de faire face aux besoins d'une administration à la fois complexe et étendue; Mécène l'aurait dit à Auguste : il faut augmenter le nombre des

---

1. Dion Cassius, *Histoire romaine*, LII, 19.
2. R. MacMullen, *Roman Social Relations*, pp. 125-126.

sénateurs et des chevaliers autant qu'il est nécessaire
pour gouverner quand il faut et comme il faut[1]; et on
sait que de fait ces groupes se sont élargis dans des pro-
portions sensibles au cours des premiers siècles, même si
par rapport à l'ensemble des populations, ils n'ont
jamais constitué qu'une infime minorité[2]. Des changements ont affecté aussi le rôle qu'ils sont amenés à jouer
et la place qu'ils occupent dans le jeu politique : par
rapport à l'empereur, à son entourage, à ses conseillers,
à ses représentants directs ; à l'intérieur d'une hiérarchie
où la concurrence joue fortement mais sur un autre
mode que celui qu'on peut trouver dans une société agonistique ; sous la forme de charges révocables qui dépen-
dent, et souvent très directement, du bon plaisir du
prince ; et presque toujours en position d'intermédiaire
entre un pouvoir supérieur dont il faut transmettre ou
appliquer les ordres, et des individus et des groupes
dont il faut obtenir l'obéissance. Ce dont l'administration romaine a besoin, c'est d'une « *manegerial aristo-
cracy* » comme dit Syme, d'une aristocratie de service
qui « pour administrer le monde » fournira les différentes catégories d'agents nécessaires — « officiers dans
l'armée, procurateurs financiers et gouverneurs de province[3] ».

Et si on veut comprendre l'intérêt qui a été porté dans
ces élites à l'éthique personnelle, à la morale du comportement quotidien, de la vie privée et des plaisirs, ce
n'est pas tellement de décadence, de frustration et de
retraite maussade qu'il faut parler ; il faut plutôt y voir
la recherche d'une nouvelle façon de réfléchir le rapport

1. Dion Cassius, *Histoire romaine*, LII, 19.
2. C. G. Starr, *The Roman Empire*, p. 64.
3. R. Syme, *Roman Papers*, II, p. 1576.

qu'il convient d'avoir à son statut, à ses fonctions, à ses activités, à ses obligations. Alors que l'éthique ancienne impliquait une articulation très serrée du pouvoir sur soi et du pouvoir sur les autres, et devait donc se référer à une esthétique de la vie en conformité avec le statut, les règles nouvelles du jeu politique rendent plus difficile la définition des rapports entre ce qu'on est, ce qu'on peut faire et ce qu'on est tenu d'accomplir; la constitution de soi-même comme sujet éthique de ses propres actions devient plus problématique.

R. MacMullen a insisté sur deux caractères essentiels de la société romaine : la publicité de l'existence et la très forte « verticalité » des différences dans un monde où l'écart entre le tout petit nombre des riches et la très grande masse des pauvres n'a pas cessé de se creuser[1]. À l'intersection de ces deux traits, on comprend l'importance accordée aux différences de statut, à leur hiérarchie, à leurs signes visibles, à leur mise en scène soigneuse et ostentatoire[2]. On peut supposer qu'à partir du moment où les nouvelles conditions de la vie politique modifiaient les rapports entre statut, charges, pouvoirs et devoirs, deux phénomènes opposés ont pu se produire. On les constate en effet — et dans leur opposition même — dès le début de l'époque impériale. D'une part, une accentuation de tout ce qui permet à l'individu de fixer son identité du côté de son statut et des éléments qui le manifestent de la façon la plus visible; on cherche à se rendre aussi adéquat que possible à son propre statut par tout un ensemble de signes et de marques qui relèvent de l'attitude corporelle, du vêtement et de l'ha-

---

1. R. MacMullen, *op. cit.*, p. 93.
2. *Ibid.*, p. 110, avec des références à Sénèque, *Lettres*, 31, 11; Épictète, *Entretiens*, III, 14, 11; IV, 6, 4.

bitat, des gestes de générosité et de magnificence, des conduites de dépense, etc. De ces comportements par lesquels on s'affirme dans la supériorité manifestée sur les autres, MacMullen a montré combien ils ont été fréquents dans l'aristocratie romaine et jusqu'à quel point d'exacerbation on a pu les porter. Mais, à l'extrême opposé, on trouve l'attitude qui consiste au contraire à fixer ce qu'on est, dans un pur rapport à soi : il s'agit alors de se constituer et de se reconnaître comme sujet de ses propres actions, non pas à travers un système de signes marquant pouvoir sur les autres, mais à travers une relation aussi indépendante que possible du statut et de ses formes extérieures car elle s'accomplit dans la souveraineté qu'on exerce sur soi-même. Aux nouvelles formes de jeu politique, et aux difficultés de se penser soi-même comme sujet d'activité entre une naissance et des fonctions, des pouvoirs et des obligations, des tâches et des droits, des prérogatives et des subordinations, on a pu répondre par une intensification de toutes les marques reconnaissables de statut ou par la recherche d'un rapport adéquat à soi-même.

Les deux attitudes ont souvent été perçues et décrites en stricte opposition l'une avec l'autre. Ainsi Sénèque : « Cherchons quelque chose qui ne se détériore pas de jour en jour et à quoi rien ne puisse faire obstacle. Et quelle est cette chose ? C'est l'âme, j'entends une âme droite, bonne et grande. On ne saurait la nommer qu'en disant : c'est un dieu qui s'est fait l'hôte d'un corps mortel. Cette âme peut tomber dans le corps d'un chevalier romain, comme dans le corps d'un affranchi, d'un esclave. Qu'est-ce qu'un chevalier romain, qu'est-ce qu'un affranchi, un esclave ? Des noms issus de l'orgueil et de l'injustice. Du plus humble logis, on peut s'élancer jusqu'au ciel. Debout donc[1]. » C'est cette manière d'être aussi qu'Épictète revendique pour lui-même en l'opposant à celle d'un interlocuteur fictif ou réel : « Ton affaire à toi, c'est de vivre dans des palais de marbre, de veiller à ce qu'esclaves et clients te servent, de porter des habits qui attirent les regards, d'avoir de nombreux chiens de chasse et des citharèdes et des tragédiens. Est-ce que, par hasard, je te dispute cela ? Est-ce que toi, par hasard, tu t'es préoccupé des jugements ? de ta propre raison[2] ? »

On interprète souvent l'importance prise par le thème du retour à soi ou de l'attention qu'il faut porter à soi-même, dans la pensée hellénistique et romaine, comme l'alternative qui se proposait à l'activité civique et aux responsabilités politiques. Il est vrai qu'on trouve dans certains courants philosophiques le conseil de se détourner des affaires publiques, des troubles et des passions qu'elles suscitent. Mais ce n'est pas dans ce choix entre participation et abstention que réside la principale ligne de partage ; et ce n'est pas en opposition avec la vie active que la culture de soi propose ses valeurs propres et ses pratiques. Elle cherche beaucoup plutôt à définir le principe d'une relation à soi qui permettra de fixer les formes et les conditions dans lesquelles une action politique, une participation aux charges du pouvoir, l'exercice d'une fonction seront possibles ou impossibles, acceptables ou nécessaires. Les transformations politiques importantes qui ont eu lieu dans le monde hellénistique et romain ont pu induire certaines conduites de repli ; mais elles ont surtout, d'une façon beaucoup plus générale et plus essentielle, provoqué une problé-

---

1. SÉNÈQUE, *Lettres à Lucilius*, 31, 11 ; 47, 16. *Des bienfaits*, III, 18.
2. ÉPICTÈTE, *Entretiens*, III, 7, 37-39.

matisation de l'activité politique. On peut la caractériser
brièvement.

1. Une relativisation. Dans le nouveau jeu politique,
exercer le pouvoir se trouve relativisé de deux façons.
D'une part, même si par sa naissance on est destiné aux
charges, on ne s'identifie plus assez à son statut pour
considérer qu'il va tout à fait de soi qu'on les accepte ;
ou en tout cas, si beaucoup de raisons, et les meilleures,
poussent à la vie publique et politique, il est bon de le
faire justement pour ces raisons et comme conséquences
d'un acte personnel de volonté. Le traité que Plutarque
adresse au jeune Ménémaque est de ce point de vue
caractéristique : il condamne l'attitude qui ferait de la
politique une activité occasionnelle ; mais il refuse d'en
faire la conséquence, en quelque sorte nécessaire et
naturelle, d'un statut. Il ne faut pas, dit-il, considérer
l'activité politique comme une sorte de loisir *(scholē)*
auquel on se livrerait parce qu'on n'a rien d'autre à faire
et parce que les circonstances sont favorables, quitte à
l'abandonner dès que les difficultés se présentent[1]. La
politique, c'est « une vie » et une « pratique » *(bios kai
praxis)*[2]. Mais à celle-ci, on ne peut se livrer que par un
choix libre et volontaire : Plutarque emploie là l'expression technique des stoïciens — *proairesis* ; et ce choix
doit être fondé sur le jugement et la raison *(krisis kai
logos)*[3] : seule manière de faire face, avec fermeté, aux
problèmes qui peuvent se poser. L'exercice de l'activité
politique est bien une « vie », impliquant un engagement
personnel et durable ; mais le fondement, le lien entre

1. PLUTARQUE, *Praecepta gerendae reipublicae*, 798 c-d.
2. *Ibid.*, 823 c.
3. *Ibid.*, 798 c-d.

soi-même et l'activité politique, ce qui constitue l'individu comme acteur politique, ce n'est pas — ou pas seulement — son statut; c'est, dans le cadre général défini par sa naissance et son rang, un acte personnel.

Mais on peut parler aussi de relativisation en un autre sens. Sauf à être le prince lui-même, on exerce le pouvoir à l'intérieur d'un réseau où on occupe une position charnière. On est toujours d'une certaine façon gouvernant et gouverné. Aristote dans la *Politique*[1] évoquait aussi ce jeu, mais sous la forme d'une alternance ou d'une rotation : on est tantôt gouvernant, tantôt gouverné. En revanche, dans le fait qu'on est à la fois l'un et l'autre, par un jeu d'ordres envoyés et reçus, de contrôles, d'appels des décisions prises, Aristide voit le principe même du bon gouvernement[2]. Sénèque, dans la préface du livre IV des *Questions naturelles*, évoque cette situation « intermédiaire » du haut fonctionnaire romain : il rappelle à Lucilius que le pouvoir qu'il a à exercer en Sicile n'est pas une autorité souveraine, un *imperium*, mais le pouvoir délégué d'une *procuratio*, dont il ne faut pas déborder les limites : ce qui était, selon lui, la condition pour pouvoir prendre plaisir *(delectare)* à l'exercice d'une telle charge et profiter des loisirs qu'elle peut laisser[3]. Plutarque présente en quelque sorte la réciproque de cette situation; le jeune aristocrate auquel il adresse ses conseils a beau être parmi les premiers au milieu des siens : il doit aussi avoir rapport aux « dirigeants » — *hēgemones* —, c'est-à-dire aux Romains. Plutarque critique ceux qui, pour mieux asseoir leur pouvoir dans leur propre cité, se

1. ARISTOTE, *Politique*, I, 12, 1259 b.
2. ARISTIDE, *Éloge de Rome*, 29-39.
3. SÉNÈQUE, *Questions naturelles*, IV, préface.

montrent serviles avec les représentants de l'administration impériale ; il conseille à Ménémaque d'accomplir à
leur égard les devoirs nécessaires et de nouer avec eux
les amitiés utiles, mais sans humilier jamais sa patrie ni
se mettre en peine de demander autorisation à propos de
tout[1]. Qui exerce le pouvoir a à se placer dans un champ
de relations complexes où il occupe un point de transi-
tion[2] : son statut a pu le placer là ; ce n'est pas ce statut
cependant qui fixe les règles à suivre et les limites à
observer.

2. Activité politique et acteur moral. C'était un des
thèmes les plus constants de la pensée politique grecque,
qu'une cité ne saurait être heureuse et bien gouvernée
qu'à la condition que ses chefs soient vertueux ; et inversement, que la bonne constitution de la cité et des lois
sages étaient des facteurs décisifs pour la juste conduite
des magistrats et des citoyens. La vertu du gouvernant,
dans toute une pensée politique à l'époque impériale, est
considérée toujours comme nécessaire, mais pour des
raisons un peu différentes. Ce n'est pas comme expression ou effet de l'harmonie de l'ensemble que cette vertu
est indispensable ; mais parce que, dans l'art difficile de
gouverner, au milieu de tant d'embûches, le gouvernant
aura à se guider sur sa raison personnelle : c'est en
sachant bien se conduire qu'il saura conduire, comme il
faut, les autres. Un homme, dit Dion de Pruse, qui
observe la loi et l'équité, qui est plus courageux que les
simples soldats, qui est plus assidu au travail que ceux
qui y sont contraints, qui se refuse toute sorte de luxure

1. PLUTARQUE, *Praecepta gerendae reipublicae*, 814 c.
2. Cf. aussi le passage où Plutarque réplique comment il faut savoir confier à
des subordonnés certaines tâches de détail (811 a-813 a).

(on le voit : il s'agit là de vertus qui sont celles de tout le monde, mais qu'il convient de porter quand on veut commander à un degré plus élevé), celui-là a un *daimōn*, qui n'est pas simplement bon pour lui-même, mais pour les autres aussi[1]. La rationalité du gouvernement des autres est la même que la rationalité du gouvernement de soi-même. C'est ce qu'explique Plutarque dans le *Traité au prince sans expérience* : on ne saurait gouverner si on n'est pas soi-même gouverné. Or qui donc doit diriger le gouvernant ? La loi, c'est certain ; toutefois il ne faut pas l'entendre comme la loi écrite, mais plutôt comme la raison, le *logos*, qui vit dans l'âme du gouvernant et ne doit jamais l'abandonner[2].

Dans un espace politique où la structure politique de la cité et les lois dont elle s'est dotée ont à coup sûr perdu de leur importance, bien qu'elles n'aient pas disparu pour autant, et où les éléments décisifs tiennent de plus en plus aux hommes, à leurs décisions, à la façon dont ils font jouer leur autorité, à la sagesse qu'ils manifestent dans le jeu des équilibres et des transactions, il apparaît que l'art de se gouverner soi-même devient un facteur politique déterminant. On sait l'importance prise par le problème de la vertu des empereurs, de leur vie privée et de la manière dont ils savent maîtriser leurs passions : on y voit la garantie qu'ils sauront mettre d'eux-mêmes une limite à l'exercice de leur pouvoir politique. Mais ce principe vaut pour quiconque doit gouverner : il doit s'occuper de lui-même, guider sa propre âme, établir son propre *ēthos*.

C'est chez Marc Aurèle qu'on trouve la formulation la

---

1. DION DE PRUSE, *Discours*, III.
2. PLUTARQUE, *Ad principem ineruditum*, 780 c-d.

plus claire d'une expérience du pouvoir politique qui,
d'une part, prend la forme d'un métier distinct du statut
et, de l'autre, requiert la pratique attentive des vertus
personnelles. De l'empereur Antonin, dans le plus bref
des deux portraits qu'il en trace, il rappelle qu'il a reçu
trois leçons : celle de ne pas s'identifier soi-même au rôle
politique qu'on exerce (« prends garde de te césariser, de
t'imprégner ») ; celle de pratiquer les vertus sous leurs
formes les plus générales (se conserver « simple, pur,
honnête, grave, naturel, ami de la justice, pieux, bienveillant, affectueux, ferme dans l'accomplissement des
devoirs ») ; celle enfin de retenir les préceptes de la philosophie comme celui de respecter les dieux, de secourir
les hommes et de savoir combien la vie est brève[1]. Et
lorsqu'à l'ouverture des *Pensées*, Marc Aurèle dessine
avec plus de détails un autre portrait d'Antonin qui a
valeur de règle de vie pour lui-même, il montre comment ces mêmes principes réglaient sa manière d'exercer
le pouvoir. En évitant les éclats inutiles, les satisfactions
de vanité, les emportements et les violences, en se
détournant de tout ce qui pourrait être vindicte et soupçon, en écartant les flatteurs pour ne donner accès qu'aux
conseillers sages et francs, Antonin montrait comment il
rejetait le mode d'être « césarien ». Par ses exercices de
tempérance (qu'il s'agisse de la nourriture, des vêtements, du coucher, des garçons), par l'usage toujours
modéré qu'il faisait des commodités de la vie, par l'absence d'agitation et l'égalité de l'âme, par la culture des
rapports d'amitié sans inconstance ni passion, il se for-
mait à l'« art de se suffire à lui-même sans perdre sa
sérénité ». Et c'est dans ces conditions que l'exercice des

---

1. Marc Aurèle, *Pensées*, VI, 30.

responsabilités impériales peut apparaître comme la pratique d'un métier sérieux, et qui demande beaucoup de travail : examiner de près les affaires, ne jamais abandonner un dossier inachevé, ne pas engager de dépenses inutiles, bien calculer ses entreprises et s'y tenir. Toute une élaboration de soi par soi est nécessaire pour ces tâches qui seront accomplies d'autant mieux qu'on ne s'identifie pas de façon ostentatoire aux marques du pouvoir.

Épictète avait de son côté donné les principes qui devaient guider un responsable — de rang relativement élevé — dans l'exercice de ses tâches. D'un côté, il lui faut accomplir ses obligations, sans tenir compte de ce que pourraient être sa vie ou ses intérêts personnels : « On t'a fixé un poste dans une ville impériale, et tu n'es pas à une médiocre place ; mais tu es sénateur à vie. Ne sais-tu pas qu'un homme de cette sorte doit accorder peu de temps aux affaires de sa maison, mais être presque toujours absent de chez lui pour commander ou obéir, ou pour remplir quelque magistrature ou pour faire campagne ou pour exercer la justice[1] ? » Mais si le magistrat doit laisser de côté sa vie privée et ce qui l'attache à elle, ce sont ses vertus personnelles d'homme raisonnable qui devront lui servir de guide et de principe régulateur dans la manière dont il gouverne les autres. « Bâtonner un âne », explique Épictète à un inspecteur des cités, « ce n'est pas là gouverner les hommes. Gouverne-nous comme des êtres raisonnables en nous montrant ce qui est utile et nous suivrons. Montre-nous ce qui est nuisible et nous nous en écarterons. Tâche de nous rendre imitateurs fervents de ta personne... Fais

---

1. ÉPICTÈTE, *Entretiens*, III, 24, 3.

ceci, ne fais point cela, sans quoi je te jetterai en prison :
ce n'est point ainsi qu'on gouverne des êtres raisonnables. Mais plutôt : fais ceci comme Zeus l'a ordonné,
sans quoi tu en subiras une peine, un dommage. Quel
dommage ? Pas d'autre que de n'avoir pas fait ton
devoir [1] ». C'est la modalité de l'être raisonnable et non
la qualification statutaire qui fonde et doit déterminer
dans leur forme concrète les rapports entre gouvernants
et gouvernés.

Une pareille modélisation du labeur politique — qu'il
s'agisse de l'empereur ou d'un homme qui exerce une
responsabilité quelconque — montre bien la manière
dont ces formes d'activité se dégagent du statut pour
apparaître comme une fonction à remplir ; mais, et ce
n'est pas le moins important, cette fonction n'est pas
définie à partir des lois propres à un art de gouverner les
autres, comme s'il s'agissait d'une « profession » impliquant ses compétences et ses techniques propres. Elle est
à exercer à partir de la « récession en lui-même de l'individu », c'est-à-dire du rapport qu'il établit à lui-même
dans le travail éthique de soi sur soi. Plutarque le dit au
prince qui n'est pas encore formé : dès qu'il prend le
pouvoir, celui qui gouverne doit « donner à son âme la
direction droite » et régler convenablement son *ēthos* [2].

3. Activité politique et destinée personnelle. La précarité de la fortune — soit que trop de succès attire la
jalousie des dieux, soit que les peuples aiment à retirer
les faveurs qu'ils ont, un moment, accordées — était
évidemment un thème traditionnel de méditation. Dans

1. *Ibid.*, III, 7, 33-36.
2. Plutarque, *Ad principem ineruditum*, 780 b.

la réflexion sur l'activité politique, aux premiers siècles de l'Empire, cette précarité inhérente à l'exercice de la puissance est associée à deux thèmes. D'un côté, on la perçoit comme liée à la dépendance dans laquelle on se trouve par rapport à autrui. Ce n'est pas tellement le cycle propre à la bonne et à la mauvaise fortune qui explique cette fragilité, mais le fait qu'on est placé sous ce que Sénèque appelle la *potentia aliena* ou la *vis potentioris*[1]. Dans le réseau complexe du pouvoir, on n'est jamais seul en face de ses ennemis; on est exposé de partout aux influences, aux intrigues, aux complots, aux défaveurs. Pour être en sécurité, il faudrait prendre soin « de n'offenser personne. Quelquefois, c'est le peuple que nous devons redouter. Quelquefois, ce sont ceux qui ont crédit dans le sénat... Quelquefois, ce sont les particuliers qui ont reçu l'autorité du peuple pour s'exercer sur le peuple même. Il est bien difficile d'avoir tous ces gens-là pour amis; c'est assez de ne pas les avoir pour ennemis ». Entre le prince, le sénat et la populace donnant et retirant leurs faveurs selon les moments, l'exercice du pouvoir relève d'une conjoncture instable : « Tu as exercé les plus hautes fonctions : furent-elles aussi grandes, aussi inespérées, aussi illimitées que celles de Séjan ? Le jour où il venait d'avoir le sénat pour cortège, le peuple le mit en lambeaux. De ce privilégié que les dieux et les hommes avaient comblé de toutes les faveurs possibles, il ne resta pas un débris pour le croc d'un bourreau[2]. »

À ces revers et à l'inquiétude qu'ils peuvent susciter, il faut se préparer d'abord en fixant soi-même par antici-

---

1. SÉNÈQUE, *Lettres à Lucilius*, 14, 4, 3.
2. SÉNÈQUE, *De la tranquillité de l'âme*, XI, 11.

pation une limite aux ambitions qu'on nourrit : «Sans attendre que la fortune nous interrompe à sa guise, il faut arrêter nous-mêmes nos progrès longtemps avant l'instant fatal[1]. » Et si l'occasion s'en présente, il convient de se dégager de ces activités, du moment qu'elles nous troublent et nous empêchent de nous occuper de nous-mêmes. Si soudain le malheur frappe, si on est déchu et exilé, on doit se dire — c'est le conseil qu'adresse Plutarque sans doute au même Ménémaque que, plusieurs années auparavant, il avait encouragé à faire de la politique «en libre choix[2] » — qu'on est enfin affranchi de l'obéissance aux gouverneurs, des liturgies trop coûteuses, des services à rendre, des ambassades à accomplir, des impôts à payer[3]. Et à Lucilius qui, pourtant, n'est pas menacé, Sénèque donne le conseil de se libérer de ses tâches, progressivement, au bon moment, comme le demandait Épicure, de façon à pouvoir se mettre à la disposition de soi-même[4].

L'essentiel de l'attitude qu'il faut avoir à l'égard de l'activité politique est à rapporter au principe général que ce qu'on est, on ne l'est pas par le rang qu'on occupe, la charge qu'on exerce, la place où on se trouve — au-dessus ou au-dessous des autres. Ce qu'on est, et dont il faut s'occuper comme d'une fin dernière, c'est un principe qui est singulier dans sa manifestation en chacun, mais universel par la forme qu'il revêt chez tous et collectif aussi par le lien de communauté qu'il établit entre les individus ; telle est, du moins pour les stoïciens, la

1. *Ibid.*, X, 7.
2. On admet que le traité sur l'exil est adressé au même personnage que les *Praecepta gerendae reipublicae*.
3. PLUTARQUE, *De l'exil*, 602 c-e.
4. SÉNÈQUE, *Lettres à Lucilius*, 22, 1-12.

raison humaine comme principe divin présent en nous. Or ce dieu, «hôte d'un corps mortel», on le trouvera aussi bien sous les espèces d'un chevalier romain que dans le corps d'un affranchi ou d'un esclave. Du point de vue du rapport à soi, les identifications sociales et politiques ne fonctionnent pas comme les marques authentiques d'un mode d'être; ce sont des signes extrinsèques, artificiels et non fondés; être un chevalier romain, un affranchi, un esclave? C'est disposer de noms issus de l'orgueil et de l'injustice[1]. «De sa moralité chacun est l'artisan; pour les emplois, le sort en dispose[2].» C'est donc en fonction de cette loi qu'on aura à exercer les emplois ou qu'on devra s'en défaire.

On le voit: il ne serait pas adéquat de dire que l'activité politique, dans la réflexion morale, était envisagée essentiellement sous la forme d'une alternative simple, s'abstenir ou participer. Il est vrai que la question était posée assez souvent dans des termes semblables. Mais cette alternative elle-même relevait d'une problématisation plus générale: celle-ci concernait la manière dont on devait se constituer comme sujet moral dans l'ensemble des activités sociales, civiques et politiques; elle concernait la détermination de celles de ces activités qui étaient obligatoires ou facultatives, naturelles ou conventionnelles, permanentes ou provisoires, inconditionnelles ou recommandées seulement dans certaines conditions; elle concernait aussi les règles qu'il fallait mettre en œuvre quand on les exerçait, et la façon dont il convenait de se gouverner soi-même pour pouvoir prendre sa place parmi les autres, faire valoir la part légitime d'au-

1. *Ibid.*, 31, 11.
2. *Ibid.*, 47, 15.

torité et en général se situer dans le jeu complexe et mobile des relations de commandement et de subordination. La question du choix entre retraite et activité était bien posée de façon récurrente. Mais les termes dans lesquels elle était posée et la solution que si souvent on lui apportait montrent bien qu'il ne s'agissait pas purement et simplement de traduire dans une morale du repli un déclin général de l'activité politique. Il s'agissait d'élaborer une éthique qui permette de se constituer soi-même comme sujet moral par rapport à ces activités sociales, civiques et politiques, dans les différentes formes qu'elles pouvaient prendre et à quelque distance qu'on s'en tienne.

*

À travers ces changements dans la pratique matrimoniale ou dans le jeu politique, on peut voir comment ont été transformées les conditions dans lesquelles s'affirmait l'éthique traditionnelle de la maîtrise de soi. Celle-ci impliquait un lien serré entre la supériorité qu'on exerce sur soi-même, celle qu'on exerce dans le cadre de la maisonnée, celle enfin qu'on exerce dans le champ d'une société agonistique ; et c'était la pratique de la supériorité sur soi qui garantissait l'usage modéré et raisonnable qu'on pouvait et devait faire des deux autres.

Or, on se trouve désormais dans un monde où ces relations ne peuvent plus jouer de la même façon : la relation de supériorité exercée dans la maison et sur l'épouse doit se composer avec certaines formes de réciprocité et d'égalité ; quant au jeu agonistique par lequel on cherche à manifester et assurer sa supériorité sur les autres, il doit s'intégrer à un champ de relations de pouvoir beaucoup plus vaste et complexe. De sorte que le principe de la supériorité sur soi comme noyau éthique essentiel, la forme générale de l'« héautocratisme » est à restructurer. Non pas qu'elle disparaisse ; mais elle a à faire place à un certain équilibre entre inégalité et réciprocité dans la vie matrimoniale ; et dans la vie sociale, civique et politique, il lui faut faire jouer une certaine dissociation entre pouvoir sur soi et pouvoir sur les autres. L'importance accordée au problème de « soi-même », le développement de la culture de soi au cours de la période hellénistique et l'apogée qu'elle a connu au début de l'Empire manifestent cet effort de réélaboration d'une éthique de la maîtrise de soi. La réflexion sur l'usage des plaisirs qui était si directement liée à l'étroite corrélation entre les trois maîtrises (sur soi, sur la maison et sur les autres) se trouvera modifiée dans le cours même de cette élaboration. Croissance des contraintes publiques et des prohibitions ? Repli individualiste qui accompagne la valorisation de la vie privée ? Il faut plutôt penser à une crise du sujet ou plutôt de la subjectivation : à une difficulté dans la manière dont l'individu peut se constituer comme sujet moral de ses conduites, et à des efforts pour trouver dans l'application à soi ce qui peut lui permettre de s'assujettir à des règles et de finaliser son existence.

CHAPITRE IV

Le corps

I. GALIEN

II. SONT-ILS BONS, SONT-ILS MAUVAIS ?

III. LE RÉGIME DES PLAISIRS

IV. LE TRAVAIL DE L'ÂME

On a souvent souligné combien le goût pour la chose médicale était intense et répandu à l'époque des Flaviens et des Antonins. La médecine était largement reconnue comme pratique d'intérêt public[1]. Elle était reconnue aussi comme une haute forme de culture, au voisinage de la rhétorique et de la philosophie. Bowersock fait remarquer que la mode médicale a accompagné le développement de la seconde sophistique et que nombre de rhéteurs importants avaient reçu une formation médicale ou manifesté des intérêts dans ce domaine[2]. Quant à la philosophie, il était établi depuis bien longtemps que la médecine en était toute proche, même si la démarcation des frontières posait des problèmes de doctrine et suscitait des rivalités de compétence. Aux premières lignes des *Préceptes de santé*, Plutarque fait écho à ces débats : le médecin, dit-il, se trompe, qui prétend pouvoir se passer de philosophie et on aurait bien tort de

---

1. G. W. BOWERSOCK, *Greek Sophists* ; cf. aussi C. ALLBUT, *Greek Medicine in Rome*, et J. SCARBOROUGH, *Roman Medicine*.
2. G. W. BOWERSOCK, *op. cit.*, p. 67. Celse, dans son *Traité de médecine* (*Préface*, trad. Vedrenes, pp. 21-23), explique la naissance de la médecine par le développement de la *litterarum disciplina*.

reprocher aux philosophes de franchir leurs propres frontières lorsqu'ils viennent à s'occuper de la santé et de son régime. Il faut considérer, conclut Plutarque, que la médecine ne le cède en rien aux arts libéraux *(eleutherai technai)* pour l'élégance, la distinction, la satisfaction qu'elle procure ; à ceux qui l'étudient, elle donne accès à un savoir de grande importance puisqu'il concerne le salut et la santé[1].

À ce titre la médecine n'était pas conçue simplement comme une technique d'intervention, faisant appel, dans les cas de maladie, aux remèdes ou aux opérations. Elle devait aussi, sous la forme d'un corpus de savoir et de règles, définir une manière de vivre, un mode de rapport réfléchi à soi, à son corps, à la nourriture, à la veille et au sommeil, aux différentes activités et à l'environnement. La médecine avait à proposer, sous la forme du régime, une structure volontaire et rationnelle de conduite. Un des points de discussion touchait au degré et à la forme de dépendance que cette vie, médicalement armée, devait manifester à l'égard de l'autorité des médecins. La manière dont ceux-ci parfois s'emparaient de l'existence de leurs clients pour la régenter dans les moindres détails faisait l'objet de critiques, au même titre que la direction d'âme exercée par les philosophes. Et Celse, si convaincu qu'il fût de la haute valeur rationnelle de la médecine de régime, ne voulait pas qu'on se soumette à un médecin si l'on était en bonne santé[2]. La

---

1. PLUTARQUE, *De tuenda sanitate*, 122 d-e.
2. Celse, dans la préface de son traité de médecine, distingue une médecine par le régime *(victu)*, une autre par les médicaments *(medicamentis)*, la troisième par les opérations *(manu)*. Ceux qui professent la première, « de beaucoup les plus illustres, voulant à tout prix approfondir certains sujets, entreprennent de scruter la nature même des choses » (p. 23). Cela n'empêche pas qu'un homme en bonne santé n'a pas à se soumettre aux médecins (I,1, p. 40).

littérature de régime est destinée à assurer cette autonomie. C'est pour éviter la consultation trop fréquente
— parce qu'elle n'est pas toujours possible et que souvent elle n'est pas souhaitable — qu'il faut s'équiper soi-
même d'un savoir médical dont on pourra se servir en
permanence. Tel est le conseil que donne Arétée : acquérir quand on est jeune des connaissances suffisantes
pour pouvoir être, sa vie durant, et dans les circonstances ordinaires, son propre conseiller de santé : « Il est
utile ou plutôt nécessaire pour tout le monde de comprendre parmi les objets d'enseignement non seulement
les autres sciences mais aussi la médecine et d'écouter
les préceptes de cet art, afin que nous soyons souvent
pour nous-mêmes des conseillers accomplis eu égard aux
choses utiles pour la santé ; car il n'y a presque aucun
instant de la nuit ou du jour où nous n'éprouvions le
besoin de la médecine ; ainsi, que nous nous prome-
nions, ou que nous soyons assis, que nous nous fassions
des onctions ou que nous prenions un bain, que nous
mangions, que nous buvions, que nous dormions ou que
nous veillions, en un mot, quoi que nous fassions, pendant tout le cours de la vie et au milieu des diverses
occupations qui s'y rapportent, nous avons besoin de
conseils pour un usage de cette vie qui soit utile et sans
inconvénient : or il est fatigant et impossible de s'adresser toujours au médecin pour tous ces détails[1]. » On
reconnaît là facilement un des principes essentiels de la
pratique de soi : être armé, pour l'avoir toujours sous la
main, d'un « discours secourable » qu'on a appris très
tôt, qu'on se répète souvent et qu'on médite régulière-

---

1. ATHÉNÉE, in ORIBASE, *Collection des médecins grecs et latins, Livres incertains*, XXI, éd. Bussemaker et Daremberg, III, p. 164.

ment. Le *logos* médical est de ceux-là, dictant en chaque instant le bon régime de la vie.

Une existence raisonnable ne peut pas se dérouler sans une « pratique de santé » — *hugieinē pragmateia* ou *technē* —, qui constitue en quelque sorte l'armature permanente de la vie quotidienne, permettant à chaque instant de savoir que faire et comment faire. Elle implique une perception en quelque sorte médicale du monde, ou du moins de l'espace et des circonstances dans lesquels on vit. Les éléments du milieu sont perçus comme porteurs d'effets positifs ou négatifs pour la santé ; entre l'individu et ce qui l'entoure, on suppose toute une trame d'interférences qui font que telle disposition, tel événement, tel changement dans les choses vont induire des effets morbides dans le corps ; et qu'inversement telle constitution fragile du corps va se trouver favorisée ou défavorisée par telle circonstance. Problématisation constante et détaillée de l'entourage ; valorisation différentielle de cet entour par rapport au corps, et fragilisation du corps par rapport à ce qui l'environne. On peut citer en exemple l'analyse proposée par Antyllos des différentes « variables » médicales d'une maison, de son architecture, de son orientation et de ses aménagements. Chaque élément s'y trouve affecté d'une valeur diététique ou thérapeutique ; une maison, c'est une série de compartiments, nocifs ou bienfaisants, pour des maladies possibles. Les chambres du rez-de-chaussée sont bonnes pour les maladies aiguës, les hémoptysies et les maux de tête ; celles du haut sont favorables aux maladies de pituite ; exposées au midi, elles sont bonnes, sauf pour ceux qui ont besoin de refroidissement ; à l'ouest, elles sont mauvaises, le matin parce qu'elles sont tristes, le soir parce qu'elles provoquent des maux de tête; blanchies à la chaux, elles sont trop éblouissantes, peintes, elles portent au cauchemar ceux qui ont un délire fébrile; les murs de pierre sont trop froids, ceux de brique sont meilleurs[1].

Les différents moments du temps — journées, saisons et âges — sont aussi, dans la même perspective, porteurs de valeurs médicales variées. Un régime soigneux doit pouvoir déterminer avec précision les relations entre le calendrier, et les soins à apporter à soi-même. Voici les conseils que propose Athénée pour affronter la saison d'hiver : dans la ville comme dans la maison, on recherchera les endroits couverts et chauds; on portera des vêtements épais, « on respirera en mettant devant la bouche une partie de son vêtement ». Quant à l'alimentation, on choisira celle qui « peut échauffer les parties du corps et dissoudre les liquides figés et épaissis par le froid. Les boissons consisteront en hydromel, en vin miellé, en vin blanc, vieux et odoriférant, en général en substances capables d'attirer toute l'humidité; mais on diminuera la quantité de boisson; l'aliment sec sera facile à élaborer, bien fermenté, bien cuit, pur, et sera mélangé de fenouil et d'ammi. On prendra, en fait d'herbes potagères, du chou, des asperges, des poireaux, de l'oignon tendre bouilli et du raifort bouilli; en fait de poissons, des poissons de roche, qui se distribuent facilement dans le corps; en fait de viandes, des volailles et parmi les autres espèces, du chevreau et du jeune porc; en fait de sauces, celles qu'on prépare avec du poivre, de la moutarde, de la roquette, du garon et du vinaigre. On abordera les exercices assez violents, la rétention du

1. Antyllos, in Oribase, II, p. 307.

souffle, les frictions assez vigoureuses et surtout celles qu'on se fait à soi-même près du feu. Il est bon aussi de recourir au bain chaud, qu'on le prenne dans la piscine ou dans une petite baignoire, etc.[1] ». Et le régime d'été n'est pas moins méticuleux.

Cette préoccupation de l'environnement, des lieux et des moments appelle une perpétuelle attention à soi, à l'état dans lequel on est et aux gestes qu'on fait. S'adressant à cette catégorie de gens considérés comme particulièrement fragiles que sont les citadins et ceux surtout qui se vouent à l'étude *(litterarum cupidi)*, Celse leur prescrit une vigilance aiguë : si on a bien digéré, il faut se lever de bonne heure ; si on a mal digéré se reposer, et dans le cas où on aurait été obligé de se lever tout de même, se rendormir ; si on n'a pas digéré du tout, garder un repos complet, et ne se livrer « ni au travail, ni à l'exercice, ni aux affaires ». On saura le matin qu'on est en bonne santé « si l'urine est d'abord claire puis rougeâtre : la première indique que la digestion se fait, et l'autre qu'elle est faite ». Quand on est retenu toute la journée par les affaires, il faut pourtant conserver un peu de temps pour la *curatio corporis*. Les exercices qu'on devra pratiquer sont « la lecture à haute voix, les armes, la balle, la course, la promenade ; cette dernière est plus avantageuse sur un terrain qui n'est pas tout à fait uni, car les montées et les descentes, en imprimant au corps des mouvements variés, sont plus favorables, à moins que l'état de faiblesse ne soit extrême. La promenade est plus salutaire au grand air que sous un portique ; au soleil si la tête peut le supporter qu'à l'ombre ; à l'ombre des murs et du feuillage qu'à celle des toits ; en ligne

1. ATHÉNÉE, in ORIBASE, *Livres incertains*, XXIII ; t. III, p. 182 sq.

droite qu'en ligne sinueuse » ; « l'exercice sera suivi d'une onction soit au soleil, soit devant le feu ; ou encore d'un bain mais dans une salle qui soit le plus possible haute, bien éclairée et spacieuse [1] ».

D'une façon générale, tous ces thèmes de la diététique étaient restés remarquablement continus depuis l'époque classique ; les principes généraux, on le voit bien, sont demeurés les mêmes ; tout au plus ont-ils été développés, détaillés et affinés ; ils proposent un encadrement de la vie plus serré et ils sollicitent de la part de ceux qui veulent les observer une attention au corps plus constamment vigilante. Les évocations de leur vie quotidienne qu'on peut trouver dans les lettres de Sénèque ou dans la correspondance entre Marc Aurèle et Fronton témoignent de ce mode d'attention à soi et à son corps. Intensification, beaucoup plus que changement radical ; croissance de l'inquiétude et non pas disqualification du corps ; modification d'échelle dans les éléments sur lesquels on fait porter l'attention, et non pas une autre façon de se percevoir comme individu physique.

C'est dans ce cadre d'ensemble si fortement marqué par la sollicitude pour le corps, la santé, l'environnement et les circonstances, que la médecine pose la question des plaisirs sexuels : celle de leur nature et de leur mécanisme, celle de leur valeur positive et négative pour l'organisme, celle du régime auquel il convient de les soumettre [2].

---

1. CELSE, *Traité de médecine (De Medicina)*, I, 2, p. 42.
2. Sur ce sujet, A. ROUSSELLE vient de publier un important ouvrage, *Porneia. De la maîtrise du corps à la privation sensorielle.*

1

GALIEN

1. Les analyses de Galien à propos des *aphrodisia* se situent à l'intérieur de la thématique ancienne des rapports entre mort, immortalité et reproduction ; pour lui, comme pour toute une tradition philosophique, c'est dans le défaut d'éternité que s'enracinent la nécessité du partage des sexes, l'intensité de leur attraction réciproque et la possibilité de la génération. Telle est l'explication générale donnée par le traité *De l'utilité des parties*[1]. La nature, faisant son œuvre, a rencontré un obstacle et comme une incompatibilité intrinsèque à sa tâche. Son souci, ce à quoi elle s'est efforcée *(espoudase)*, c'était de faire une œuvre immortelle ; or cela, la matière dont elle faisait cette œuvre ne le permettait pas ; elle ne pouvait composer des artères, des nerfs, des os, des chairs, avec un matériau « incorruptible ». Galien marque au cœur même de l'œuvre démiurgique — du *dēmiourgēma* — une limite interne et comme un « échec », dû à une inévitable inadéquation entre l'immortalité visée par le projet et la corruptibilité de la matière employée. Le *logos* qui bâtit l'ordre naturel est un peu dans la situation de fon-

1. GALIEN, *De l'utilité des parties*, XIV, 2.

dateur de cités : celui-ci peut bien réunir des hommes en une communauté ; celle-ci disparaîtra — et donc ira à sa perte — s'il ne trouve pas comment faire exister cette cité au-delà de la mort de ses premiers citoyens. Un moyen est nécessaire pour surmonter cette difficulté fondamentale. Le vocabulaire de Galien est à la fois insistant et significatif. Il s'agit de trouver un secours, de ménager un expédient *(boētheia)*, de découvrir un procédé *(technē)*, d'user d'un appât *(delear)* pour assurer le salut et la protection de l'espèce. Bref, il faut quelque chose d'ingénieux *(sophisma)* [1]. Afin de mener à bien la suite logique de son œuvre, le démiurge, en composant les êtres vivants et en leur donnant un moyen de se reproduire, a dû mettre au point une ruse : une ruse du *logos*, qui préside au monde, pour surmonter l'inévitable corruptibilité de la matière dont est fait ce même monde.

Cette ruse fait jouer trois éléments. Des organes, d'abord, qui sont donnés à tous les animaux et qui servent à la fécondation. Une capacité de plaisir ensuite, qui est extraordinaire « et très vive ». Enfin, dans l'âme, le désir *(epithumia)* de se servir de ces organes — désir étonnant et indicible *(arrhēton)*. Le « sophisme » du sexe ne réside donc pas simplement dans une disposition anatomique subtile et dans des mécanismes soigneusement aménagés : il consiste aussi dans leur association avec un plaisir et un désir, dont la force singulière est « au-delà même des mots ». Pour surmonter l'incompatibilité entre son projet et les nécessités de ses matériaux, c'est le principe d'une force, d'une *dunamis* extraordinaire, que la nature avait dû placer dans le corps et l'âme de l'être vivant.

---

1. GALIEN, *ibid.*, XIV, 2 et 3.

Sagesse donc du principe démiurgique qui connaissant bien la substance de son œuvre et par conséquent ses limites a inventé ce mécanisme d'excitation — cet « aiguillon » du désir. (Galien reprend là l'image traditionnelle, celle par laquelle on métaphorise la violence incontrôlée du désir[1].) De sorte que, sous l'effet de ce dard, même ceux des vivants qui ne sont pas capables de comprendre ce qu'est l'objectif de la nature dans sa sagesse — parce qu'ils sont jeunes, parce qu'ils sont déraisonnables *(aphrona)*, parce qu'ils sont sans raison *(aloga)* — se trouvent, de fait, le réaliser[2]. Par leur vivacité les *aphrodisia* servent une raison que ceux qui la pratiquent n'ont pas même besoin de connaître.

2. La physiologie des actes sexuels chez Galien est encore marquée par quelques traits fondamentaux qu'on pouvait retrouver dans les traditions antérieures.

D'abord l'isomorphisme de ces actes chez l'homme et chez la femme. Galien l'appuie sur le principe d'une identité de l'appareil anatomique dans les deux sexes : « Retournez au-dehors les parties de la femme, tournez et repliez en dedans celles de l'homme, et vous les trouverez toutes semblables les unes aux autres[3]. » Il suppose l'émission de sperme chez la femme comme chez l'homme, la différence étant que l'élaboration de cette humeur est moins parfaite chez la femme et moins achevée : ce qui explique son rôle mineur dans la formation de l'embryon.

On retrouve aussi chez Galien le modèle traditionnel du processus paroxystique d'excrétion qui traverse le corps, le secoue et l'épuise. Cependant l'analyse qu'il en

---

1. PLATON, *Lois*, VI, 782 e-783 a.
2. GALIEN, *op. cit.*, XIV, 2.
3. *Ibid.*, XIV, 6.

fait, dans les termes de sa physiologie, mérite d'être
retenue. Elle a le double effet de lier, de façon très serrée, les mécanismes de l'acte sexuel avec l'ensemble de
l'organisme ; et en même temps d'en faire un processus
où se trouvent engagées la santé de l'individu, et à la
limite, sa vie même. Tout en l'insérant dans une trame
physiologique continue et dense, elle le charge d'une
haute potentialité de danger.

Cela apparaît très clairement dans ce qu'on pourrait
appeler une « physiologisation » du désir et du plaisir. Le
chapitre 9 du livre XIV *De l'utilité des parties* pose la
question : « Pourquoi une très vive jouissance est-elle attachée à l'usage des parties génitales ? » D'entrée, Galien
rejette l'idée que la violence du désir et l'intensité auraient
pu être simplement associées par la volonté des dieux créateurs à l'acte sexuel, comme un motif suggéré aux hommes
pour les y pousser. Galien ne nie pas que la puissance
démiurgique ait fait en sorte qu'il y ait cette vivacité qui
nous entraîne : il veut dire qu'elle n'a pas été ajoutée dans
l'âme comme un supplément, mais qu'elle a été bel et bien
inscrite à titre de conséquence des mécanismes du corps.
Désir et plaisir sont directement les effets de dispositions
anatomiques et des processus physiques. La cause finale
— qui est la suite des générations — est poursuivie à travers une cause matérielle et un arrangement organique :
« Si ce désir, si cette jouissance existent chez les animaux,
ce n'est pas seulement parce que les dieux créateurs de
l'homme ont voulu leur inspirer un violent désir de l'acte
vénérien, ou attacher à un accomplissement une vive
jouissance ; mais parce qu'ils ont disposé la matière et les
organes pour obtenir ces résultats[1]. » Le désir n'est pas

1. *Ibid.*, XIV, 9.

un simple mouvement de l'âme, ni le plaisir une récompense ajoutée de surcroît. Ce sont les effets de la pression et de la soudaine expulsion. En ce mécanisme, Galien voit plusieurs facteurs de plaisir. Il y a d'abord l'accumulation d'une humeur dont la nature est telle qu'elle provoque, là où elle s'amasse, des sensations vives. « Il s'opère quelque chose de semblable à ce qui arrive souvent par suite de l'amas sous-cutané d'une humeur mordicante, dont le mouvement excite un titillement et une démangeaison agréable[1]. » Il faut tenir compte aussi de la chaleur qui est particulièrement vive dans la partie inférieure, et singulièrement dans la moitié droite à cause de la proximité du foie et de la multiplicité des vaisseaux qui en viennent. Cette dissymétrie dans la chaleur explique que les garçons se forment plutôt dans la matrice droite et les filles dans la gauche[2]. Elle explique aussi que les parties droites sont plus volontiers le siège du plaisir intense. De toute façon, la nature a donné aux organes de cette région une sensibilité particulière — sensibilité bien plus grande que celle de la peau, malgré l'identité des fonctions. Enfin, l'humeur beaucoup plus ténue venant des corps glanduleux que Galien appelle « parastates » constitue un autre facteur matériel de plaisir : cette humeur, en imprégnant les parties concernées par l'acte sexuel, les rend plus souples et attise le plaisir qu'elles éprouvent. Il y a donc toute une disposition anatomique et tout un aménagement physiologique qui inscrivent dans le corps et dans ses mécanismes propres le plaisir avec son excessive vigueur *(huperochē tēs hēdonēs)* contre laquelle elle ne peut rien : il est *amēchanos*[3].

1. *Ibid., id.*
2. *Ibid.*, XIV, 7.
3. *Ibid.*, XIV, 9.

Mais si la formation du plaisir est ainsi bien ancrée et bien localisée, il n'en est pas moins vrai que l'acte sexuel implique, par les éléments qu'il met en jeu et les conséquences qu'il entraîne, le corps tout entier. Galien ne considère pas, comme l'auteur hippocratique du *De generatione*, que le sperme se forme par agitation à partir du sang; il ne pense pas non plus, comme Aristote, qu'il constitue le dernier état de la digestion. Il reconnaît en lui la jonction de deux éléments : d'une part, le produit d'une certaine « coction » du sang qui est effectuée dans les sinuosités des canaux spermatiques (c'est cette lente élaboration qui lui donne progressivement sa couleur et sa consistance); et, d'autre part, la présence du pneuma : c'est lui qui gonfle les organes sexuels, c'est lui qui cherche à fuir violemment hors du corps et qui s'échappe dans le sperme au moment de l'éjaculation. Or ce *pneuma*, c'est dans le labyrinthe complexe du cerveau qu'il se forme. L'acte sexuel, quand il se produit et qu'il soustrait ainsi sperme et pneuma, agit sur la grande mécanique du corps où tous les éléments sont liés « comme dans un chœur ». Et, « lorsque, par suite d'excès vénériens, tout le sperme a été évacué, les testicules attirent des veines superposées tout ce qu'elles contiennent de liquide séminal; or ce liquide ne s'y trouve qu'en petite quantité, mêlé au sang sous forme de rosée »; ces veines « privées violemment de ce liquide par les testicules qui ont une action plus énergique qu'elles l'attirent à leur tour des veines situées au-dessus d'elles, celles-ci de nouveau de celles qui viennent après, et ces dernières de celles qui leur sont contiguës; ce mouvement d'attraction ne cesse pas avant que ce transport ne se soit propagé dans toutes les parties du corps ». Et si cette dépense se poursuit, le corps n'est pas simplement privé de son liquide séminal; ce sont «toutes les parties de l'animal qui se trouvent spoliées de leur souffle vital[1]».

3. On peut comprendre, à partir de là, le faisceau des relations qui s'établissent dans la pensée de Galien entre l'acte sexuel et les phénomènes de l'épilepsie et des convulsions : relations de parenté, d'analogie et de causalité.

L'acte sexuel fait, par son mécanisme, partie de la grande famille des convulsions dont le traité *Des lieux affectés* donne la théorie[2]. Galien y analyse la convulsion comme étant de même nature en son processus que n'importe quel mouvement volontaire; la différence réside en ceci que la traction exercée par le nerf sur le muscle n'a pas son principe dans la volonté, mais dans un certain état de sécheresse (qui tend les nerfs comme une corde qu'on laisse au soleil) ou de réplétion (qui en gonflant les nerfs les raccourcit et tire exagérément sur les muscles). C'est à ce dernier type de mécanisme que se rattache le spasme propre à l'acte sexuel.

Dans cette grande famille des convulsions, Galien repère une analogie particulière entre épilepsie et acte sexuel. L'épilepsie, pour lui, est provoquée par une congestion du cerveau qui se trouve tout rempli d'une humeur épaisse : de là, l'obstruction des canaux qui partent des ventricules où séjourne le pneuma. Celui-ci est donc emprisonné par cet amoncellement, et il cherche à s'échapper, tout comme il fait effort pour sortir lorsqu'il s'est accumulé avec le sperme dans les testicules. C'est cette tentative qui est à l'origine de l'agitation des nerfs

1. GALIEN, in ORIBASE, XXII ; t. III, pp. 46-47.
2. GALIEN, *Des lieux affectés*, III, 8.

et des muscles qu'on peut constater, avec des propor-
tions diverses, dans les crises d'épilepsie ou dans l'accomplissement des *aphrodisia*.

Enfin, il y a, entre ceux-ci et les crises convulsives, une
relation de causalité qui peut s'établir dans une direction
ou dans l'autre. La convulsion épileptique peut amener
un spasme dans les organes sexuels : «les épilepsies
graves», dit Galien dans le traité *De l'utilité des parties*,
«et l'affection nommée gonorrhée peuvent vous instruire
combien contribue à l'émission du sperme cette espèce de
spasme qui contribue à l'acte vénérien. En effet, dans les
épilepsies graves, le corps entier et avec lui les parties
génitales étant en proie à un spasme violent, il y a émission de sperme[1]». Inversement, le recours aux plaisirs
sexuels, hors du moment opportun, en provoquant un
dessèchement progressif et une tension toujours plus
grande des nerfs, peut induire des maladies du type de la
convulsion.

Dans le grand édifice de la théorie galénique, les
aphrodisia apparaissent situés tour à tour sur trois
plans. Ils sont d'abord fortement ancrés dans l'ordre de
la providence démiurgique : ils ont été conçus et disposés en ce point précis où la sagesse créatrice est venue à
la rescousse de sa puissance, pour franchir les limites
qu'elle rencontrait dans la mort. Ils sont d'autre part placés dans un jeu de corrélations complexes et constantes
avec le corps, à la fois par la localisation anatomique
précise de leurs processus, et par les effets qu'ils entraî-
nent dans l'économie globale du pneuma, qui assure
l'unité du corps. Enfin ils se trouvent situés dans un

---

1. GALIEN, *De l'utilité des parties*, XIV, 10.

vaste champ de parenté avec un ensemble de maladies à l'intérieur duquel ils entretiennent des rapports d'analogie et de relation de cause à effet. Un fil parfaitement visible va, dans les analyses de Galien, d'une cosmologie de la reproduction à une pathologie des excrétions spasmodiques ; et du fondement en nature des *aphrodisia*, il mène à l'analyse des mécanismes périlleux qui constituent leur nature intrinsèque et qui les approchent de maladies redoutables.

SONT-ILS BONS, SONT-ILS MAUVAIS ?

Cette ambiguïté de la pensée médicale à propos des plaisirs sexuels n'est pas propre à Galien, même si elle est chez lui plus lisible qu'ailleurs. Elle marque l'essentiel de ce qui nous reste des textes médicaux du Ier et du IIe siècle. Ambivalence, d'ailleurs, plutôt qu'ambiguïté : car il s'agit bien de l'entrecroisement de deux valorisations antithétiques.

Du côté des valorisations positives, celle d'abord de la semence, du sperme — précieuse substance pour la formation de laquelle la nature a pris, dans l'aménagement du corps humain, tant de précautions : elle recueille ce qu'il y a de plus puissant dans la vie, elle le transmet, elle permet d'échapper à la mort ; c'est chez le mâle qu'elle trouve toute sa force et sa plus haute perfection. Et c'est elle qui lui donne sa supériorité. Elle contribue « à la santé, à la vigueur du corps et de l'âme, à la génération [1] ». La prééminence du mâle, c'est d'être l'animal spermatique par excellence. Valorisation aussi de l'acte pour lequel les organes ont été, dans les deux sexes, disposés avec tant de soin. La conjonction sexuelle est

---

1. ARÉTÉE, *Des signes des maladies aiguës*, II, 5 (trad. L. Renaud), p. 165.

chose de nature; elle ne peut être considérée comme mauvaise. Rufus d'Éphèse traduit une opinion générale quand il dit que le rapport sexuel est un acte naturel, et que par conséquent il ne peut être nuisible en lui-même[1].

Mais c'est en quelque sorte sa possibilité, son principe qui sont ainsi validés. Car dès qu'il se produit, il est, dans son déroulement et de façon intrinsèque, considéré comme dangereux. Dangereux parce qu'il est la déperdition de cette substance précieuse dont l'accumulation pourtant incite à le commettre : il laisse échapper toute la force de vie que la semence avait concentrée. Dangereux aussi parce que son déroulement même l'apparente à la maladie. Arétée avait une expression significative : l'acte sexuel, disait-il, « porte les *sumbola* » du mal caduc[2]. Caelius Aurelianus comparait terme à terme le déroulement de l'acte sexuel et le développement d'une crise épileptique; il y retrouvait exactement les mêmes phases : « agitation des muscles, halètement, épanchement de sueur, révulsion des yeux, rougeur du visage, puis pâleur et finalement faiblesse du corps tout entier[3] ». Tel est le paradoxe des plaisirs sexuels : la haute fonction que la nature leur a confiée, la valeur de la substance qu'ils ont à transmettre et donc à perdre — c'est cela même qui les apparente au mal. Les médecins du Iᵉʳ et du IIᵉ siècle n'ont été ni les premiers ni les seuls à formuler cette ambivalence. Mais autour d'elle, ils ont décrit toute une pathologie, plus développée, plus complexe, et plus systématique que celle qui est attestée dans le passé.

1. RUFUS D'ÉPHÈSE, *Fragments*, extraits d'AETIUS, in *Œuvres*, éd. Daremberg, p. 320.
2. ARÉTÉE, *De la cure des maladies chroniques*, I, 4, p. 388.
3. CAELIUS AURELIANUS, *Maladies chroniques*, I, 4.

1. La pathologie de l'activité sexuelle elle-même est construite autour de deux éléments par lesquels on caractérise d'ordinaire les dangers de l'acte sexuel : violence involontaire de la tension, dépense indéfinie qui épuise.

D'un côté, il y a la maladie de l'excitation permanente qui retient l'acte en prolongeant indéfiniment le mécanisme de l'excitation. Dans la version masculine de ce genre d'affection — qu'on désigne comme satyriasis ou priapisme — tous les mécanismes qui préparent l'acte sexuel et l'éjaculation (tensions, agitations, échauffements) sont réunis, et se maintiennent de façon continue, qu'il y ait ou non évacuation du sperme : c'est un éréthisme sexuel qui ne se résoudrait jamais. Le malade est dans un état de convulsion permanente, traversé de hautes crises, qui se rapprochent beaucoup de l'épilepsie. La description d'Arétée peut servir d'exemple pour témoigner de la manière dont était perçue cette étrange maladie où l'acte sexuel est en quelque sorte livré à lui-même sans temps ni mesure ; sa nature convulsive et épileptique s'y révèle comme à l'état nu. « C'est une maladie qui met en érection la verge... Cette affection est un désir insatiable du coït que l'assouvissement même de la passion ne peut modérer ; car l'érection continue après les jouissances les plus multipliées ; il y a convulsion de tous les nerfs et distension des tendons et des aines et du périnée ; les parties sexuelles sont enflammées et douloureuses. » Cet état permanent est ponctué de crises : les malades alors n'observent « ni pudeur ni retenue dans leurs discours et dans leurs actions ;... ils vomissent, leurs lèvres sont couvertes d'écume, comme celles du bouc en chaleur ; ils en ont aussi l'odeur » ; leur esprit tombe dans la folie, et ils ne reprennent leur bon sens ordinaire que le paroxysme une fois terminé[1]. Du satyriasis, Galien, dans le traité *Des lieux affectés*, donne une description beaucoup plus sobre : « Le priapisme est une augmentation de la verge entière, en longueur et eu égard à la circonférence, sans excitation vénérienne, ni accroissement de chaleur naturelle, comme cela a lieu chez les personnes couchées sur le dos. On peut dire, plus brièvement, que c'est une augmentation permanente de la verge[2]. » La cause de cette maladie est à comprendre, selon Galien, à partir des mécanismes de l'érection ; il faut donc la chercher dans « les orifices dilatés des artères » ou dans « la production d'un pneuma dans le nerf ». En fait Galien admet les deux causes et leur conjonction dans la genèse des symptômes ; mais il incline à incriminer le plus souvent la dilatation des artères, qui est, selon lui, un phénomène qui se produit beaucoup plus souvent que celle du pneuma « dans le nerf caverneux ». Ce genre de maladie se rencontre soit chez ceux qui « ont beaucoup de sperme » et qui, contre leur habitude, « s'abstiennent du coït » (à moins qu'ils ne trouvent le moyen de « dissiper dans des occupations nombreuses le superflu de leur sang »), soit chez ceux qui, tout en pratiquant la continence, se représentent les plaisirs sexuels à la suite de certains spectacles ou par l'effet des souvenirs qui leur reviennent.

Il arrive qu'on mentionne le satyriasis chez les femmes. Soranus rencontre chez elles des symptômes de même type ; ils prennent la forme d'un « prurit des parties génitales ». Les femmes atteintes de ce mal sont portées vers l'acte vénérien par « une très forte impulsion », et

1. ARÉTÉE, *Des signes des maladies aiguës*, II, 12, pp. 71-72.
2. GALIEN, *Des lieux affectés*, VI, 6.

« toute idée de pudeur s'est évanouie en elles[1] ». Mais c'est sans doute l'hystérie qui représente le mieux, du côté féminin, les maladies provoquées par la tension excessive des organes sexuels. Galien, en tout cas, décrit de cette façon une affection dans laquelle il refuse de voir un déplacement de la matrice ; les modifications qui ont pu faire croire à certains que l'organe desséché remontait en direction du diaphragme à la recherche de l'humidité qui lui manque seraient dues, selon lui, soit à la rétention du flux menstruel, soit à celle du sperme : l'engorgement des vaisseaux provoquerait leur élargissement et donc leur raccourcissement ; une traction s'opérerait ainsi sur la matrice ; mais ce n'est pas ce processus en lui-même qui provoquerait l'ensemble des autres symptômes ; ils dériveraient tous de la rétention des humeurs qui se produit, soit lorsque les règles sont suspendues, soit lorsque la femme interrompt ses rapports sexuels : d'où l'hystérie qu'on peut constater chez les femmes veuves, « surtout lorsque étant bien réglées avant le veuvage, fécondes et usant volontiers des approches de l'homme, elles sont privées de tout cela[2] ».

L'autre pôle de la pathologie est constitué par la dépense illimitée. C'est ce que les Grecs appellent la *gonorrhée* et les Latins la *seminis effusio*. Galien la définit ainsi : « une excrétion involontaire du sperme », ou « pour parler plus clairement, une excrétion fréquente de sperme dont on n'a pas conscience et qui s'accomplit sans érection de la verge ». Alors que le satyriasis atteint le pénis, la gonorrhée affecte les vaisseaux spermatiques dont elle paralyse « la faculté rétentive[3] ». Arétée la décrit

---

1. SORANUS, *Des maladies des femmes*, I, 51.
2. GALIEN, *Des lieux affectés*, VI, 5.
3. *Ibid.*, VI, 7.

longuement dans les *Signes des maladies chroniques* comme l'épuisement des principes vitaux, avec ses trois effets dans l'affaiblissement général, le vieillissement précoce et la féminisation du corps. « Les jeunes gens atteints de cette maladie portent dans toute l'habitude du corps l'empreinte de la caducité et de la vieillesse ; ils deviennent lâches, sans force, sans courage, engourdis, stupides, affaissés, voûtés, incapables de rien, avec le teint pâle, efféminés, sans appétit, sans chaleur, les membres pesants, les jambes gourdes, la faiblesse extrême, en un mot, presque totalement perclus. Cette maladie est même chez plusieurs un acheminement à la paralysie ; comment en effet la puissance nerveuse ne serait-elle pas atteinte, la nature étant affaiblie dans le principe régénératif et dans les sources mêmes de la vie ? car c'est une semence vivifiante qui nous rend virils, courageux, pleins de feu, velus, robustes, qui donne un ton grave à notre voix, et nous rend propres à penser et à agir avec vigueur : tels sont les hommes qui ont atteint la puberté. Ceux au contraire chez lesquels cette humeur vivifiante manque sont ridés, faibles, la voix grêle, sans barbe, sans poils et ressemblent à des femmes[1]. » Avec la gonorrhée c'est la virilité, c'est le principe de vie qui s'en va par le sexe. D'où les traits qu'on souligne traditionnellement à son sujet. C'est une maladie honteuse : sans doute parce qu'elle est souvent induite par l'excès quantitatif des pratiques sexuelles ; mais aussi en elle-même par l'aspect de dévirilisation qu'elle produit. C'est une maladie qui conduit fatalement à la mort ; Celse disait qu'en peu de temps, elle fait périr le malade de consomption[2]. C'est

---

1. Arétée, *Des signes des maladies chroniques*, II, 5, pp. 163-165.
2. Celse, *De artibus*, VI, 28.

une maladie enfin qui est périlleuse non pas simplement pour l'individu, mais selon Arétée pour sa descendance[1].

2. Au-delà de la sphère propre de leur pathologie, les actes sexuels sont placés, par la médecine des deux premiers siècles, au carrefour d'une pathogénie complexe. D'un côté les actes sexuels sont susceptibles d'être affectés, dans leur déroulement et leur achèvement convenable, par tout un foisonnement de facteurs divers : il y a le tempérament des individus, il y a le climat, le moment de la journée, il y a la nourriture qu'on a prise, sa qualité et sa quantité. Ils sont si fragiles que le moindre écart, la moindre maladie risque de les perturber. Comme le dit Galien, il faudrait pour user des plaisirs sexuels se trouver dans un état exactement moyen, au point zéro en quelque sorte de toutes les variations organiques possibles : « se garder du trop plein et du trop peu », éviter « la fatigue, l'indigestion et tout ce qui, du reste, pourrait être suspect à l'homme eu égard à sa santé[2] ».

Mais si les *aphrodisia* constituent une activité si fragile et précaire, ils ont en retour une influence considérable et très étendue sur tout l'organisme. La liste des maux, malaises et maladies qui peuvent être engendrés par les plaisirs sexuels si on commet un écart, soit à propos du moment, soit par rapport à la mesure, est pratiquement ouverte. « Il n'est pas difficile, dit Galien, de reconnaître que les rapports sexuels sont fatigants pour la poitrine, le poumon, la tête et les nerfs[3]. » Rufus propose un tableau où se juxtaposent, comme effets d'un abus des rapports sexuels, les troubles de digestion, l'affaiblissement de la

---

1. ARÉTÉE, *De la cure des maladies chroniques*, II, 5, p. 408.
2. GALIEN, in ORIBASE, *Livres incertains*, VIII ; t. III, p. 110.
3. *Ibid.*, p. 109.

vue et de l'ouïe, la faiblesse générale des organes des sens et la perte de la mémoire ; les tremblements convulsifs, les douleurs articulaires, le point de côté ; les aphtes dans la bouche, les maux de dents, l'inflammation de la gorge, les crachements de sang, les maladies de la vessie et du rein [1]. C'est à propos de l'hystérie que Galien rencontre l'objection de ceux qui ne peuvent pas croire que des symptômes si nombreux, si étendus et si violents peuvent être dus à la rétention et à l'altération d'une petite quantité d'humeur, qui reste dans le corps à la suite de la suspension des rapports sexuels. À quoi Galien répond, en comparant les pouvoirs nocifs du sperme corrompu à ceux de ces poisons violents qu'on peut observer dans la nature : « à la suite d'une morsure de quelque araignée venimeuse, on voit tout le corps devenir malade bien qu'une petite quantité de venin ait pénétré par une très petite ouverture ». L'effet produit par le scorpion est encore plus étonnant, car les symptômes les plus violents se déclarent sur-le-champ ; cependant, « ce qu'il lance quand il pique est ou très peu de chose ou même n'est rien du tout, l'aiguillon ne paraissant pas percé » ; la torpille de mer est aussi un exemple de ce fait qu'« une petite quantité de substance peut produire de grandes altérations » par l'effet du seul contact. Et Galien conclut : « Si donc on concède que des affections telles que celles qui suivent l'administration d'un poison s'emparent de nous en prenant naissance dans notre propre corps, il n'y a rien d'étonnant à ce qu'un sperme vicié, retenu et corrompu produise des symptômes fâcheux dans des corps prédisposés à être atteints de maladies [2]. » Les organes, les

1. RUFUS D'ÉPHÈSE, *Fragments*, extraits d'AETIUS, *Œuvres*, p. 318.
2. GALIEN, *Des lieux affectés*, VI, 5.

humeurs et les actes sexuels constituent à la fois une surface réceptrice et particulièrement sensible à tout ce qui peut troubler l'organisme et un foyer très puissant, très actif pour induire à travers tout le corps une longue série de symptômes polymorphes.

3. L'activité sexuelle se trouve au principe d'effets thérapeutiques aussi bien que de conséquences pathologiques. Son ambivalence fait qu'elle est dans certains cas susceptible de guérir, dans d'autres au contraire elle est de nature à induire des maladies; mais il n'est pas toujours facile de déterminer lequel des deux effets elle pourra avoir : affaire de tempérament individuel, affaire aussi de circonstances particulières et d'état transitoire du corps. On admet en général la leçon hippocratique que « le coït est excellent contre les maladies qui tiennent à la pituite » ; et Rufus commente : « Bien des individus émaciés par suite d'une maladie se restaurent par le moyen de cette pratique. Certains y gagnent une respiration facile, de gênée qu'elle était, d'autres le goût de la nourriture qu'ils avaient perdu, d'autres encore la cessation de pollutions nocturnes contraires[1]. » Il prête aussi à l'évacuation du sperme des effets positifs sur l'âme lorsque celle-ci est troublée et qu'elle a besoin, à la manière du corps, de se purger de ce qui l'encombre : le coït dissipe les idées fixes et adoucit les colères violentes ; voilà pourquoi il n'existe pas de remède aussi éminemment utile contre la mélancolie et la misanthropie. Galien attribue aussi aux rapports sexuels nombre d'effets curatifs, tant sur l'âme que sur le corps : « cet acte

---

1. Rufus d'Éphèse, *Fragments*, extraits d'Aetius, *Œuvres*, pp. 320-321. Cf. aussi texte in Oribase, VI, t. I, 541.

prédispose l'âme à la tranquillité; il ramène en effet l'homme mélancolique et furieux à un état plus sensé et chez un individu amoureux il affaiblit l'ardeur par trop immodérée, même quand cet homme a des rapports avec une autre femme; de plus, les animaux qui sont féroces quand ils ont mis bas s'adoucissent après le coït»; quant à leur efficacité sur le corps, Galien voit une preuve de leur action dans le fait que, la pratique sexuelle une fois apparue, le garçon devient «velu, grand, viril», alors qu'auparavant il était «glabre, petit et féminin[1]».

Mais Galien souligne aussi les effets opposés que les rapports sexuels peuvent avoir selon les conditions dans lesquelles se trouve le sujet: «le coït amène au comble de la faiblesse ceux dont les forces sont peu considérables tandis que ceux dont les forces sont intactes et qui sont malades par l'effet de la pituite n'en seront point abattus»; sur le moment «il réchauffe les gens faibles, mais il les refroidit ensuite considérablement»; ou encore tandis que certains, «dès leur jeune âge, deviennent faibles après le coït, d'autres, s'ils n'en usent pas habituellement, ont la tête lourde, sont pris d'anxiété et de fièvre, perdent l'appétit et digèrent moins bien[2]». Et Galien évoque même le cas de certains tempéraments pour lesquels l'évacuation du sperme provoque des maladies ou des malaises alors que pourtant sa rétention est nocive: «Certaines gens ont un sperme abondant et chaud, qui éveille incessamment le besoin de l'excrétion; cependant, après son expulsion, les gens qui sont dans cet état éprouvent de la langueur à l'orifice de l'estomac,

1. GALIEN, in ORIBASE, *Livres incertains*, VIII; t. III, p. 109.
2. *Ibid.*, VI, 37; t. I, p. 537.

de l'épuisement, de la faiblesse et de la sécheresse dans tout le corps ; ils s'amaigrissent, les yeux se creusent et si, pour avoir encouru ces accidents à la suite du coït, ils s'abstiennent des rapports sexuels, ils ressentent du malaise à la tête et à l'orifice de l'estomac avec des nausées, et ils ne recueillent aucun avantage important de leur continence[1]. »

Autour de ces effets positifs ou négatifs, plusieurs débats se sont développés à propos de certaines questions précises. Celle, par exemple, des pollutions nocturnes. Rufus rapporte l'opinion de ceux pour qui ces pertes de semence pendant le sommeil sont « moins pénibles » ; mais pour sa part, il s'oppose à cette conception, estimant que « les pollutions relâchent encore davantage le corps qui est déjà relâché pendant le sommeil[2] ». Et Galien ne voit aucun soulagement chez ceux qui, s'abstenant du coït à cause de ses effets nocifs, éprouvent de ce fait des pollutions nocturnes[3]. Plus important sans doute fut le débat à propos des convulsions de l'enfant et de leur disparition au moment de la puberté. On avait admis souvent, en raison de la parenté entre l'éjaculation et le spasme, que les jeunes garçons atteints de convulsions pouvaient être guéris par la première pratique sexuelle ; c'est la thèse de Rufus pour qui l'acte sexuel fait cesser l'épilepsie et les douleurs de tête, quand on entre dans la puberté[4]. À titre de thérapeutique contre ces spasmes certains médecins conseillaient d'avancer pour ces enfants l'âge des premiers rapports sexuels. Arétée critique cette méthode, parce qu'elle viole les dispositions de

1. *Ibid.*, X ; t. III, p. 113.
2. RUFUS D'ÉPHÈSE, in ORIBASE, VI, 38 ; t. I, p. 542.
3. GALIEN, in ORIBASE, *Livres incertains*, X ; t. III, p. 113.
4. RUFUS D'ÉPHÈSE, *Fragments*, extraits d'AETIUS, *Œuvres*, p. 320.

la nature qui a fixé elle-même les temps opportuns et parce qu'elle produit ou prolonge la maladie qu'elle veut éviter : les médecins qui donnent de tels conseils « ignorent sans doute que la nature a un temps déterminé où elle applique elle-même ses remèdes en opérant les changements convenables ; c'est ainsi que pour chaque âge, elle prépare les sécrétions nécessaires pour la semence, la barbe et les cheveux. Quel est le médecin qui pourrait ainsi, dès le principe, produire de tels changements ? De cette manière, on tombe plutôt dans l'écueil qu'on voudrait éviter, car on en a vu qui pour s'être livrés de trop bonne heure au coït ont été punis par l'attaque de ce mal[1] ». Si, de fait, les convulsions disparaissent au moment de la puberté, ce n'est pas l'exercice des plaisirs sexuels qui en est la raison, mais une modification générale dans l'équilibre et le rôle des humeurs.

4. Mais le plus important est sans doute la tendance à accorder des effets positifs à l'abstention sexuelle. Il est vrai, comme on l'a vu, que les médecins signalent les troubles qui peuvent être consécutifs à la pratique de la continence mais ils les observent en général chez des sujets qui avaient l'habitude de rapports sexuels fréquents et chez lesquels l'interruption provoque comme un changement brutal de régime : c'est le cas rapporté par Galien dans le traité *Des lieux affectés*, à propos d'un homme qui, rompant avec toutes ses habitudes antérieures, avait renoncé à l'activité sexuelle[2] ; on les constate aussi chez des sujets dont le sperme est affecté de qualités qui rendent son évacuation nécessaire. Galien a

---

1. Arétée, *De la cure des maladies chroniques*, I, 4, p. 388.
2. Galien, *Des lieux affectés*, VI, 5 ; trad. Daremberg, II, p. 688.

pu voir des hommes qui par l'effet de cette privation étaient devenus «engourdis et paresseux» et d'autres «bourrus sans raison et découragés»; ces observations lui ont permis de poser en principe que «la rétention de sperme nuit considérablement aux individus forts et jeunes, chez qui le sperme est naturellement abondant et formé d'humeurs non entièrement irréprochables, qui mènent une vie tant soit peu oisive, qui usaient auparavant très fréquemment du coït et qui, tout d'un coup, gardent ensuite la continence[1]». Que l'abstention de tout rapport sexuel soit nocif à l'organisme n'est donc pas considéré comme un fait général qu'on pourrait observer chez n'importe qui, mais plutôt comme la conséquence de certaines données particulières relevant soit de l'état de l'organisme, soit d'une habitude de vie. En elle-même, et sans autre considération, l'abstinence qui retient dans le corps la substance spermatique n'a pas de raison d'être considérée comme un mal.

Pour les hommes, la haute valeur vitale reconnue à l'humeur spermatique avait permis depuis longtemps d'attribuer des effets positifs, chez les athlètes, à leur continence rigoureuse. L'exemple est encore régulièrement cité; et c'était précisément pour suivre ce modèle qu'un malade de Galien avait décidé de s'abstenir de toute activité sexuelle, ne réfléchissant pas qu'il avait jusque-là mené une vie toute différente et que les effets de cette abstention ne pourraient donc pas être comparables. Arétée qui décrit les effets bienfaisants de cette «humeur vivifiante» qu'est le sperme — elle rend viril, courageux, plein de feu, robuste, elle donne un ton grave à la voix et rend capable d'agir avec vigueur — pose en

1. GALIEN, *ibid.*, pp. 687-689.

principe qu'un homme tempérant « et qui garde sa semence » devient par là même « robuste, courageux, hardi au point de ne pas craindre de mesurer sa force à celle des animaux les plus féroces ». Il rappelle l'exemple des athlètes ou des animaux, qui sont d'autant plus vigoureux qu'ils conservent leur semence ; ainsi « les personnes naturellement les plus fortes deviennent par l'intempérance *(akrasia)* plus faibles que les plus faibles ; et les plus faibles deviennent par la tempérance *(enkrateia)* plus forts que les plus forts *(kreittones)*[1] ».

En revanche, les valeurs de l'abstinence étaient beaucoup moins facilement reconnues pour les femmes dans la mesure où elles étaient considérées comme socialement et physiologiquement destinées au mariage et à la procréation. Pourtant Soranus, dans son *Traité des maladies des femmes*, évoque les arguments d'une discussion, qui semble avoir été importante à son époque, sur les avantages et les inconvénients de la virginité. Ceux qui la critiquent font valoir les maladies qui sont dues aux humeurs qui ne s'écoulent pas, et les désirs que l'abstinence n'étouffe pas. Les partisans de la virginité soulignent au contraire que les femmes évitent ainsi les dangers de la maternité, ignorent le désir puisqu'elles ne connaissent pas le plaisir, et conservent en elles la force que détient la semence. Soranus, pour sa part, reconnaît que la virginité peut avoir des inconvénients ; mais il les constate surtout chez les femmes qui vivent « enfermées dans les temples » et qui sont privées des « exercices utiles ». Il estime, en règle générale, que la virginité perpétuelle est salutaire aux deux sexes[2]. Le rapprochement sexuel ne saurait donc

---

1. ARÉTÉE, *Des signes des maladies chroniques*, II, 5, p. 165.
2. SORANUS, *Traité des maladies des femmes*, I, 7.

avoir à ses yeux de justification naturelle dans la santé des individus ; seule l'obligation de maintenir le genre humain rend nécessaire sa pratique ; c'est « la loi commune de la nature » qui l'impose, plus que le régime personnel.

Bien sûr, l'abstention sexuelle n'est pas considérée comme un devoir, ni l'acte sexuel représenté comme un mal. Mais on voit bien comment, dans le développement des thèmes qui étaient déjà explicitement formulés par la pensée médicale et philosophique du IVe siècle, une certaine inflexion s'est produite : insistance sur l'ambiguïté des effets de l'activité sexuelle, extension des corrélations qu'on lui reconnaît à travers tout l'organisme, accentuation de sa propre fragilité et de son pouvoir pathogénique, valorisation des conduites d'abstinence, et cela pour les deux sexes. Les dangers de la pratique sexuelle étaient perçus autrefois du côté de la violence involontaire et de la dépense inconsidérée ; ils sont décrits maintenant plutôt comme l'effet d'une fragilité générale du corps humain et de son fonctionnement.

On comprend, dans ces conditions, l'importance que peut prendre le régime des *aphrodisia* dans la gestion de la vie personnelle. Rufus a sur ce point une expression remarquable, qui lie de façon très explicite le danger de la pratique sexuelle et le principe fondamental du souci de soi : « Ceux qui se livrent aux rapports sexuels et surtout ceux qui s'y livrent sans beaucoup de ménagement doivent prendre soin d'eux-mêmes d'une façon beaucoup plus rigoureuse que les autres, afin qu'en mettant leur corps dans la meilleure condition possible, ils ressentent moins les effets nuisibles de ces rapports *(hē ek tōn aphrodisiōn blabē)*[1]. »

---

1. Rufus d'Éphèse, in Oribase, *Livres incertains*, III, p. 112.

LE RÉGIME DES PLAISIRS

Les actes sexuels doivent donc être soumis à un régime extrêmement précautionneux. Mais ce régime est fort différent de ce que pourrait être un système prescriptif qui chercherait à définir une forme « naturelle », légitime et acceptable des pratiques. Il est remarquable que presque rien n'est dit dans ces régimes sur le type d'actes sexuels qu'on peut commettre, et sur ceux que la nature déconseille. Rufus, par exemple, évoque en passant les rapports avec les garçons ; il fait allusion aussi aux positions que peuvent prendre les partenaires : mais c'est pour en traduire aussitôt les dangers en termes quantitatifs ; ils exigeraient une dépense de force plus grande que les autres[1]. Remarquable aussi le caractère plus « concessif » que « normatif » de ces régimes. C'est après avoir évoqué les effets pathogènes de l'activité sexuelle — si elle est exagérée et pratiquée hors de propos — que Rufus va proposer son régime après avoir posé en principe que ces actes « ne sont pas absolument nuisibles, sous tous les rapports, pour peu que l'on

---

1. RUFUS D'ÉPHÈSE, in ORIBASE, VI, 38 ; t. III, pp. 540-541. Rufus note également que la position debout est fatigante.

considère l'opportunité de l'acte, la mesure à y mettre et la constitution sanitaire de la personne qui l'accomplit[1] ». C'est aussi d'une façon restrictive que Galien souhaite qu'on ne « défende pas complètement aux gens de pratiquer les rapports sexuels[2] ». Enfin, ce sont des régimes circonstanciels exigeant beaucoup de précautions pour déterminer les conditions qui troubleront le moins l'acte sexuel, et celles dans lesquelles il affectera le moins l'ensemble des équilibres. Quatre variables sont retenues : celle du moment utile pour la procréation, celle de l'âge du sujet, celle du moment (saison ou heure de la journée), celle du tempérament individuel.

1. *Le régime des* aphrodisia *et la procréation.* C'était un thème tout à fait traditionnel qu'une belle descendance — *euteknia* — ne pouvait pas être obtenue si on ne prenait pas un certain nombre de précautions. Les désordres de la conception se marquent dans la progéniture. Non pas seulement parce que les descendants ressemblent à leurs parents ; mais parce qu'ils portent en eux les caractères de l'acte qui les a fait naître. On se souvient des recommandations d'Aristote et de Platon[3]. Que l'acte sexuel, dans sa finalité procréatrice, demande beaucoup de soins et une préparation méticuleuse, c'est un principe qu'on trouve régulièrement dans les régimes médicaux de l'époque impériale. Ils prescrivent d'abord une préparation à long terme ; il s'agit d'une mise en condition générale du corps et de l'âme destinée à pro-

---

1. *Ibid.,* p. 541.
2. GALIEN, in ORIBASE, *Livres incertains,* VIII ; t. III, p. 110. Noter cependant chez Celse un jugement moyen. « Il ne faut ni trop chercher ni trop appréhender le coït » (*Traité de médecine,* I, 1, p. 41*).*
3. Cf. *L'Usage des plaisirs,* chap. 3.

duire ou à conserver chez l'individu les qualités dont la
semence devra être imprégnée et l'embryon marqué ; il
faut se constituer soi-même comme l'image préalable de
l'enfant qu'on veut avoir. Un passage d'Athénée, cité
par Oribase, est très explicite sur ce point : ceux qui se
proposent d'engendrer des enfants doivent avoir l'âme
et le corps dans la meilleure condition possible ; en
d'autres termes, l'âme doit être tranquille et complètement exempte soit de douleur, soit de soucis accompa-
gnés de fatigue, soit de quelque autre affection ; il faut
que le corps soit sain et qu'il ne soit détérioré sous aucun
rapport[1]. Il faut aussi une préparation rapprochée : une
certaine continence pendant laquelle le sperme s'accu-
mule, se recueille, prend sa force, tandis que la pulsion
acquiert la vivacité nécessaire (des rapports sexuels trop
fréquents empêchent le sperme d'atteindre le degré
d'élaboration où il a toute sa puissance) ; une diète alimentaire assez stricte est recommandée : pas de nourriture trop chaude ni trop humide, un simple « déjeuner
léger qui préparera l'excitation nécessaire à l'acte vénérien, et qui ne devra pas être entravé par des éléments
abondants » ; pas de mauvaises digestions, pas d'ivresse ;
en somme une purification générale du corps qui attein-
dra la quiétude nécessaire à la fonction sexuelle ; c'est
ainsi que « le laboureur ensemence son champ après
l'avoir débarrassé de toute plante parasite[2] ». Soranus
qui donne ces conseils ne croit pas ceux qui prescrivent,
pour une bonne procréation, d'attendre le moment de la
pleine lune ; l'essentiel est de choisir « le moment où l'individu jouit de la plénitude de sa santé » ; et cela à la fois

---

1. Athénée, in Oribase, *Livres incertains*, VII ; t. III, p. 107.
2. Soranus, *Traité des maladies des femmes*, I, 10.

pour des raisons physiologiques (les humeurs nocives qui s'élèvent dans le corps risquent d'empêcher la semence d'adhérer à la paroi de la matrice) et pour des raisons morales (l'embryon s'imprègne de l'état des procréateurs).

Il y a, bien entendu, un moment plus favorable que les autres dans le cycle de la femme. Selon la métaphore déjà fort ancienne et qui aura encore une si longue fortune dans le christianisme, « toute saison n'est pas propre pour faire pousser les semailles, de même aussi tout moment n'est pas favorable à la semence projetée dans l'utérus par les rapprochements sexuels[1] ». Ce moment favorable, Soranus le situe tout de suite après la menstruation. Son argumentation repose sur la métaphore, qui ne lui est d'ailleurs pas personnelle, de l'appétit[2] : la matrice est avide, elle consomme, elle se charge de nourriture, tantôt de sang (en temps normal), tantôt de semence (et c'est la fécondation). L'acte sexuel, pour être procréateur, doit avoir lieu, à un moment favorable, dans ce rythme alimentaire. Pas avant les règles, « car de même que l'estomac rempli d'aliments est disposé à rejeter ce qui le surcharge, à vomir et à rejeter toute nourriture, de même aussi l'utérus gorgé de sang ». Pas pendant les évacuations menstruelles, qui constituent une sorte de vomissement naturel, où le sperme risquerait d'être lui aussi entraîné. Ni non plus quand l'écoulement a tout à fait cessé : l'utérus alors, desséché et refroidi, n'est plus en état de recevoir la semence. Le moment favorable, c'est quand « l'écoulement est en train de cesser », que l'utérus est encore sanguinolent,

---

1. *Ibid.*
2. Cf., par ex., le texte de GALIEN cité par ORIBASE, XXII, 3 ; t. III, p. 53.

pénétré de chaleur, « et pour cette raison turgescent d'appétit pour accueillir le sperme[1] ». Cet appétit qui renaît dans le corps, après la purgation, se manifeste chez la femme par un désir qui la porte aux rapports sexuels[2].

Mais ce n'est pas tout encore. L'acte sexuel lui-même, pour que la fécondation se passe dans de bonnes conditions et que la progéniture ait toutes les qualités possibles, doit être effectué en observant certaines précautions. Soranus ne donne pas de précision sur ce sujet. Il indique simplement la nécessité d'une conduite sage et calme, évitant tous les désordres, toutes les ivresses dont l'embryon pourrait s'imprégner, puisqu'il en serait en quelque sorte le miroir et le témoin : « Afin que le fœtus n'ait pas l'esprit désagréablement impressionné par la vue de l'ivresse étrangère », il convient « que la femme soit sobre pendant les embrassements. Souvent, les enfants ont une grande ressemblance avec les parents non seulement par le corps, mais aussi par l'esprit : une tranquillité parfaite est nécessaire pour que le fœtus ne ressemble pas à un homme ivre en délire[3]. » Enfin pendant la grossesse, les rapports sexuels doivent être extrêmement mesurés : tout à fait supprimés dans les premiers temps, car le coït « imprime du mouvement à tout le corps, et aucune région n'a plus besoin de repos que l'utérus et tout ce qui l'entoure : comme l'estomac, il rejette ce qu'il contient lorsqu'il est secoué[4] ». Certains cependant, comme Galien, estiment qu'il faut les rétablir et les pratiquer avec mesure pendant la gestation : « Il ne convient

---

1. Cité in Oribase, XXII, 7 ; t. III, p. 70.
2. Soranus, *Traité des maladies des femmes*, I, 10.
3. *Ibid.*
4. *Ibid.*, I, 14.

aux femmes grosses ni de s'en abstenir complètement, ni d'y revenir continuellement : car chez les femmes qui vivent dans la continence, l'accouchement devient plus difficile, tandis que chez celles qui se livrent constamment au coït, l'enfant est faible ; il peut même y avoir avortement [1]. »

Il y a donc tout un gouvernement des *aphrodisia* dont le principe et les raisons d'être se situent dans la préparation de la descendance. Non pas qu'il y ait obligation à ne pratiquer les rapports sexuels que pour avoir des enfants : si les conditions de la fécondité probable sont déterminées avec soin, ce n'est pas pour fixer par elles les limites de l'acte légitime, mais comme un avis utile pour qui a soin de sa progéniture. Et si celle-ci constitue un souci important, c'est sous la forme d'un devoir que les géniteurs pourraient avoir vis-à-vis d'elle ; c'est aussi une obligation vis-à-vis d'eux-mêmes puisqu'il leur est utile d'avoir une descendance dotée des meilleures qualités. Ces obligations qui entourent la procréation définissent tout un ensemble d'erreurs possibles qui sont en même temps des fautes. Et elles sont si nombreuses, elles font intervenir tant de facteurs divers, que peu de procréations seraient réussies, n'était l'habileté de la nature à compenser ces manquements et à éviter les désastres. C'est ainsi, du moins, que Galien justifie et la nécessité de prendre de très nombreuses précautions et le fait que malgré tout beaucoup de naissances se passent bien : « Les pères qui nous engendrent et les mères qui nous nourrissent dans leur sein agissent rarement bien, et commettent souvent des fautes dans l'acte de génération ; les hommes et les femmes se joignent dans un tel état

---

1. Galien, in Oribase, *Livres incertains*, VI ; t. III, p. 102.

d'ivresse et de réplétion qu'ils ne savent même plus dans quelle région de la terre ils se trouvent. C'est ainsi qu'à sa naissance même, le fruit de la conception est vicié. Faut-il ensuite citer les erreurs de la femme enceinte, qui, par paresse, néglige un exercice modéré, qui se gorge d'aliments, qui s'abandonne à la colère et au vin, qui abuse des bains, fait un emploi intempestif des actes sexuels *(akairiōn aphrodisiōn)*. Néanmoins, la nature résiste à tant de désordres et remédie au plus grand nombre. » Les paysans sont soigneux quand ils ensemencent leurs champs ; mais, note Galien en reprenant les thèmes socratiques du souci de soi, les humains qui font « peu de cas d'eux-mêmes » dans leur propre vie ne se font pas non plus de souci de leur progéniture[1].

2. *L'âge du sujet*. L'usage des *aphrodisia* ne doit, ni se prolonger trop tard, ni commencer trop tôt. Dangereux sont les rapports sexuels accomplis lorsqu'on est âgé : ils épuisent un corps incapable de reconstituer les principes qui lui ont été soustraits[2]. Mais ils nuisent aussi lorsqu'on est trop jeune. Ils arrêtent la croissance, et perturbent le développement des signes de la puberté — qui sont le résultat du développement dans le corps des principes séminaux. « Rien n'entrave autant les progrès de l'âme et du corps qu'un usage prématuré et excessif des rapports sexuels[3]. » Et Galien : « Beaucoup de jeunes gens sont attaqués de maladies incurables à cause des rapports sexuels pour avoir voulu à toute force faire violence au temps prescrit par la nature[4]. » Quel est ce

---

1. GALIEN, *De l'utilité des parties*, XI, 10.
2. GALIEN, in ORIBASE, *Livres incertains*, VIII ; t. III, p. 110.
3. ATHÉNÉE, in ORIBASE, *Livres incertains*, XXI ; t. III, p. 165.
4. GALIEN, in ORIBASE, *Livres incertains*, VIII ; t. III, p. 111.

« temps prescrit » ? Est-ce l'apparition ou la confirmation des signes de la puberté ? Tous les médecins sont
d'accord pour admettre que celle-ci se situe pour les
garçons autour de quatorze ans. Mais tous sont également d'accord pour admettre que l'accès aux *aphrodisia*
ne doit pas avoir lieu si tôt. On ne trouve guère d'indication précise sur l'âge auquel on peut commencer les
rapports sexuels. Plusieurs années en tout cas doivent
s'écouler pendant lesquelles le corps forme les liqueurs
séminales sans qu'il soit recommandable de les évacuer.
De là, la nécessité d'un régime spécifique destiné à assurer la continence des adolescents. Les médecins prescrivent, conformément à la tradition, une vie d'exercices
physiques intenses. Ainsi Athénée : « Puisque la production de sperme commence à cet âge-là (quatorze ans) et
que les jeunes gens ont des appétits très ardents qui les
excitent aux rapports sexuels, les exercices corporels
doivent être très nombreux, afin que se fatiguant tout de
suite l'âme et le corps, ils puissent dès le commencement
réprimer leurs désirs[1]. »

Le problème, pour les filles, est un peu différent. La
pratique du mariage précoce poussait sans doute à
admettre que les premiers rapports sexuels et la maternité pouvaient avoir lieu dès que la menstruation était
régulièrement établie[2]. C'est l'opinion de Soranus, qui
conseille de se fier pour fixer l'âge du mariage à des critères organiques et non pas au sentiment des filles elles-
mêmes ; celui-ci cependant, du fait de l'éducation, peut
s'éveiller avant le corps ; « la semence devant devenir le
germe d'un être nouveau », il y a danger lorsque le corps

1. ATHÉNÉE, in ORIBASE, *Livres incertains*, XXI ; t. III, pp. 164-165.
2. Sur ces rapports entre l'âge du mariage et les problématisations de la santé
de la femme, cf. A. ROUSSELLE, *Porneia*, pp. 49-52.

de la femme n'a pas atteint la maturité nécessaire à cette fonction ; il est bon par conséquent qu'elle reste vierge jusqu'à ce que la menstruation ait été établie spontanément[1]. D'autres médecins envisagent une date bien plus tardive. Ainsi Rufus d'Éphèse estime qu'une grossesse avant dix-huit ans risque de n'être favorable ni à la mère ni à l'enfant. Il rappelle que cet âge est celui qui avait été recommandé, depuis bien longtemps, par Hésiode ; il rappelle aussi que cet âge — aux yeux de certains, bien tardif — n'avait pas, à une époque ancienne, les inconvénients qu'il a pu avoir par la suite : alors, les femmes menaient une vie aussi active que les hommes ; c'est l'excès de nourriture, c'est l'oisiveté qui amènent les troubles chez les filles qui ne sont pas mariées, rendant souhaitables des rapports sexuels susceptibles de faciliter l'écoulement des règles. La solution que propose Rufus est donc celle d'un mariage relativement tardif (vers dix-huit ans), mais préparé par tout un régime qui doit accompagner la vie de la jeune fille avant même la puberté ; pendant l'enfance, que les filles soient mêlées aux garçons, puis quand vient l'âge de les en séparer, qu'on les soumette à un régime très soigneux : pas de viande, pas de mets trop nourrissants, pas ou très peu de vin, de longues promenades, des exercices. Il faut garder à l'esprit que l'oisiveté « est pour elles tout ce qu'il y a de plus nuisible », et qu'il est « avantageux de faire servir les exercices à mettre la chaleur en mouvement et à réchauffer l'habitude du corps, mais de telle façon qu'elles restent femmes et ne prennent pas un caractère viril ». La participation à des chœurs où on chante et danse semble à Rufus correspondre à la meil-

1. SORANUS, *Traité des maladies des femmes*, I, 8.

leure forme d'exercice : « Les chœurs n'ont pas été uniquement inventés pour honorer la divinité, mais encore en vue de la santé[1]. »

3. *Le « moment favorable ».* Le *kairos* de l'acte sexuel est sujet à beaucoup de discussions. Pour ce qui est de la chronologie large, on admet assez facilement le calendrier traditionnel : l'hiver et le printemps sont les meilleures saisons ; l'automne est accepté par certains, rejeté par d'autres ; d'une façon générale, on pense qu'il faut s'abstenir, autant que possible, pendant l'été[2]. La détermination de l'heure de la journée relève en revanche de diverses considérations. En dehors des motifs religieux que Plutarque évoque dans l'un des *Propos de table*[3], la question du moment est liée à celle des exercices, des repas et de la digestion. Il vaut mieux ne pas faire précéder les rapports sexuels d'exercices trop violents, qui détournent vers d'autres parties du corps les ressources dont il a besoin ; inversement, après l'amour, les bains et les frictions réparatrices sont recommandés. Il n'est pas bon d'user des *aphrodisia* avant le repas, quand on est affamé, car l'acte dans ces conditions ne fatigue pas mais il perd de sa force[4]. Mais, d'autre part, il faut éviter les repas copieux et les excès de boisson. Le moment de la digestion est toujours nocif : « Voilà pourquoi le coït au milieu de la nuit est trompeur, parce qu'alors les aliments ne sont pas encore élaborés ; il en est de même pour le coït qu'on exerce de grand matin,

1. Rufus d'Éphèse, in Oribase, *Livres incertains*, II, t. III, pp. 82-85.
2. Celse, *Traité de médecine*, I, 3 ; Rufus d'Éphèse, in Oribase, VI, 38 ; t. I, p. 543. Galien, in Oribase, *Livres incertains*, VIII, p. 110. Sur cette distribution saisonnière des plaisirs, cf. *L'Usage des plaisirs*, chap. II.
3. Plutarque, *Propos de table*, III, 6, 1089 a.
4. Rufus d'Éphèse, in Oribase, VI, 38 ; t. I, p. 540 et suiv.

parce que il pourrait se faire qu'il y eût encore des aliments mal digérés dans l'estomac et parce que toutes les superfluités n'ont pas encore été évacuées par l'urine et les selles[1]. » Si bien qu'en fin de compte, c'est après un repas modéré et avant le sommeil — ou éventuellement le repos de l'après-midi — que le moment des rapports sexuels sera le plus favorable ; et d'après Rufus, la nature elle-même aurait indiqué sa préférence pour cet instant en donnant alors au corps sa plus forte excitation. D'ailleurs, si on veut avoir des enfants, il convient que l'homme « se livre aux rapprochements sexuels, après avoir bien mangé et bien bu, tandis que la femme doit suivre un régime moins fortifiant » ; il faut en effet que « l'un donne et que l'autre reçoive[2] ». Galien est du même avis : il recommande ce moment où on va s'endormir, après avoir fait « un repas solide mais qui n'incommode pas » ; ainsi les aliments sont suffisants pour nourrir et renforcer le corps, et le sommeil permet de réparer la fatigue ; en outre, c'est le meilleur moment pour avoir des enfants « parce que la femme retient mieux le sperme en dormant » ; enfin c'est bien pour cette heure-là que la nature indique d'elle-même sa préférence en suscitant alors le désir[3].

4. *Les tempéraments individuels.* Rufus pose comme principe général que les natures aptes au coït sont celles qui sont « plus ou moins chaudes et humides » ; l'activité sexuelle en revanche est plutôt défavorable aux constitu-

1. *Ibid.*, p. 547.
2. *Ibid.*, p. 549.
3. GALIEN, in ORIBASE, *Livres incertains*, VIII ; t. III, p. 111. On peut ajouter que pour Celse, la nuit est préférable « à condition de ne pas prendre de nourriture et de ne pas veiller pour travailler aussitôt après » (*Traité de médecine*, I, 1, p. 41).

tions froides et sèches. Et c'est pour maintenir ou rétablir l'humidité chaude dont on a besoin dans les *aphrodisia* qu'il convient de se soumettre à tout un régime, à
la fois complexe et continu, d'exercices adéquats et de
nourriture appropriée. Autour de l'activité sexuelle et
pour que soit conservée la balance qu'elle risque de
compromettre, on doit s'astreindre à tout un mode de
vie. Il est utile de boire du vin paillet, manger du pain de
son cuit au four (son humidité est utile à titre de préparation ou de régulation); consommer, en fait de viande,
du bouc, de l'agneau, des poules, des coqs de bruyère,
des perdrix, des oies, du canard; en fait de poissons, des
poulpes et des mollusques; et puis des navets, des fèves,
des haricots et des pois chiches (à cause de leur chaleur),
des raisins aussi (à cause de leur humidité). Quant aux
activités auxquelles il faut avoir recours, ce sont les promenades à pied ou à cheval, la course, mais ni trop
rapide ni trop lente; mais pas d'exercices violents, pas
de gesticulation comme dans le lancer du javelot (qui
détourne vers d'autres parties du corps la matière nutri-
tive), pas de bains trop chauds, pas d'échauffements et
de refroidissements; pas de travaux intenses; éviter aussi
tout ce qui contribue à fatiguer le corps — la colère, la
joie trop vive, la douleur[1].

---

1. RUFUS D'ÉPHÈSE, in ORIBASE, VI, 38; t. I, pp. 543-546.

LE TRAVAIL DE L'ÂME

Le régime proposé pour les plaisirs sexuels semble être tout entier centré sur le corps : son état, ses équilibres, ses affections, les dispositions générales ou passagères dans lesquelles il se trouve apparaissent comme les variables principales qui doivent déterminer les conduites. C'est le corps en quelque sorte qui fait la loi au corps. Et pourtant, l'âme a son rôle à jouer et les médecins la font intervenir : car c'est elle qui sans cesse risque d'entraîner le corps au-delà de sa mécanique propre et de ses besoins élémentaires ; c'est elle qui incite à choisir des moments qui ne sont pas appropriés, à agir dans des circonstances suspectes, à contrecarrer les dispositions naturelles. Si les humains ont besoin d'un régime qui tienne compte, avec tant de méticulosité, de tous les éléments de la physiologie, la raison en est qu'ils tendent sans cesse à s'en écarter par l'effet de leurs imaginations, de leurs passions et de leurs amours. Même l'âge souhaitable pour instaurer les rapports sexuels se trouve brouillé chez les filles comme chez les garçons : l'éducation et les habitudes peuvent faire apparaître le désir à contretemps[1].

---

1. SORANUS, *Traité des maladies des femmes*, I, 8.

L'âme raisonnable a donc un double rôle à jouer : elle
aura à fixer au corps un régime qui soit effectivement
déterminé par sa nature à lui, ses tensions, l'état et les
circonstances dans lesquelles il se trouve ; mais elle ne
pourra le lui fixer correctement qu'à la condition d'avoir
opéré sur elle-même tout un travail : éliminé les erreurs,
réduit les imaginations, maîtrisé les désirs qui lui font
méconnaître la sobre loi du corps. Athénée — chez qui
l'influence stoïcienne est sensible — définit de façon très
claire ce labeur de l'âme sur elle-même comme condition d'un bon régime somatique : « Ce qui convient aux
adultes, c'est un régime complet et de l'âme et du corps...
tâcher de calmer ses pulsions *(hormai)*, et de faire en
sorte que nos désirs *(prothumiai)* ne dépassent pas nos
propres forces[1]. » Il ne s'agit donc pas dans ce régime
d'instaurer une lutte de l'âme contre le corps ; ni même
d'établir des moyens par lesquels elle pourrait se
défendre en face de lui ; il s'agit plutôt pour l'âme de se
corriger elle-même pour pouvoir conduire le corps selon
une loi qui est celle du corps lui-même.

Ce travail est décrit par les médecins à propos de trois
éléments par lesquels le sujet risque d'être emporté au-
delà des nécessités actuelles de l'organisme : le mouvement du désir, la présence des images, l'attachement au
plaisir.

1. Il n'est pas question, dans le régime médical, d'éliminer le désir. La nature l'a placé elle-même dans toutes
les espèces animales, comme un aiguillon pour exciter
chacun des deux sexes et l'attirer vers l'autre. Rien ne
serait donc plus contraire à la nature, rien de plus nocif

1. Athénée, in Oribase, *Livres incertains*, 21 ; t. III, p. 165.

que de vouloir faire échapper les *aphrodisia* à la force naturelle du désir; il ne faut jamais, par volonté de débauche ou pour tromper l'épuisement de l'âge, chercher à forcer la nature. Ne pas avoir de rapports sexuels *aneu epithumein*, sans éprouver de désir : tel est le conseil de Rufus dans le traité *Du satyriasis*. Mais ce désir a deux faces : il apparaît dans le corps et il apparaît dans l'âme. Et c'est dans leur exacte corrélation que se situe le problème du régime. Il faut faire en sorte que, ici et là, ses mouvements soient coordonnés et ajustés aussi exactement que possible. Rufus a une formule remarquable : « Le mieux est que l'homme s'adonne aux rapprochements sexuels quand il est pressé en même temps par le désir de l'âme et par le besoin du corps[1]. »

Il arrive que cette corrélation naturelle soit compromise du fait du corps lui-même. Celui-ci s'emporte en quelque sorte tout seul. Rien dans l'âme ne correspond à son excitation. Il se livre à une sorte de déchaînement pur. L'acte sexuel devient alors tout à fait « paroxystique », comme dit Rufus[2]. C'est à cette excitation purement physique que le même Rufus semble faire allusion quand il évoque les *hormai* qui accompagnent les signes annonciateurs de la manie ou de l'épilepsie[3]. C'est elle aussi qui se produit, mais sous une autre forme, dans le satyriasis ou dans la gonorrhée : les organes sexuels s'embrasent tout seuls, dans la première de ces maladies; et dans l'autre, « sans acte, sans image nocturne, une profusion de semence sort avec abondance »; le malade, emporté par la mécanique affolée de son corps,

---

1. Rufus d'Éphèse, in Oribase, VI; t. I, p. 549.
2. Rufus d'Éphèse, *Œuvres*, p. 75.
3. Rufus d'Éphèse, in Oribase, VI; t. I, p. 549.

s'épuise et « périt de consomption au bout de quelque temps [1] ».

Mais l'âme, inversement, peut échapper aux formes et aux limites du désir qui se manifeste dans le corps. Le terme que Rufus et Galien utilisent pour désigner cet excès est significatif : c'est celui de *doxa*. L'âme, au lieu de ne porter attention qu'aux nécessités et besoins de son corps, se laisse entraîner par des représentations qui lui sont propres et n'ont aucune correspondance dans l'organisme. Représentations vaines et vides *(kenai)*. Pas plus que le corps ne doit s'emporter sans le corrélatif d'un désir dans l'âme, celle-ci ne doit aller au-delà de ce qu'exige le corps et de ce que dictent ses besoins. Mais dans le premier cas, il s'agit d'une maladie que des remèdes pourront peut-être corriger ; dans le second, c'est surtout un régime moral qu'il convient d'appliquer à soi-même. Rufus en propose la formule, « soumettre l'âme et la faire obéir au corps [2] ».

Proposition paradoxale, si on songe au thème si traditionnel que l'âme ne doit pas se laisser entraîner par les sollicitations du corps. Mais il faut la comprendre, dans son contexte théorique et médical précis, inspiré peut-être par le stoïcisme. La soumission volontaire au corps doit être comprise comme l'écoute d'une raison qui a présidé à l'ordre naturel et aménage, pour ses fins, la mécanique du corps. C'est de cette raison naturelle que les *doxai* risquent de détourner l'âme, et de susciter des désirs excédentaires ; c'est vers elle que le régime médical, raisonnable et fondé en vérité sur la connaissance des êtres vivants, doit tourner l'attention. À ce titre,

---

1. CELSE, *Traité de médecine*, IV, 28.
2. RUFUS D'ÉPHÈSE, in ORIBASE, VI ; t. I, p. 550.

l'exemple animal, qui, si souvent, avait servi à disquali-
fier les appétits de l'homme, peut au contraire constituer
un modèle de conduite. C'est que dans leur régime
sexuel les animaux suivent les exigences du corps, mais
jamais rien de plus ni rien d'autre ; ce qui les mène,
explique Rufus, et donc doit guider aussi les humains, ce
ne sont pas les *doxai*, mais « les préludes de la nature
qui a besoin d'évacuation ». Pour Galien, de la même
façon, les animaux ne sont pas poussés à la conjonction
sexuelle par « l'opinion » — *doxa* — que « la jouissance
est une bonne chose » ; ils ne sont portés aux rapports
sexuels qu'« en vue d'expulser le sperme qui les fatigue » ;
pour eux, il n'y a pas de différence entre ce qui les incite
aux rapports sexuels et ce qui « les pousse à expulser
naturellement soit les excréments, soit les urines [1] ».

Le régime médical propose donc une sorte d'animali-
sation de l'*epithumia* ; il faut entendre par là une subordination aussi stricte que possible du désir de l'âme aux
besoins du corps ; une éthique du désir qui se modèle sur
une physique des excrétions ; et la tendance vers un
point idéal, où l'âme, purifiée de toutes ses représentations vaines, ne porte plus d'attention qu'à l'économie
austère des évacuations organiques.

2. De là, la méfiance générale des médecins à l'égard
des « images » *(phantasiai)*. Le thème revient régulièrement dans les traitements qu'ils proposent. Ainsi Rufus
à propos du satyriasis : la cure qu'il suggère a deux
aspects ; l'un concerne la nourriture d'où doivent être
exclus tous les aliments échauffants ; l'autre concerne les
stimulations de l'âme : « On évitera les discours, les pen-

---

1. GALIEN, *Des lieux affectés*, VI, 5 ; trad. Daremberg, t. II, pp. 688-689.

sées, les convoitises vénériennes, et par-dessus tout on se défendra de ce que les yeux voient, sachant bien que toutes ces choses, même en songe,... excitent à la copulation, si on s'est abstenu du coït, après avoir mangé des mets succulents et en abondance[1]. » Galien, dans le même esprit, a proposé une cure doublement cathartique à l'un de ses amis ; celui-ci avait renoncé à son activité sexuelle ; mais il se trouvait en état de perpétuelle excitation. Galien lui conseille d'abord de se libérer physiquement, en excrétant le sperme accumulé ; puis — le corps une fois purifié — de ne plus rien laisser pénétrer dans l'esprit qui pourrait y déposer des images : « s'abstenir complètement de spectacles, de pensées et de souvenirs capables d'exciter les désirs vénériens[2] ».

Ces images redoutables, et qui suscitent dans l'âme des désirs « vides », sans corrélation avec les besoins du corps, sont de plusieurs types. Il y a bien sûr les images du rêve dont les médecins semblent se soucier surtout lorsqu'elles sont accompagnées de pollutions : de là le conseil si souvent répété de ne pas dormir sur le dos, de ne pas trop boire ni manger avant le sommeil, de garder l'esprit au repos lorsqu'on va s'endormir. Rufus d'Ephèse en fait en tout cas un article important dans le régime de ceux qui sont atteints de satyriasis : « Se coucher sur le côté plutôt que sur le dos...[3]. » Parmi les images à éviter, il faut placer celles qu'on peut voir au théâtre, celles que suggèrent la lecture, le chant, la musique et la danse et

---

1. RUFUS D'ÉPHÈSE, *Œuvres*, pp. 74-75.
2. GALIEN, *Des lieux affectés*, VI, 6 ; trad. Daremberg, t. II, pp. 704-705.
3. RUFUS D'ÉPHÈSE, *Œuvres*, p. 74. On rencontre très souvent l'idée que dormir sur le dos échauffe les parties sexuelles et provoque des pollutions nocturnes. Cf. GALIEN, *Des lieux affectés*, VI, 6 ; DIOCLÈS, in ORIBASE, III, 177.

qui viennent s'insérer dans l'esprit sans que rien n'y corresponde dans les besoins du corps. Galien a pu ainsi observer des phénomènes de satyriasis chez des sujets « qui n'écartent pas l'idée des plaisirs vénériens, comme le font les personnes naturellement chastes et ayant pratiqué longtemps une pareille continence, mais qui arrivent au contraire à se représenter ces plaisirs à la suite des spectacles capables de les exciter ou parce qu'ils se les rappellent. La diathèse qui affecte le pénis chez ces individus est tout à fait contraire de celle qui se déclare chez les gens dont l'esprit n'a même pas conçu l'idée des plaisirs vénériens [1] ».

Mais il faut, sous ce terme de *phantasia*, et conformément à un usage philosophique, comprendre aussi les perceptions visuelles. Il n'y a pas simplement danger à imaginer ou à se remémorer les *aphrodisia*, mais aussi à les percevoir. C'est un très vieux thème de la pudeur traditionnelle que les *aphrodisia* devaient se dérouler plutôt la nuit et dans l'obscurité que dans la pleine lumière du jour. Mais à ce même précepte on donne aussi une valeur de régime : à ne pas voir, on se prémunit contre les images qui pourraient se graver dans l'âme, y demeurer et revenir de façon inopportune. Plutarque évoque ce problème à propos du *kairos*, du moment des actes sexuels ; parmi les raisons de fuir la lumière, il y a, pour lui, le souci d'éviter « les images de plaisir » qui « renouvellent » constamment notre désir ; « la nuit, au contraire, en dérobant à la vue ce que nos actes peuvent comporter de désir insatiable et d'élan forcené, détourne et endort la nature et l'empêche de se laisser pousser par le spectacle sur l'écueil de la luxure [2] ».

1. GALIEN, *Des lieux affectés*, VI, 6.
2. PLUTARQUE, *Propos de table*, III, 6, 1089 a.

On peut rappeler ici que la question des « images »
était fort débattue dans la littérature amoureuse. Le
regard était considéré comme le plus sûr véhicule de la
passion ; c'est par lui qu'elle entrait dans le cœur ; par
lui qu'elle s'entretenait. Properce estime que « les ébats
de Vénus perdent de leurs charmes dans les ténèbres » ;
« la nuit est l'ennemie de Vénus... C'est nu qu'Endy-
mion rendit éprise la sœur d'Apollon ; c'est nue aussi
que la déesse reposa dans ses bras[1] ». Par là même,
regard, lumière, image étaient considérés comme dangereux. Dangereux pour la rigueur des mœurs : le même
Properce pense que l'impudeur s'est répandue lorsque
les images ont été introduites dans les maisons[2]. Dangereux aussi pour l'amour lui-même qui peut être blessé
par la disgrâce des images. Ovide recommande la prudence à qui veut conserver l'amour : « Ne laisse pas la
lumière pénétrer par toutes les fenêtres de la chambre à
coucher ; bien des parties de notre corps gagnent à n'être
pas vues au grand jour[3]. » Et par le fait même l'image
cruelle peut être un excellent moyen de se défendre contre
la passion ou même de s'en défaire. Rien de tel, dit
Ovide dans les *Remedia Amoris*, quand on veut s'affran-
chir d'un amour, que de faire la lumière au moment du
rapport sexuel : défauts du corps, saletés et souillures
s'impriment dans l'esprit et font naître le dégoût. Le
matin au réveil, le désordre de la toilette est également
bon à surprendre quand on cherche à se détourner de sa
maîtresse[4]. Il y a toute une technique de l'image à orga-

---

1. PROPERCE, *Élégies*, II, 15.
2. *Ibid.*, II, 6.
3. OVIDE, *Art d'aimer*, III, 808.
4. OVIDE, *Les Remèdes à l'amour*, v. 399 sq. ; v. 345-348. Cf. dans l'*Art d'aimer*, III, 209, le conseil donné aux femmes de ne pas se montrer à la toilette.

niser pour et contre l'amour. Ce sera d'ailleurs un des aspects les plus constants de l'éthique sexuelle depuis la fin de l'Antiquité que la lutte contre les images internes ou externes comme condition et gage de la bonne conduite sexuelle.

3. Reste le plaisir dont on sait qu'il a été inscrit par la nature dans le processus des *aphrodisia*. Peut-on l'éliminer, ou faire en sorte qu'on ne le ressente pas ? Il n'en est pas question, puisqu'il est lié directement aux mouvements du corps et aux mécanismes de rétention-érection. Pourtant Galien estime qu'on peut empêcher que ce plaisir ne devienne un principe d'excès dans l'économie des *aphrodisia*. Le procédé qu'il propose est clairement stoïcien : il s'agit de considérer que le plaisir n'est rien de plus que l'accompagnement de l'acte et qu'il ne faut jamais le prendre pour une raison de l'accomplir. « Que le plaisir soit quelque chose de bon », c'est, on l'a vu, pour Galien, une *doxa* que les animaux n'ont pas (ce qui assure à leur comportement une mesure naturelle) ; en revanche, ceux des humains qui ont une pareille opinion s'exposent à rechercher les *aphrodisia* pour le plaisir qu'ils procurent, de s'y attacher par conséquent et de désirer toujours les renouveler.

Pour un régime raisonnable, la tâche est donc d'élider le plaisir comme fin recherchée : se porter aux *aphrodisia* indépendamment de l'attraction du plaisir et comme s'il n'existait pas. La seule fin que la raison doit se donner, c'est celle qu'indique l'état du corps, en fonction de ses nécessités propres de purgation. « Il est évident que les hommes chastes *(tous sōphronas)* n'usent pas des plaisirs vénériens pour la jouissance qui y est attachée, mais pour guérir une incommodité comme si en réalité il

n'y avait aucune jouissance[1]. » Telle est bien la leçon
que Galien tire du geste célèbre de Diogène : sans même
attendre la prostituée à qui il avait demandé de venir, le
philosophe s'était libéré lui-même de l'humeur qui l'en-
combrait ; ce faisant, il voulait, selon Galien, évacuer
son sperme, « sans rechercher le plaisir qui accompagne
cette émission[2] ».

On peut noter en passant la place très discrète qu'occupent la masturbation et les plaisirs solitaires dans ces
régimes médicaux — comme d'une façon générale dans
toute la réflexion morale des Grecs et des Latins sur l'activité sexuelle. Quand elle apparaît, ce qui est assez rare,
c'est sous une forme positive : un geste de dépouillement
naturel qui a valeur à la fois de leçon philosophique et
de remède nécessaire. Songeons à Dion de Pruse rapportant la manière dont Diogène, en riant, chantait la
louange du geste qu'il faisait en public : geste qui, fait à
temps, aurait rendu inutile la guerre de Troie ; geste que
la nature elle-même nous indique dans l'exemple des
poissons ; geste raisonnable, car il ne dépend que de
nous et que nous n'avons besoin de personne pour nous
gratter la jambe ; geste enfin dont nous devons l'enseignement aux dieux — à Hermès précisément qui en a
donné la recette à Pan, amoureux sans espoir de l'inaccessible Écho ; de Pan, les bergers, par la suite, l'auraient appris[3]. C'est le geste de la nature même, qui
répond, hors des passions ou des artifices et en toute
indépendance, au strict besoin. Dans la littérature occi-
dentale — à partir du monachisme chrétien — la masturbation reste associée aux chimères de l'imagination et

1. GALIEN, *Des lieux affectés*, VI, 5 ; trad. Daremberg, t. II, p. 688.
2. *Ibid.*, *id.*.
3. DION DE PRUSE, *Discours*, VI, 19-20.

à ses dangers ; elle est la forme même du plaisir hors
nature que les humains ont inventée pour franchir les
limites qui leur ont été assignées. Dans une éthique
médicale soucieuse, comme celle des premiers siècles de
notre ère, d'indexer l'activité sexuelle sur les besoins élémentaires du corps, le geste de la purgation solitaire
constitue la forme la plus strictement dépouillée de l'inu-
tilité du désir, des images et du plaisir.

*

1. Aussi méticuleux et complexes que soient ces
régimes de l'activité sexuelle, il ne faut pas en exagérer
l'importance relative. La place qui leur est faite est restreinte en comparaison des autres régimes — en particulier de celui qui concerne la nourriture et le régime
alimentaire. Lorsque Oribase rédigera au Vᵉ siècle son
grand recueil de textes médicaux, il consacrera quatre
livres entiers aux qualités, inconvénients, dangers et vertus des différents aliments possibles et aux conditions
dans lesquelles il faut et il ne faut pas les prendre. Il
n'accordera que deux paragraphes au régime sexuel,
citant un texte de Rufus, un autre de Galien. On peut
penser que cette restriction traduit surtout une attitude
caractéristique d'Oribase et de son époque ; mais c'est
un trait commun à toute la médecine grecque et romaine
d'accorder beaucoup plus de place à la diététique de
l'alimentation qu'à celle du sexe. Pour elle la grande
affaire, c'est manger et boire. Il faudra toute une évolution qui sera sensible dans le monachisme chrétien pour
que le souci du sexe commence à équilibrer celui de la
nourriture ; mais les abstentions alimentaires et les
jeûnes resteront longtemps fondamentaux. Et ce sera un

moment important pour l'histoire de l'éthique dans les
sociétés européennes, que le jour où l'inquiétude du sexe
et de son régime l'emportera de façon significative sur
la rigueur des prescriptions alimentaires. À l'époque
romaine, en tout cas, le régime des plaisirs sexuels voi-
sine, en une place relativement restreinte, avec le grand
régime alimentaire, tout comme d'ailleurs ces plaisirs
eux-mêmes étaient associés dans la pensée morale et
dans les rites sociaux avec la volupté de boire et de manger. Le banquet, lieu commun à la gourmandise, à
l'ivresse et à l'amour en est un témoignage direct ; l'atteste de façon indirecte le rite inverse du banquet philosophique, où la nourriture est toujours mesurée, l'ivresse
encore capable de vérité, et où l'amour est objet de raisonnables discours.

2. En ces régimes médicaux, on voit se produire une
certaine « pathologisation » de l'acte sexuel. Mais il faut
bien se comprendre : il ne s'agit aucunement de celle qui
s'est produite beaucoup plus tard dans les sociétés occi-
dentales, lorsque le comportement sexuel a été reconnu
porteur de déviations maladives. Alors, il sera organisé
comme un domaine qui aura ses formes normales et ses
formes morbides, sa pathologie spécifique, sa nosogra-
phie et son étiologie — éventuellement sa thérapeutique.
La médecine gréco-romaine opère autrement ; elle inscrit l'acte sexuel dans un champ où il risque à chaque
instant d'être affecté et troublé par des altérations de
l'organisme ; et où inversement il risque toujours d'induire des maladies diverses, proches et lointaines.

On peut parler de pathologisation en deux sens.
D'abord parce que ce n'est pas seulement aux grands
excès dans l'usage du sexe mais à la nature même du

processus — aux dépenses, secousses, ébranlements qu'il provoque dans l'organisme — que sont attribués les effets perturbateurs ; mais surtout parce que ces analyses médicales tendent à inverser les représentations de l'acte sexuel comme activité, comme énergie dont la violence seule est redoutable. Elles le décrivent plutôt comme un processus où le sujet est emporté passivement par des mécanismes du corps, par des mouvements de l'âme où il lui faut rétablir sa maîtrise par un ajustement précis aux seuls besoins de la nature. Il faut comprendre que cette médecine de la *chrēsis aphrodisiōn* n'a pas cherché à procéder à une délimitation des formes « pathologiques » du comportement sexuel : elle a plutôt fait apparaître à la racine des actes sexuels un élément de passivité qui est aussi un principe de maladie selon la double signification du terme *pathos*. L'acte sexuel n'est pas un mal ; il manifeste un foyer permanent de maux possibles.

3. Une telle médecine exige une extrême vigilance à l'activité sexuelle. Mais cette attention ne conduit pas à un déchiffrement de cette activité dans son origine et son déroulement ; il ne s'agit pas pour le sujet de savoir précisément ce qu'il en est de ses désirs propres, des mouvements particuliers qui le portent à l'acte sexuel, des choix qu'il fait, des formes d'actes qu'il commet ou des modes de plaisir qu'il éprouve. L'attention qui est exigée, c'est celle qui lui rend perpétuellement présentes à l'esprit les règles auxquelles il doit soumettre son activité sexuelle. Il n'a pas à retrouver le cheminement obscur du désir en lui ; il a à reconnaître les conditions nombreuses, complexes qui doivent être réunies pour accomplir de façon convenable, sans danger ni dom-

mage, les actes de plaisir. Il doit se tenir à lui-même un discours de « vérité » ; mais ce discours n'a pas pour fonction de dire au sujet la vérité sur lui-même ; il a à lui enseigner, en fonction de ce que sont par nature les actes sexuels, comment y avoir recours pour se conformer le plus exactement, le plus strictement possible à cette nature. G. Canguilhem disait que « la cause de la guérison » pour Aristote, « c'est la forme de la santé dans l'activité médicale » ; que ce n'est pas le médecin, mais « la santé qui guérit le malade » ; et que d'une façon générale « la responsabilité d'une production technique ne revient pas à l'artisan, mais à l'art… ; l'Art, c'est-à-dire la finalité non délibérative d'un logos naturel[1] ». On pourrait dire de la même façon que le régime des *aphrodisia*, le régime de leur distribution proposé par la médecine ne doit être rien de plus, rien de moins que la forme de leur nature présente à la pensée, leur vérité habitant la conduite comme sa constante prescription.

4. Entre ces recommandations diététiques et les préceptes qu'on pourra trouver plus tard dans la morale chrétienne et dans la pensée médicale, les analogies sont nombreuses : principe d'une économie stricte visant à la rareté ; hantise des malheurs individuels ou des maux collectifs qui peuvent être suscités par un dérèglement de la conduite sexuelle ; nécessité d'une maîtrise rigoureuse des désirs, d'une lutte contre les images et d'une annulation du plaisir comme fin des rapports sexuels. Ces analogies ne sont pas des ressemblances lointaines. Des continuités peuvent être repérées. Certaines sont

1. G. CANGUILHEM, *Études d'histoire et de philosophie des sciences*, pp. 337-338.

indirectes et passent par le relais des doctrines philosophiques : la règle du plaisir qui ne doit pas être une fin
a transité sans doute dans le christianisme plus par les
philosophes que par les médecins. Mais il a aussi des
continuités directes ; le traité de Basile d'Ancyre sur la
virginité — son auteur passe d'ailleurs pour avoir été
médecin — se réfère à des considérations manifestement
médicales. Saint Augustin se sert de Soranus dans sa
polémique contre Julien d'Ecbane. Il ne faut pas oublier
non plus les rappels explicites de la médecine latine et
grecque, qui ont été faits au XVIIIe siècle et dans la première moitié du XIXe, à l'époque d'un nouveau grand
développement de la pathologie du sexe.

À ne retenir que ces traits communs, on peut avoir
l'impression que l'éthique sexuelle attribuée au christianisme ou même à l'Occident moderne était déjà en
place, au moins pour certains de ses principes essentiels,
à l'époque où culminait la culture gréco-romaine. Mais
ce serait méconnaître des différences fondamentales qui
touchent au type de rapport à soi et donc à la forme
d'intégration de ces préceptes dans l'expérience que le
sujet fait de lui-même.

Pour ce chapitre, j'ai utilisé aussi l'ouvrage de Jackie
Pigeaud, *La Maladie de l'âme. Étude sur la relation de
l'âme et du corps dans la tradition médico-philosophique antique*, Paris, Les Belles Lettres, 1981.

CHAPITRE V

La femme

I. LE LIEN CONJUGAL
II. LA QUESTION DU MONOPOLE
III. LES PLAISIRS DU MARIAGE

Les grands textes classiques où il était question du mariage — l'*Économique* de Xénophon, la *République* ou les *Lois* de Platon, la *Politique* et l'*Éthique à Nicomaque*, l'*Économique* du Pseudo-Aristote — inscrivaient la réflexion sur les relations conjugales dans un cadre large : la cité, avec les lois ou les coutumes nécessaires à sa survie et à sa prospérité, la maisonnée avec l'organisation qui permet son maintien ou son enrichissement. De cette subordination du mariage à des utilités civiques ou familiales, il ne faudrait pas conclure que le mariage était conçu en lui-même comme un lien sans importance et qui n'aurait d'autre valeur que de procurer aux États et aux familles une descendance profitable. On a vu quels préceptes exigeants Xénophon, Isocrate, Platon ou Aristote imposaient aux époux pour bien se conduire dans le mariage ; le privilège auquel l'épouse avait droit, la justice qu'on lui devait, le soin mis à lui donner l'exemple et à la former : tout cela suggérait un mode de relations qui allait bien au-delà des seules fonctions génératrices. Mais le mariage exigeait un style particulier de conduite dans la mesure surtout où l'homme marié était un chef de famille, un citoyen honorable ou un homme qui prétendait exercer sur les autres un pouvoir à la fois politique et moral ; et dans cet art d'être marié, c'était la nécessaire maîtrise de soi qui devait donner sa forme particulière au comportement de l'homme sage, modéré et juste.

L'éthique du comportement matrimonial apparaît sous un jour assez différent dans une série de textes qui s'échelonnent des deux premiers siècles avant J.-C. jusqu'au second siècle de notre ère, tout au long de cette période où on a pu constater un certain changement dans la pratique du mariage ; on a ainsi le *Peri gamou* d'Antipater, la traduction latine d'un texte grec qu'on a représenté longtemps comme la dernière partie de l'*Économique* du Pseudo-Aristote, les différents passages de Musonius consacrés au mariage, les *Préceptes conjugaux* de Plutarque et son *Dialogue sur l'Amour*, le traité du mariage de Hiéroclès, sans compter les indications qu'on peut trouver chez Sénèque ou Épictète, et dans certains textes pythagoriciens[1].

Faut-il dire que le mariage est devenu alors une question plus insistante et plus souvent débattue que par le passé ? Doit-on supposer que le choix de la vie matrimoniale et la manière de s'y conduire comme il faut ont suscité à cette époque plus d'inquiétude et qu'on les a problématisés avec plus de soin ? Il n'est guère possible, sans doute, de donner une réponse en termes quantitatifs. Il semble bien, en revanche, que l'art de mener la vie de mariage a été réfléchi et défini dans plusieurs textes importants sur un mode relativement neuf. Une première nouveauté paraît consister en ceci que l'art de

---

1. H. THESLEFF, *An Introduction to the Pythagorean Writings of the Hellenistic Period*, et *The Pythagorean Texts of the Hellenistic Period*.

l'existence matrimoniale, tout en continuant à concerner la maisonnée, sa gestion, la naissance et la procréation des enfants, valorise de plus en plus un élément particulier au milieu de cet ensemble : la relation personnelle entre les deux époux, le lien qui peut les unir, leur comportement à l'égard l'un de l'autre ; et cette relation, plutôt que d'emprunter son importance aux autres exigences de la vie d'un maître de maison, semble être considérée comme l'élément premier et fondamental autour duquel tous les autres s'organisent, dont ils dérivent et auquel ils doivent leur force. En somme l'art de se conduire dans le mariage se définirait moins par une technique de gouvernement et davantage par une stylistique du lien individuel. La seconde nouveauté résiderait dans le fait que le principe de modération de la conduite chez un homme marié se situe dans les devoirs de la réciprocité mieux que dans la maîtrise sur les autres ; ou plutôt, dans le fait que la souveraineté de soi sur soi se manifeste de plus en plus dans la pratique des devoirs à l'égard des autres et surtout d'un certain respect à l'égard de l'épouse ; l'intensification du souci de soi va de pair ici avec la valorisation de l'autre ; la façon nouvelle dont la question de la « fidélité » sexuelle est parfois formulée témoigne de ce changement. Enfin, et c'est ce qui est le plus important ici, cet art du mariage dans la forme du lien et de la symétrie fait une place relativement plus importante aux problèmes des relations sexuelles entre époux ; ces problèmes sont toujours traités de manière discrète et assez allusive ; il n'en demeure pas moins qu'on trouve, chez des auteurs comme Plutarque, la préoccupation de définir pour les époux une certaine manière de faire et de se conduire dans les rapports de plaisir ; l'intérêt pour la procréation s'y combine avec d'autres significations et d'autres valeurs qui concernent l'amour, l'affection, la bonne entente et la sympathie mutuelle.

Encore une fois, on ne prétend pas que de tels comportements ou de tels sentiments étaient inconnus à l'époque classique et qu'ils sont apparus par la suite : établir des changements de cet ordre demanderait une tout autre documentation et des analyses bien différentes. Mais il semble bien — si on en croit les textes dont on dispose — que ces attitudes, ces manières de se comporter, ces façons d'agir et de sentir sont devenues alors des thèmes de problématisation, des objets de débat philosophique et les éléments d'un art réfléchi de se conduire[1]. Une stylistique de l'existence à deux se dégage des préceptes traditionnels de la gestion matrimoniale : on la repère assez bien dans un art du lien conjugal, dans une doctrine du monopole sexuel, dans une esthétique enfin des plaisirs partagés.

---

1. M. MESLIN, *L'Homme romain, des origines au Iᵉʳ siècle de notre ère*, pp. 143-163.

1

LE LIEN CONJUGAL

À travers plusieurs de ces réflexions sur le mariage, et singulièrement à travers les textes stoïciens des deux premiers siècles, on voit s'élaborer un certain modèle de relation entre époux. Non pas qu'on se propose d'imposer au mariage des formes institutionnelles inédites, ou qu'on suggère de l'inscrire dans un cadre légal différent. Mais, sans mettre en question les structures traditionnelles, on cherche à définir un mode de coexistence entre mari et femme, une modalité de rapports entre eux et une manière de vivre ensemble qui sont assez différents de ce qui était proposé dans les textes classiques. Quitte à schématiser beaucoup et en employant un vocabulaire un peu anachronique, on pourrait dire que le mariage n'est plus pensé seulement comme une « forme matrimoniale » fixant la complémentarité des rôles dans la gestion de la maison, mais aussi et surtout comme « lien conjugal » et rapport personnel entre l'homme et la femme. Cet art de vivre marié définit une relation *duelle* dans sa forme, *universelle* dans sa valeur et *spécifique* dans son intensité et dans sa force.

1) *Une relation duelle.* S'il est une chose conforme à la nature *(kata phusin)*, c'est bien de se marier, dit Musonius Rufus[1]. Et pour expliquer que le discours qu'il entreprend sur le mariage est tout ce qu'il y a de plus nécessaire, Hiéroclès avance que c'est la nature qui porte notre espèce à une telle forme de communauté[2].

Ces principes ne faisaient que reprendre une leçon tout à fait traditionnelle. La naturalité du mariage, si elle était contestée par certaines écoles philosophiques, et chez les cyniques en particulier, avait été couramment fondée sur une série de raisons : la rencontre indispensable du mâle et de la femelle pour la procréation ; la nécessité de prolonger cette conjonction en une liaison stable pour assurer l'éducation de la progéniture ; l'ensemble des secours, commodités et agréments que peut apporter la vie à deux, avec ses services et ses obligations ; enfin la formation de la famille comme l'élément de base pour la cité. Par la première de ces fonctions, l'union de l'homme et de la femme relevait d'un principe qui est commun à tous les animaux ; et, par les autres, elle marquait les formes d'une existence qui était en général considérée comme proprement humaine et raisonnable.

Ce thème classique que le mariage est chose naturelle par son double apport à la procréation et à la communauté de vie, les stoïciens de l'époque impériale le reprennent, mais en le transformant de façon significative.

Musonius d'abord. On peut relever dans ses formulations un certain déplacement d'accent de l'objectif « procréateur » à la finalité « communautaire ». Un passage

---

1. MUSONIUS RUFUS, *Reliquiae*, éd. Hense, XIV, p. 71. Cf. C. Lutz, « Musonius Rufus », *Yale Classical Studies*, t. X, 1947, pp. 87-100.
2. HIÉROCLÈS, *Peri gamou*, in STOBÉE, *Florilège*, 21, 17.

du traité *Sur la fin du mariage* est révélateur[1]. Il s'ouvre
sur la dualité des buts du mariage : une descendance à
obtenir, une vie à partager. Mais Musonius ajoute aussitôt que la procréation peut bien être une chose importante, elle ne saurait par elle-même justifier le mariage.
Évoquant une objection faite souvent par les cyniques, il
rappelle que les humains, s'il ne s'agissait que d'avoir
une progéniture, pourraient bien faire comme les animaux : s'unir et aussitôt se séparer. S'ils ne le font pas,
c'est que l'essentiel est pour eux la communauté : un
compagnonnage de vie où on échange des soins réciproques, où on rivalise d'attention et de bienveillance
l'un pour l'autre, et où les deux conjoints peuvent être
comparés aux deux bêtes d'un attelage, qui n'avance pas
si elles regardent chacune de son côté. Il serait inexact
de dire que Musonius donne la préférence aux relations
d'aide et de secours sur l'objectif d'une descendance.
Mais ces objectifs ont à s'inscrire dans une forme unique
qui est celle de la vie commune ; la sollicitude qu'on se
témoigne mutuellement et la progéniture qu'on élève
ensemble sont deux aspects de cette forme essentielle.

Musonius indique dans un autre passage comment
cette forme d'unité a été inscrite par la nature en chaque
individu. Le traité *Sur le mariage comme obstacle à la
philosophie*[2] évoque le partage originaire opéré dans le
genre humain entre hommes et femmes. Musonius s'interroge sur le fait qu'après avoir séparé les deux sexes, le
créateur a voulu les rapprocher. Or, il les a rapprochés,
note Musonius, en implantant en chacun d'eux un « violent désir », un désir qui est à la fois de « conjonction » et

1. MUSONIUS RUFUS, *Reliquiae*, XIII A, pp. 67-68.
2. *Ibid.*, XIV, pp. 70-71.

d'« union » — *homilia* et *koinōnia*. Les deux termes semblent bien le premier se référer au rapport sexuel, le second à la communauté de vie. Il faut donc comprendre qu'il y a un certain désir fondamental et originaire chez l'être humain, et que ce désir porte aussi bien sur le rap-. prochement physique que sur le partage de l'existence. Thèse qui a cette double conséquence : que l'extrême vivacité du désir ne caractérise pas seulement le mouvement qui porte à la conjonction des sexes, mais aussi celui qui tend au partage des vies ; inversement, que le rapport entre les sexes fait partie du même plan rationnel que les relations qui lient par l'intérêt, l'affection et la communauté des âmes, deux individus entre eux. C'est la même inclination naturelle qui porte avec une intensité égale et une rationalité de même type au couplage des existences et à la jonction des corps.

Le mariage pour Musonius n'est donc pas fondé parce qu'il se trouverait au point d'intersection de deux penchants hétérogènes : l'un physique et sexuel, l'autre raisonnable et social. Il est enraciné dans une tendance primitive et unique qui porte directement vers lui, comme fin essentielle, et donc à travers lui, vers ses deux effets intrinsèques : formation d'une descendance commune et compagnonnage de vie. On comprend que Musonius puisse dire que rien n'est plus désirable *(prosphilesteron)* que le mariage. La naturalité de celui-ci n'est pas due aux seules conséquences qu'on peut tirer de sa pratique ; elle s'annonce dès l'existence d'un penchant qui originairement le constitue comme objectif souhaitable.

Hiéroclès, d'une façon assez semblable, fonde le mariage sur la nature en quelque sorte « binaire » de l'homme. Pour lui, les humains sont des animaux « conjugaux » *(sunduastikoi[1]).* La notion se trouvait chez les naturalistes : ceux-ci distinguaient les animaux vivant en troupeaux (ils sont *sunagelastikoi*) et ceux qui vivent en couple (ils sont *sunduastikoi*). Platon s'était d'ailleurs référé, dans un passage des *Lois*, à cette distinction : il recommandait aux humains l'exemple de ces animaux qui sont chastes tant qu'ils vivent en bande mais se mettent en couples et deviennent bêtes « conjugales » lorsque vient la saison des amours. Aristote, également, avait évoqué dans la *Politique* le caractère « syndyastique » de l'homme, pour désigner les relations du maître avec l'esclave aussi bien que celles des époux[2].

Hiéroclès utilise la notion à des fins différentes. Il la rapporte exclusivement à la relation conjugale, qui aurait là son principe et trouverait ainsi le fondement de sa naturalité. L'être humain, selon lui, est binaire par constitution ; il est fait pour vivre à deux, dans une relation qui, tout à la fois, lui donne une descendance et lui permet de passer sa vie avec un partenaire. Pour Hiéroclès comme pour Musonius, la nature ne se contente pas de faire place au mariage ; elle y incite les individus par une inclination primordiale ; elle y pousse chacun comme elle y pousse le sage lui-même. La nature et la raison coïncident dans le mouvement qui pousse au mariage. Mais il faut noter en outre que Hiéroclès n'oppose pas, comme s'il s'agissait de deux possibilités incompatibles l'une avec l'autre, le caractère syndyastique de l'être humain, qui le fait vivre en couple, et le caractère « synagélastique », qui le fait vivre en troupeau. Les humains sont faits pour vivre par deux et pour vivre aussi en une

---

1. HIÉROCLÈS, in STOBÉE, *Florilège*, 22.
2. ARISTOTE, *Politique*, I, 2, 1252 a. Il emploie aussi le mot à propos de la relation du mari et de la femme dans l'*Éthique à Nicomaque*, VIII, 12.

multiplicité. L'homme est conjugal et social à la fois : la relation duelle et la relation plurielle sont liées. Hiéroclès explique qu'une cité est faite de maisons qui en constituent les éléments ; mais que, dans chacune, c'est le couple qui constitue à la fois le principe et l'achèvement ; si bien qu'une maison n'est complète que si elle est organisée autour du couple. On trouve donc la dualité conjugale tout au long de l'existence humaine et dans tous ses aspects : dans la constitution originaire que lui a donnée la nature ; dans les devoirs qui s'imposent à l'homme en tant qu'il est une créature de raison ; dans la forme de vie sociale qui le lie à la communauté humaine dont il fait partie. Comme animal, comme vivant raisonnable et comme individu que sa raison lie au genre humain, l'homme est, de toute façon, un être conjugal.

2. *Une relation universelle.* Longtemps, la question de savoir s'il fallait ou non se marier avait été, dans la réflexion sur les manières de vivre, un objet de discussion. Avantages et inconvénients du mariage, utilité d'avoir une épouse légitime et de se doter grâce à elle d'une descendance honorable, soucis et troubles en revanche lorsqu'on doit supporter sa femme, surveiller ses enfants, subvenir à leurs besoins et affronter parfois leur maladie ou leur mort — c'étaient là les thèmes inusables d'un débat parfois sérieux, parfois ironique, et toujours répétitif. Les échos s'en feront entendre très tard dans l'Antiquité. Épictète et Clément d'Alexandrie, l'auteur des *Amours* attribués au Pseudo-Lucien, ou Libanios dans le traité *Ei gamēteon*, puiseront dans cet argumentaire qui ne s'était guère renouvelé au cours des siècles. Les épicuriens et les cyniques étaient en principe

opposés au mariage. Dès l'origine, il semble bien que les stoïciens lui étaient au contraire favorables[1]. En tout cas, la thèse qu'il convient de se marier semble être devenue très courante dans le stoïcisme et tout à fait caractéristique de sa morale individuelle et sociale. Mais ce qui fait l'importance, pour l'histoire de la morale, de la position stoïcienne, c'est qu'elle ne se formule pas comme une simple préférence pour le mariage en raison de ses avantages et en dépit de ses inconvénients ; se marier, pour Musonius, Épictète ou Hiéroclès ne relève pas d'un « valoir mieux » ; il est un devoir. Le lien matrimonial est de règle universelle. Ce principe général s'appuie sur deux types de réflexion. L'obligation de se marier est d'abord pour les stoïciens la conséquence directe du principe que le mariage a été voulu par la nature et que l'être humain est conduit vers lui par une impulsion qui, étant à la fois naturelle et raisonnable, est la même chez tous. Mais elle est aussi impliquée à titre d'élément dans l'ensemble des tâches et devoirs auxquels l'être humain ne doit pas se dérober, dès lors qu'il se reconnaît comme membre d'une communauté et partie du genre humain : le mariage est l'un de ces devoirs par lesquels l'existence particulière prend valeur pour tous.

La discussion d'Épictète avec un épicurien montre clairement cette reconnaissance du mariage comme devoir universel pour tout être humain qui veut vivre conformément à la nature et comme fonction pour l'individu qui entend mener une vie d'utilité pour ceux qui l'entourent et pour l'humanité en général. L'épicurien que réfute Épictète dans l'entretien 7 du livre III est un notable ; il

---

1. Cf. Diogène Laërce, *Vie des Philosophes*, VII, 1, 121.

exerce des charges; il est «inspecteur des cités»; mais, par fidélité à ses principes philosophiques, il refuse le mariage. À quoi Épictète rétorque par trois arguments. Le premier se réfère à l'utilité immédiate et à l'impossibilité d'universaliser la renonciation au mariage : si chacun refuse de se marier, «que s'ensuivra-t-il? D'où proviendront les citoyens? Qui les élèvera? Qui surveillera les éphèbes? Qui sera gymnasiarque? Et encore, quelle sera leur éducation[1]?» Le second argument se réfère aux obligations sociales auxquelles nul homme ne doit se dérober et dont le mariage fait partie à côté des devoirs qui concernent la vie politique, la religion et la famille : «Remplir son rôle de citoyen, se marier, avoir des enfants, honorer Dieu, prendre soin de ses parents[2].» Enfin, le troisième se rapporte à la naturalité d'une conduite à laquelle la raison prescrit de se soumettre : «Que le plaisir soit subordonné à ces devoirs comme un ministre, une servante, afin de provoquer notre ardeur, afin de nous contenir dans des actes conformes à la nature[3].»

On le voit : le principe d'avoir à se marier est détaché du jeu comparatif entre les avantages et les ennuis du mariage; il s'exprime comme l'exigence pour tous d'un choix de vie qui se donne la forme de l'universel parce que conforme à la nature et utile à tous. Le mariage lie l'homme à lui-même, en tant qu'il est être naturel et membre du genre humain. Épictète le dit à son interlocuteur épicurien, au moment de lui donner congé : à ne pas faire ce que Zeus prescrit, «tu subiras une peine, un dommage. — Quel dommage? — Pas d'autre que celui

1. ÉPICTÈTE, *Entretiens*, III, 7, 19-20.
2. *Ibid.*, 26.
3. *Ibid.*, 28.

de n'avoir pas fait ton devoir. Tu détruis en toi l'homme fidèle, digne, modéré. Ne va pas chercher de dommages plus importants que ceux-là [1] ».

Toutefois, il en est du mariage comme de toutes les autres conduites que les stoïciens classaient parmi les *proēgoumena*, les choses préférables. Il peut se produire des circonstances où il n'est pas obligatoire. C'est ce que dit Hiéroclès : « Se marier est préférable *(proēgoumenon)* ; il est donc pour nous un impératif si ne vient s'y opposer aucune circonstance [2]. » C'est précisément dans ce rapport entre l'obligation de se marier et la conjoncture que se marquait la différence entre les stoïciens et les épicuriens ; pour ceux-ci, nul n'était tenu à se marier, sauf circonstance qui pouvait rendre souhaitable cette forme d'union ; pour les premiers, seules des circonstances particulières pouvaient suspendre une obligation à laquelle en principe on ne saurait se dérober.

Parmi ces circonstances, il en est une qui fut long-temps objet de discussion : c'était le choix de l'existence philosophique. Que le mariage du philosophe ait été, depuis l'âge classique, un thème de débat peut s'expliquer par plusieurs raisons : l'hétérogénéité de ce type de vie par rapport aux autres formes d'existence ; ou encore l'incompatibilité entre l'objectif du philosophe (le soin de sa propre âme, la maîtrise de ses passions, la recherche de la tranquillité d'esprit) et ce qui est traditionnellement décrit comme l'agitation et les troubles de la vie de mariage. Bref, il paraissait difficile de concilier le style caractéristique de la vie philosophique et les exigences d'un mariage défini surtout par ses charges.

1. *Ibid.*, 36.
2. HIÉROCLÈS, in STOBÉE, *Florilège*, 22.

Deux textes importants montrent cependant une tout autre façon non seulement de résoudre la difficulté mais de poser les données mêmes du problème.

Musonius est l'auteur du plus ancien. Il y retourne la question d'une incompatibilité pratique entre la vie de mariage et l'existence philosophique et il lui substitue l'affirmation d'un lien d'appartenance essentielle entre l'une et l'autre[1]. Qui veut être philosophe, dit-il, doit se marier. Il le doit parce que la fonction première de la philosophie est de permettre de vivre en se conformant à la nature et en accomplissant tous les devoirs qui découlent de cette nature ; il prend pour « maître et guide » ce qui convient à l'être humain conformément à la nature. Mais il le doit aussi plus encore que quiconque ; car le rôle du philosophe n'est pas simplement de vivre selon la raison ; il doit être pour tous les autres un exemple de cette vie raisonnable et un maître qui y conduit. Le philosophe ne saurait être inférieur à ceux qu'il doit conseiller et guider. S'il se dérobait au mariage, il se montrerait inférieur à tous ceux qui, obéissant à la raison et suivant la nature, pratiquent, par souci d'eux-mêmes et des autres, la vie matrimoniale. Celle-ci, loin d'être incompatible avec la philosophie, constitue pour elle une obligation redoublée : vis-à-vis de soi-même, c'est le devoir de donner à son existence une forme universellement valable, c'est vis-à-vis des autres la nécessité de leur offrir un modèle de vie.

On pourrait être tenté d'opposer à cette analyse celle que propose Épictète lorsqu'il fait le portrait idéal du cynique, de celui qui fait profession de philosopher, qui doit être le pédagogue commun, le héraut de la vérité, le

1. Musonius Rufus, *Reliquiae*, XIV, p. 70.

messager de Zeus auprès des humains, montant sur la scène pour interpeller les hommes et leur reprocher leur manière de vivre. Celui-là ne saurait avoir « ni vêtements, ni abri, ni foyer », « ni esclave ni patrie », « ni ressources ». Il n'a non plus « ni femme ni enfants », mais « la terre seule et le ciel et un seul vieux manteau[1] ». Du mariage et de ses inconvénients, Épictète dresse d'ailleurs un tableau familier. Il est conforme, dans sa verve banale, à ce qu'on avait dit pendant si longtemps des « ennuis du ménage » qui troublent l'âme et détournent de la réflexion ; marié, on est tenu par des « devoirs privés » : on doit faire chauffer l'eau de la marmite, accompagner les enfants à l'école, rendre service à son beau-père, procurer à sa femme la laine, l'huile, un grabat et un gobelet[2]. Au premier regard, il ne s'agit là que de la longue liste des obligations qui encombrent le sage et l'empêchent de s'occuper de lui-même. Mais la raison pour laquelle le cynique idéal doit, selon Épictète, renoncer à se marier, ce n'est pas la volonté de réserver ses soins à lui-même et à lui seul ; c'est au contraire parce qu'il a pour mission de s'occuper des humains, de veiller sur eux, d'être leur « évergète » ; c'est parce qu'à la manière d'un médecin, il doit « faire sa tournée » et « tâter le pouls de tout le monde[3] » ; retenu par les charges d'une maison (même et peut-être surtout de ce ménage pauvre que décrit Épictète), il n'aurait pas le loisir de vaquer à une tâche qui englobe l'humanité tout entière. Sa renonciation à tous ses liens privés n'est que la conséquence des liens qu'il établit, en tant que philosophe, avec le genre humain ; il n'a pas de famille parce

1. ÉPICTÈTE, *Entretiens*, III, 22, 47.
2. *Ibid.*, 70-71.
3. *Ibid.*, 73.

que sa famille, c'est l'humanité ; il n'a pas d'enfants parce que, d'une certaine façon, il a engendré tous les hommes et toutes les femmes. Il faut donc bien comprendre : c'est la charge de l'universelle famille qui détourne le cynique de se consacrer à un ménage particulier.

Mais Épictète ne s'en tient pas là : à cette incompatibilité, il fixe une limite : celle de la situation présente, de ce qu'il appelle l'actuelle « catastase » du monde. Si en effet, nous nous trouvions dans une cité de sages, il n'y aurait plus besoin de ces hommes qui sont envoyés par les dieux et qui, se dépouillant eux-mêmes de tout, se lèvent pour éveiller les autres à la vérité. Tout le monde serait philosophe : le cynique et sa rude profession seraient inutiles. D'autre part, le mariage, en cet état de choses, ne poserait pas le même genre de difficultés qu'aujourd'hui, dans la forme présente de l'humanité ; chaque philosophe pourrait trouver dans sa femme, dans son beau-père, dans ses enfants, des gens identiques à lui et élevés comme lui[1]. La relation conjugale mettrait le sage en présence d'un autre lui-même. Il faut donc considérer que le refus de mariage pour le philosophe militant ne se réfère pas à une condamnation essentielle ; il ne relève que d'une nécessité de circonstance ; le célibat du philosophe n'aurait qu'à disparaître si tous les humains étaient en état de mener une existence conforme à leur nature essentielle.

3. *Une relation singulière.* Les philosophes de l'époque impériale n'ont évidemment pas inventé la dimension affective du rapport conjugal ; tout comme ils n'en ont

1. *Ibid.*, 67-68.

pas effacé les composantes d'utilité, dans la vie individuelle, familiale ou civique. Mais à ce rapport et à la
manière dont il établit un lien entre les époux, ils enten-
dent donner une forme et des qualités particulières.

Aristote accordait beaucoup d'importance et de force
au rapport entre époux. Mais lorsqu'il analysait les liens
qui attachent les humains entre eux, c'est aux relations
de sang qu'il semblait donner le privilège : nul, selon lui,
n'était plus intense que celui des parents à l'égard des
enfants, où ils pouvaient reconnaître comme une partie
d'eux-mêmes[1]. La hiérarchie que propose Musonius
dans le traité sur *Le mariage comme obstacle à la philosophie* est différente. De toutes les communautés qui
peuvent s'établir entre les humains, Musonius désigne
celle du mariage comme la plus haute, la plus importante et la plus vénérable *(presbutatē)*. Par sa force, elle
l'emporte sur celle qui peut unir un ami à un ami, un
frère à un frère, un fils à ses parents. Elle l'emporte
même — là est le point décisif — sur le lien qui attache
les parents à leur progéniture. Aucun père, aucune mère,
écrit Musonius, n'aura plus d'amitié pour son enfant
que pour son conjoint ; et il cite l'exemple d'Admète :
qui donc a accepté de mourir pour lui ? Non pas ses
vieux parents, mais son épouse Alceste, qui était jeune
pourtant[2].

Ainsi pensé comme rapport plus fondamental et plus
étroit que tout autre, le lien conjugal sert à définir tout un
mode d'existence. La vie matrimoniale avait été caractérisée par une répartition des tâches et des comportements
dans la forme de la complémentarité ; l'homme avait à

---

1. ARISTOTE, *Éthique à Nicomaque*, VIII, 12.
2. MUSONIUS RUFUS, *Reliquiae*, XIV, pp. 74-75.

faire ce que la femme ne pouvait accomplir, et elle, de son côté, effectuait la besogne qui n'était pas du ressort de son mari ; c'est l'identité de l'objectif (la prospérité de la maisonnée) qui donnait unité à ces activités et à des modes de vie, par définition différents. Cet ajustement des rôles spécifiques ne disparaît pas des préceptes de vie qu'on peut donner aux gens mariés : Hiéroclès fait référence, dans son *Économique*[1], à des règles identiques à celles qu'on trouvait chez Xénophon. Mais derrière cette répartition des comportements qui concernent la maison, les biens et le patrimoine, on voit s'affirmer l'exigence d'une vie partagée et d'une existence commune. L'art d'être marié n'est pas simplement pour les époux une manière raisonnée d'agir, chacun de son côté, en vue d'une fin que les deux partenaires reconnaissent et où ils se rejoignent ; c'est une façon de vivre en couple et de n'être qu'un ; le mariage appelle un certain style de conduite où l'un et l'autre des deux conjoints mène sa vie comme une vie à deux et où, ensemble, ils forment une existence commune.

Ce style d'existence se marque d'abord par un certain art d'être ensemble. Pour ses affaires l'homme doit être hors de chez lui, tandis que la femme doit demeurer à la maison Mais les bons époux désireront se rejoindre et ne rester séparés que le moins possible. La présence de l'autre, le face-à-face, la vie côte à côte sont présentés non pas simplement comme des devoirs, mais comme une aspiration caractéristique du lien qui doit réunir les époux. Ils peuvent bien avoir chacun leur rôle ; ils ne sauraient se passer l'un de l'autre. Musonius souligne le besoin que les époux dans un bon mariage éprouvent de

---

1. HIÉROCLÈS, in STOBÉE, *Florilège*, 21.

demeurer ensemble. Il fait même de la difficulté à se séparer le critère de leur amitié singulière : aucune absence, dit-il, n'est aussi difficile à supporter que pour la femme celle du mari, et pour le mari celle de la femme ; aucune présence n'a un tel pouvoir pour alléger le chagrin, augmenter la joie, porter remède à l'infortune[1]. La présence de l'autre est au cœur de la vie de mariage. Rappelons-nous Pline décrivant à sa femme absente les nuits et les jours qu'il passe à la chercher en vain, et à évoquer son visage pour susciter auprès de lui une quasi-présence[2].

Art d'être ensemble, art aussi de parler. Certes, l'*Économique* de Xénophon décrivait un certain modèle d'échange entre les deux époux : le mari avait surtout à guider, à donner des conseils, à faire la leçon, à diriger en dernière instance son épouse dans son activité de maîtresse de maison ; la femme, elle, avait à interroger sur ce qu'elle ne savait point et à rendre compte de ce qu'elle avait pu faire. Les textes plus tardifs suggèrent un autre mode de dialogue conjugal, avec d'autres fins. Chacun des deux époux, d'après Hiéroclès, doit rapporter à l'autre ce qu'il a fait ; la femme dira à son mari ce qui se passe à la maison, mais elle devra aussi s'enquérir auprès de lui de ce qui se passe au-dehors[3]. Pline aime que Calpurnia se tienne au courant de son activité publique, qu'elle l'encourage et se réjouisse de ses succès — ce qui était depuis longtemps traditionnel dans les grandes familles romaines. Mais il l'associe directement à son travail et en retour le goût qu'elle a pour les belles-lettres lui est inspiré par la tendresse qu'elle éprouve

1. Musonius Rufus, *Reliquiae*, XIV, pp. 73-74.
2. Pline, *Lettres*, VII, 5.
3. Hiéroclès, in Stobée, *Florilège*, 24.

pour son mari. Il fait d'elle le témoin et le juge de ses travaux littéraires : elle lit ses œuvres, écoute ses discours et recueille avec plaisir les compliments qu'elle peut entendre. Ainsi, c'est ce qu'espère Pline, l'affection réciproque, la *concordia*, sera perpétuelle et de jour en jour elle deviendra plus forte[1].

De là, l'idée que la vie de mariage doit aussi être l'art de constituer à deux une unité nouvelle. On se souvient comment Xénophon avait distingué les qualités différentes dont la nature avait doté l'homme et la femme, pour qu'ils puissent exercer dans la maison leurs responsabilités respectives; ou encore comment Aristote accordait à l'homme la possibilité de pousser, jusqu'à la perfection, des vertus qui chez la femme restaient toujours inférieures et justifiaient sa subordination. Aux deux sexes, en revanche, les stoïciens accordaient sinon des aptitudes identiques, du moins une égale capacité à la vertu. Le bon mariage, selon Musonius, repose sur l'*homonoia*; mais par là il ne faut pas comprendre seulement une similitude de pensée entre les deux partenaires; il s'agit plutôt d'une identité dans la manière d'être raisonnable, dans l'attitude morale et dans la vertu. C'est une véritable unité éthique que le couple doit constituer dans la vie de mariage. Cette unité, Musonius la décrit comme le résultat de l'ajustement de deux pièces dans une charpente; il faut qu'elles soient l'une et l'autre tout à fait droites pour constituer un ensemble solide[2]. Mais pour caractériser l'unité substantielle que doit former le couple, il arrive qu'on ait recours à une autre métaphore, beaucoup plus forte que

1. PLINE, *Lettres*, IV, 19.
2. MUSONIUS RUFUS, *Reliquiae*, XIII B, pp. 69-70.

celle des pièces ajustées l'une à l'autre. Celle d'une fusion intégrale, la *di'holōn krasis*, selon une notion empruntée à la physique stoïcienne.

Le traité d'Antipater avait déjà eu recours à ce modèle pour opposer l'affection conjugale aux autres formes d'amitié[1]. Il décrivait celles-ci comme des combinaisons où les éléments restent indépendants les uns des autres, comme les grains qu'on mêle et qui peuvent être séparés à nouveau : le terme de *mixis* désigne ce type de mélange par juxtaposition. En revanche, le mariage doit être de l'ordre de la fusion totale, comme celle qu'on peut observer entre le vin et l'eau, formant par leur mélange un nouveau liquide. Cette même notion de « crase » matrimoniale se retrouve chez Plutarque, dans le trente-quatrième des *Préceptes conjugaux* : elle y est utilisée pour distinguer trois types de mariage et pour les hiérarchiser les uns par rapport aux autres. Il y a les mariages qui ne sont contractés que pour les plaisirs du lit : ils appartiennent à la catégorie de ces mélanges qui juxtaposent des éléments séparés dont chacun garde son individualité. Il y a les mariages qui sont conclus pour des raisons d'intérêt ; ils sont comme ces combinaisons où les éléments forment une unité nouvelle et solide, mais peuvent toujours être dissociés les uns des autres : ainsi celle qui est constituée par les pièces d'une charpente. Quant à la fusion totale — la « crase » qui assure la formation d'une unité nouvelle que rien ne peut plus défaire — seuls les mariages d'amour où les époux sont liés par l'amour peuvent la réaliser[2].

1. Antipater, in Stobée, *Florilège*, 25.
2. Plutarque, *Préceptes conjugaux*, 34 (142 e-143 a). Le précepte 20 (140 e-141 a) compare aussi le bon mariage à une corde qui se trouve renforcée par l'entrecroisement des fils.

À eux seuls ces quelques textes ne sauraient représenter ce qu'a été la pratique du mariage aux premiers siècles de notre ère, ni même résumer les débats théoriques auxquels elle a pu donner lieu. Il faut les prendre dans ce qu'ils ont de partiel, de propre à certaines doctrines et de particulier sans doute à quelques milieux assez restreints. Mais on y voit bien, ne serait-ce que par fragments, l'esquisse d'un « modèle fort » de l'existence conjugale. Dans ce modèle le rapport à l'autre, qui apparaît comme le plus fondamental, n'est ni la relation du sang ni celle de l'amitié; c'est le rapport entre un homme et une femme quand il s'organise dans la forme institutionnelle du mariage et dans la vie commune qui se superpose à elle. Le système familial ou le réseau des amitiés ont sans doute gardé une grande part de leur importance sociale; mais, dans l'art de l'existence, ils perdent un peu de leur valeur par rapport au lien qui attache deux personnes de sexe différent. Un privilège naturel, à la fois ontologique et éthique, est accordé, aux dépens de tous les autres, à cette relation duelle et hétérosexuelle.

On comprend dans ces conditions ce qui a été sans doute un des traits les plus particuliers dans cet art d'être marié; c'est que l'attention à soi et le soin de la vie à deux ont pu être associés étroitement. Si le rapport à une femme qui est « la femme », « l'épouse » est essentiel à l'existence, si l'être humain est un individu conjugal dont la nature s'accomplit dans la pratique de la vie partagée, il ne saurait y avoir d'incompatibilité essentielle et première entre le rapport qu'on établit à soi et la relation qu'on instaure à l'autre. L'art de la conjugalité fait partie intégrante de la culture de soi.

Mais celui qui se préoccupe de lui-même ne doit pas

seulement se marier ; il doit donner à sa vie de mariage une forme réfléchie et un style particulier. Ce style, avec la modération qu'il exige, n'est pas défini par la seule maîtrise de soi et par le principe qu'il faut se gouverner soi-même pour pouvoir diriger les autres ; il se définit aussi par l'élaboration d'une certaine forme de réciprocité ; dans le lien conjugal qui marque si fortement l'existence de chacun, le conjoint, en tant que partenaire privilégié, doit être traité comme un être identique à soi et comme un élément avec lequel on forme une unité substantielle. Tel est le paradoxe de cette thématique du mariage dans la culture de soi, telle que l'a développée toute une philosophie : la femme-épouse y est valorisée comme l'autre par excellence ; mais le mari doit la reconnaître aussi comme formant unité avec soi. Par rapport aux formes traditionnelles des relations matrimoniales, le changement était considérable.

LA QUESTION DU MONOPOLE

On pourrait s'attendre que les traités de vie matrimoniale accordent un rôle important au régime des rapports sexuels qui doivent s'établir entre les époux. En fait, la place qui leur y est réservée est relativement limitée : comme si l'objectivation de la relation conjugale avait précédé, et de loin, l'objectivation des rapports sexuels qui s'y déroulent ; comme si toute l'application qu'il convient d'apporter à la vie à deux laissait encore dans une région d'ombre la question du sexe conjugal.

Discrétion sans doute traditionnelle. Platon, au moment où, pourtant, il va légiférer sur cette matière — fixant les précautions à prendre pour faire de beaux enfants, prescrivant l'état physique et moral des futurs parents, instaurant même des inspectrices qui auront à se mêler de la vie des jeunes ménages —, souligne ce qu'il peut y avoir de difficile à accepter une législation qui s'occuperait de ces choses[1]. À cette discrétion grecque s'opposera l'attentive méticulosité de la pastorale chrétienne, à partir du Moyen Âge : alors, on entreprendra de tout régler — positions, fréquence, gestes, état d'âme

---

1 Cf. *L'Usage des plaisirs*, chap. III ; Platon, *Lois*, VI, 779 e-780 a.

de chacun, connaissance par l'un des intentions de l'autre, signes du désir d'un côté, marques d'acceptation de l'autre, etc. La morale hellénistique et romaine, elle, dit là-dessus peu de choses.

Pourtant plusieurs principes importants à propos des rapports entre l'usage des plaisirs et la vie de mariage se trouvent formulés dans certains de ces textes.

On a vu que, traditionnellement, le lien entre l'acte sexuel et le mariage s'établissait à partir et en fonction de la nécessité d'avoir une descendance. Cette fin pro-créatrice figurait parmi les raisons de se marier ; c'était elle qui rendait nécessaires les rapports sexuels dans le mariage ; c'était son absence d'ailleurs qui pouvait dissoudre l'union conjugale ; c'était pour tenir compte des meilleures conditions possibles de procréation qu'on faisait aux gens mariés certaines recommandations sur la façon d'accomplir l'acte conjugal (le moment qu'on devait choisir, le régime qui devait le précéder). C'était aussi pour éviter les inconvénients des descendances illégitimes qu'on faisait objection aux liaisons extra-matrimoniales (non seulement pour les femmes, bien sûr, mais aussi pour les hommes). Disons schématiquement que dans les textes classiques la synthèse du lien matrimonial et du rapport sexuel était admise pour la raison majeure de la procréation ; et que — pour les hommes du moins — ce n'était ni la nature même des actes sexuels, ni l'essence du mariage lui-même qui impliquaient qu'il n'y eût de plaisir que dans la conjugalité. Hormis la question des naissances illégitimes, et compte tenu de l'exigence éthique de la maîtrise de soi, il n'y avait pas de raison de demander à un homme, même marié, de réserver tous ses plaisirs sexuels à sa femme, et à elle seulement.

Or dans la morale du mariage rigoureux qu'on voit se formuler aux premiers siècles de notre ère, il est facile de constater ce qu'on pourrait appeler une « conjugalisation » des rapports sexuels — une conjugalisation à la fois directe et réciproque. Directe : c'est la nature du rapport sexuel qui doit exclure qu'on ait recours à lui en dehors du mariage. Réciproque, car c'est la nature du mariage et du lien qui s'y forme entre les époux qui doit exclure les plaisirs sexuels qu'on pourrait trouver ailleurs. État de mariage et activité sexuelle doivent donc venir à coïncidence : et cela de plein droit, plutôt que pour le seul objectif d'une descendance légitime. Cette coïncidence — ou plutôt le mouvement qui tend à les faire coïncider, non sans un certain nombre de décalages et de marges possibles — se manifeste dans l'élaboration de deux principes : d'une part, en fonction de ce qu'il est, le plaisir sexuel ne saurait être admis hors du mariage, ce qui implique pratiquement qu'il ne devrait même pas être toléré chez un individu non marié ; d'autre part, la conjugalité lie d'une manière telle que l'épouse risque d'être blessée non pas simplement par la perte de son statut mais bien par le fait que son mari puisse prendre son plaisir avec d'autres qu'avec elle.

1. Sans doute est-il rare de voir formuler le principe que tout rapport sexuel est blâmable s'il ne trouve pas sa place dans un rapport de mariage qui le rend légitime. Sous réserve qu'il garde la mesure personnelle et le respect des coutumes, des lois et du droit des autres, un homme célibataire peut bien prendre son plaisir comme il l'entend ; et il serait bien difficile, même dans cette morale austère, de lui imposer de s'en abstenir absolument tant qu'il n'a pas contracté un mariage. C'est par

l'effet d'une grande vertu personnelle que le fils de Marcia, au dire de Sénèque, a repoussé les avances des femmes qui le convoitaient, allant même jusqu'à rougir d'avoir pu leur plaire, comme d'une faute *(quasi peccasset)*[1]. On peut remarquer que Dion de Pruse se montre très sévère à l'égard de la prostitution et de la manière dont elle est organisée ; d'abord parce qu'il y voit une forme « non amoureuse de l'amour », et une sorte d'union étrangère à Aphrodite ; ensuite parce que les victimes en sont des êtres humains qui ne sont pas consentants ; mais, tout en souhaitant qu'une cité réellement bien gouvernée abolisse ces institutions, il n'envisage pas pourtant de les supprimer aussitôt et d'éliminer un mal aussi invétéré[2]. Marc Aurèle se félicite de sa propre sobriété en matière de plaisir sexuel : il a « sauvegardé la fleur de sa jeunesse », il n'a pas « fait prématurément acte de virilité », il a même « dépassé le temps » ; or ces formulations le montrent bien : le point de la vertu n'est pas dans le fait qu'il a réservé ses plaisirs au seul mariage, mais qu'il a su assez bien se maîtriser lui-même pour attendre, plus longtemps qu'on ne le fait d'ordinaire, le moment de goûter les plaisirs du sexe[3]. Épictète, lui aussi, évoque bien l'idéal des rapports sexuels qui n'auraient pas lieu avant le lien matrimonial ; mais il en fait l'objet d'un conseil qu'on donne ; ce conseil, il est à suivre si on peut, mais il n'y a pas à faire d'une pareille chasteté un précepte arrogant : « Quant aux plaisirs de l'amour, il faut, dans la mesure du possible, se garder pur avant le mariage ; si l'on s'y adonne, que l'on prenne sa part de ce qui est permis. N'impor-

---

1. SÉNÈQUE, *Consolation à Marcia*, 24.
2. DION DE PRUSE, *Discours*, VII.
3. MARC AURÈLE, *Pensées*, I, 17.

tune pas ceux qui en usent, ne leur fais pas la leçon ; ne publie pas en tous lieux que toi-même tu n'en uses pas[1]. » L'extrême réserve qu'il demande dans le rapport sexuel, Épictète ne la justifie pas par la forme du mariage, les droits et devoirs qu'il instaure et les obligations qu'il faut rendre à l'épouse ; il l'explique parce qu'on se doit à soi-même puisqu'on est un fragment de Dieu, parce qu'il faut rendre honneur à ce principe qui habite pour un temps dans le corps, et parce qu'on doit le respecter tout au long de la vie quotidienne. Le rappel de ce qu'on est, plutôt que la conscience des liens avec autrui, doit servir de principe permanent à l'austérité : « Ne voudras-tu pas te rappeler, quand tu manges, qui tu es, toi qui manges et qui te nourris ? Dans tes rapports sexuels, qui tu es, toi qui uses de ces rapports ? Dans ta vie sociale, dans tes exercices physiques, dans tes conversations, ne sais-tu pas que c'est un dieu que tu nourris, un dieu que tu exerces ?... Et devant Dieu lui-même présent en toi et qui voit et entend toutes choses, tu ne rougis pas de les penser et de les accomplir, homme inconscient de ta propre nature, objet de la colère divine[2]. ».

En revanche, il semble bien que Musonius Rufus procède à une conjugalisation intégrale de l'activité sexuelle puisqu'il condamne tout rapport sexuel du moment qu'il ne se déroule pas dans le cadre de la conjugalité et en vue de ses objectifs propres. Le passage du traité sur les *aphrodisia* qui est conservé dans Stobée s'ouvre sur une critique habituelle de la vie de débauche : une vie qui, n'étant pas capable d'exercer sur elle-même la maîtrise

1. ÉPICTÈTE, *Manuel*, XXXIII, 8.
2. ÉPICTÈTE, *Entretiens*, II, 8 (12-14).

nécessaire, se trouve emportée dans la poursuite indéfinie de plaisirs rares et recherchés et de « relations honteuses ». Or, à cette condamnation banale, Musonius joint à titre de prescription positive une définition de ce qu'il faut considérer comme *aphrodisia dikaia*, plaisirs légitimes : ce sont, dit-il, ceux que les partenaires accomplissent ensemble dans le mariage et pour la naissance des enfants *(ta en gamōi kai epi genesei paidōn sunteloumena)*. Et Musonius, alors, précise bien les deux hypothèses qui peuvent se présenter : ou bien les relations extraconjugales sont recherchées dans l'adultère *(moicheia)*, et elles sont ce qu'il peut y avoir de plus contraire à la loi *(paranomōtatai)* ; ou bien on se les procure en dehors de tout adultère : mais du moment qu'elles sont « privées de ce qui les rend conformes à la loi », elles sont en elles-mêmes honteuses et ont leur origine dans la débauche[1]. La conjugalité est pour l'activité sexuelle la condition de son exercice légitime.

Entre le thème ancien que la poursuite trop intense du plaisir contredit la nécessaire maîtrise de soi, et le principe qu'il ne peut y avoir de plaisir légitime que dans le seul cadre de l'institution matrimoniale, il y a un pas important que Musonius Rufus franchit. Et il en tire la conséquence qui s'impose même si elle peut sembler paradoxale à beaucoup de ses contemporains. Lui-même d'ailleurs la présente à propos d'une objection possible : faudrait-il considérer comme blâmable une relation sexuelle qui se produirait entre deux personnes libres et non tenues par les liens du mariage ? « Un homme qui a relation avec une courtisane ou une femme non mariée ne lèse aucun droit, et ne dérobe à personne l'espoir

---

1. MUSONIUS RUFUS, *Reliquiae*, XII, pp. 63-64.

d'une descendance. » Même dans ces conditions, on commet une faute — tout comme on peut commettre une faute et une injustice sans porter tort à personne alentour : on se souille, et « à la manière des porcs on prend plaisir à sa propre saleté[1] ». Parmi les implications de cette conception des rapports essentiels entre mariage et activité sexuelle, il faut mettre aussi le refus opposé par Musonius Rufus à la contraception. Ces pratiques, dit-il, dans un texte consacré à la question de savoir si tous les enfants doivent être élevés, s'opposent aux lois des cités qui veillent à maintenir leur population ; elles nuisent aussi aux individus puisqu'il est si utile d'avoir une descendance ; mais elles sont aussi une atteinte à l'ordre universel qui a été voulu par les dieux : « Comment ne pécherions-nous pas contre nos dieux ancestraux et contre Jupiter protecteur de la famille, lorsque nous faisons de telles choses ? Car exactement de même que celui qui maltraite un hôte pèche contre Zeus, protecteur des droits de l'hospitalité, de même que celui qui agit injustement envers un ami pèche contre Zeus, dieu de l'amitié, de même, celui qui agit injustement contre sa descendance pèche contre ses dieux ancestraux et contre Zeus, protecteur de la famille[2]. »

On pourrait être tenté de reconnaître ici l'anticipation de l'idée chrétienne que le plaisir sexuel est en lui-même une souillure, que seule la forme légitime du mariage, avec la procréation éventuelle, pourrait rendre acceptable. C'est un fait que ce passage de Musonius a été utilisé par Clément d'Alexandrie dans le second livre du *Pédagogue*[3].

1. *Ibid.*
2. MUSONIUS RUFUS, *Reliquiae*, XV, p. 78. Ce texte est cité et commenté par NOONAM, *Contraception et mariage*, pp. 66-67.
3. CLÉMENT D'ALEXANDRIE, *Le Pédagogue*, II, 10.

Pourtant, si Musonius — comme la plupart des moralistes anciens, à l'exception des cyniques — considère bien que la pratique publique de ce genre de relations est honteuse, ce serait à coup sûr fausser sa doctrine que de lui prêter l'idée que le plaisir sexuel est un mal, et que le mariage a été instauré pour le réhabiliter et régler dans un cadre strict son usage nécessaire. Si Musonius estime honteux tout rapport sexuel hors mariage, ce n'est pas que le second a été surimposé au premier pour lui ôter son caractère intrinsèque de faute ; c'est que, pour l'être humain, raisonnable et social, il est de la nature même de l'acte sexuel de s'inscrire dans la relation matrimoniale et d'y produire une descendance légitime. Acte sexuel, lien conjugal, progéniture, famille, cité et au-delà même, communauté humaine, tout cela constitue une série dont les éléments sont liés et où l'existence de l'homme trouve sa forme rationnelle. En retirer les plaisirs pour les détacher de la relation conjugale et pour leur proposer d'autres fins, c'est bien en effet porter atteinte à ce qui constitue l'essentiel de l'être humain. La souillure n'est pas dans l'acte sexuel lui-même, mais dans la « débauche » qui le dissocierait du mariage où il a sa forme naturelle et sa fin raisonnable. Dans cette perspective, le mariage constitue pour l'être humain le seul cadre légitime de la conjonction sexuelle et de l'usage des *aphrodisia*.

2. À partir de cette appartenance essentielle des relations et du plaisir sexuels à la conjugalité légitime, on peut comprendre la problématisation nouvelle de l'adultère et l'esquisse d'une exigence de double fidélité sexuelle.

On sait que l'adultère était juridiquement condamné et moralement blâmé au titre de l'injustice qui était faite par un homme à celui dont il détournait la femme. Ce qui le constituait c'était donc, dans une relation sexuelle hors mariage, le fait que la femme était mariée et ce fait seulement ; l'état éventuel de mariage, du côté de l'homme, n'avait pas à intervenir ; c'est dire que la tromperie et le dommage étaient affaire entre les deux hommes — celui qui s'était emparé de la femme et celui qui avait sur elle les droits légitimes [1]. Cette définition de l'adultère, par la seule atteinte au droit du mari, était assez courante pour qu'on la retrouve même dans une morale aussi exigeante que celle d'Épictète [2]. Au milieu d'un entretien sur le thème que « l'être humain est né pour la fidélité » *(pistis)*, survient un homme — un homme de lettres *(philologos)* — qui a été surpris en flagrant délit d'adultère et qui se réclame de la doctrine d'Archédamos sur la communauté des femmes. Les remontrances qu'Épictète lui adresse portent sur deux points. Par la pratique de l'adultère, d'abord, l'homme a transgressé « le principe de fidélité pour lequel nous sommes nés » : mais cette « fidélité », Épictète ne la localise pas dans le cadre de l'institution matrimoniale ; bien mieux, il ne cite même pas le lien conjugal comme l'une de ses formes essentielles ; il la caractérise par les liens qui unissent un homme à son voisinage, à ses amis, à sa cité ; et ce qui constitue à ses yeux l'adultère comme une faute, c'est la déchirure qu'il porte à ce tissu de relations entre hommes, où chacun est appelé non seulement à respecter les autres mais à se reconnaître lui-même : « Si, rejetant cette fidélité pour laquelle nous sommes nés, nous dressons des pièges à la femme de notre voisin,

---

1. Cf. *L'Usage des plaisirs*, chap. III.
2. ÉPICTÈTE, *Entretiens*, II, 4, 2-3.

que faisons-nous? Rien d'autre, n'est-il pas vrai? que détruire et supprimer. Qui? L'homme fidèle, l'homme digne, l'homme religieux. Est-ce tout? Et les rapports de bon voisinage, ne les supprimons-nous pas? Et l'amitié, et la cité, ne les supprimons-nous pas non plus[1]? » C'est à lui-même et aux autres hommes, en tant qu'êtres humains, que l'adultère porte atteinte.

Pourtant, en dépit et à côté de cette caractérisation traditionnelle de l'adultère, on trouve, dans certaines réflexions sur la vie de mariage, des exigences beaucoup plus rigoureuses, en ce double sens qu'elles tendent à faire jouer de plus en plus un principe de symétrie entre l'homme et la femme, et qu'elles en rapportent la justification au respect qui est dû au lien personnel entre les deux époux. À propos de ces « vérités salutaires » qu'on connaît de loin mais qui, faute d'avoir été ressassées suffisamment, ne sont pas en état de régir réellement la conduite, Sénèque évoque ensemble les devoirs de l'amitié et ceux d'une fidélité conjugale rigoureusement symétrique : « Tu sais que les obligations de l'amitié doivent s'observer religieusement, mais tu n'en fais rien. Tu sais qu'il est malhonnête, celui qui exige de sa femme la chasteté quand il séduit lui-même celle des autres ; tu sais que, comme il est interdit à elle d'avoir un amant, il t'est pareillement interdit d'avoir une maîtresse[2]. »

C'est chez Musonius qu'on trouve articulé avec le plus de détail le principe d'une fidélité conjugale symétrique[3]. Le raisonnement prend place dans le long passage du traité *Sur les aphrodisia* où il est démontré que seul le mariage peut constituer le lien naturellement

---

1. *Ibid.*
2. SÉNÈQUE, *Lettres à Lucilius*, 94, 26.
3. MUSONIUS RUFUS, *Reliquiae*, XII, p. 66.

légitime des relations sexuelles. Musonius rencontre ce qu'on pourrait appeler « le problème de la servante ». L'esclave était à ce point admise comme objet sexuel appartenant au cadre de la maisonnée, qu'il pouvait paraître impossible d'en interdire l'usage à un homme marié ; c'est pourtant cela même que Musonius veut prohiber, même, note-t-il, si cette esclave n'est pas mariée (ce qui laisse supposer qu'un ménage d'esclaves dans une maison avait droit à un certain respect). Et pour fonder cette prohibition, Musonus fait valoir un principe de symétrie, ou plutôt un jeu relativement complexe entre une symétrie dans l'ordre du droit et une supériorité dans celui des devoirs. D'une part, comment pourrait-on accepter que le mari ait des relations avec une servante, alors qu'on ne reconnaît pas à une épouse le droit d'avoir des rapports avec son serviteur ? Le droit qui est contesté d'un côté ne peut pas être accordé de l'autre. Et si Musonius trouve à la fois légitime et naturel que l'homme, dans la direction de la famille, ait plus de droits que la femme, dans l'ordre des relations et des plaisirs sexuels, il exige une exacte symétrie. Mais, d'autre part, cette symétrie des droits se complète par la nécessité de bien marquer, dans l'ordre de la maîtrise morale, la supériorité de l'homme. Si en effet on permettait au mari de faire avec une servante ce qu'on demande à une femme de ne pas faire avec un esclave, ce serait supposer que la femme est plus capable que l'homme de se maîtriser elle-même et de gouverner ses désirs ; celle qui dans la maison doit être dirigée serait donc plus forte que celui qui la dirige. Pour que l'homme soit bien en effet celui qui l'emporte, il faut qu'il renonce à faire ce qu'on interdit à une femme. Dans cet art stoïcien du mariage, auquel Musonius a proposé un modèle si strict, une forme de fidélité est requise : elle oblige de la même façon l'homme et la femme ; elle ne se contente pas d'interdire tout ce qui pourrait compromettre le droit des autres hommes ; elle ne se contente même pas de protéger l'épouse contre les menaces qui pourraient compromettre son statut privilégié comme maîtresse de maison et comme mère ; elle fait apparaître le lien conjugal comme un système qui équilibre exactement les obligations dans l'usage des plaisirs.

Cette conjugalisation intégrale de la pratique sexuelle qu'on trouve chez Musonius, et le principe d'un monopole strict des *aphrodisia* réservé au mariage sont sans doute exceptionnels : on est là à un point où l'art de la vie de mariage semble s'organiser autour du principe formel d'une loi de double interdiction. Mais chez des auteurs qui se gardent de formuler des règles aussi rigides, on peut voir se dessiner aussi une exigence de fidélité qui appelle des modalités de conduite et des manières de faire un peu différentes. Ces auteurs ne font pas valoir une prohibition explicite, mais le souci de préserver le lien conjugal avec ce qu'il peut comporter de rapport individuel, d'attachement, d'affection et de respect personnel entre les conjoints. Cette fidélité se définit moins par une loi que par le style de rapport avec l'épouse, par une manière d'être et de se comporter à son égard. La renonciation aussi complète que possible aux rapports extraconjugaux doit relever, du côté du mari, d'une recherche de délicatesse dans ces rapports ; elle doit être l'effet d'une conduite à la fois habile et affectueuse ; cependant qu'on demande à la femme une certaine subtilité dans la tolérance de fait qu'elle est bien obligée de concéder et qu'elle serait imprudente de ne pas observer.

Le texte latin assez tardif qui a été longtemps considéré comme une traduction de l'*Économique* du Pseudo-
Aristote juxtapose ainsi à une perspective traditionnelle
sur la dignité de l'épouse des avis de prudence et d'ac-
commodement. D'un côté, l'auteur prescrit au mari de
prendre tout le soin qu'il faut d'une épouse qui doit
devenir la mère des enfants qu'il espère ; il lui prescrira
aussi de ne pas priver la femme qu'il a épousée de l'honneur qui lui est dû[1]. Mais il demande également que les
deux époux s'empêchent l'un l'autre de rien faire de vil
et de malhonnête ; il recommande à l'homme de « n'approcher son épouse qu'avec des manières honnêtes,
beaucoup de retenue et de respect » *(cum honestate, et
cum multa modestia et timore)* ; il souhaite que le mari
ne soit « ni négligent ni rigoureux » *(nec neglegens nec
severus)* : « de tels sentiments sont ceux qui caractérisent
les relations d'une courtisane et de son amant » ; avec sa
femme, au contraire, le bon mari devra montrer une
attention, mais aussi une retenue, à laquelle l'épouse
répondra avec pudeur et délicatesse, et en montrant « en
parts égales » affection et crainte[2]. Et tout en faisant
valoir la valeur de cette fidélité, l'auteur du texte fait
clairement entendre à la femme qu'elle devra avoir en ce
qui concerne les fautes de son mari une attitude relativement accommodante ; « qu'elle oublie aussi les torts
que son mari, dans le désordre de son âme, a pu avoir
contre elle » *(si quid vir animae passione ad ipsam pec-
caverit)* ; « qu'elle n'élève aucune plainte et ne lui tienne
pas rigueur de ce qu'il a fait, mais qu'elle attribue tout
cela à la maladie, à l'inexpérience ou à des erreurs acci-

1. PSEUDO-ARISTOTE, *Économique*, III, 2.
2. *Ibid.*, III, 3.

dentelles » : ainsi en retour, celui-ci sera-t-il prêt à lui
montrer sa reconnaissance après sa guérison[1].

De la même façon, les *Préceptes conjugaux* posent le
principe d'une fidélité réciproque. Ils ne le formulent pas
cependant comme une exigence rigoureusement et for-
mellement symétrique ; si le texte suppose, sans même
avoir à le rappeler, que la femme doit fidélité à son
mari, il laisse entendre que la recherche d'autres plaisirs
est pour le mari une faute peut-être assez fréquente,
mais aussi assez mineure. Toutefois, c'est à l'intérieur
du lien du mariage, en fonction de ce que sont les relations affectives entre les deux époux — et non pas en
fonction des droits et des prérogatives —, que la question doit être résolue. Au mari, Plutarque demande de
n'avoir pas de rapports sexuels avec d'autres femmes :
non pas seulement parce que ce serait une menace pour
le rang de l'épouse légitime, mais parce que ce serait une
blessure — une blessure naturelle et qui fait souffrir. Il
rappelle ce qui se passe chez les chats, que l'odeur d'un
parfum rend furieux ; de la même façon, les femmes sont
rendues furieuses lorsque leur mari a relation avec
d'autres femmes ; il est donc injuste *(adikon)* de leur
faire subir un si violent chagrin pour un plaisir qui est
« peu de chose » ; et il conseille de suivre, avec son épouse,
l'exemple de l'apiculteur qui n'approche pas de ses
abeilles s'il a eu rapport avec des femmes[2]. Mais inversement, Plutarque donne avis aux épouses de montrer une
certaine tolérance ; non seulement il vaut mieux qu'elles
ferment les yeux — un peu comme les épouses des rois
de Perse qui participent aux banquets avec leurs maris

1. *Ibid.*, III, 1.
2. PLUTARQUE, *Préceptes conjugaux*, 44, 144 c-d.

mais retournent chez elles, lorsque, l'ivresse venant, on appelle les musiciennes et les courtisanes ; elles devraient se dire que, si leur époux va chercher ses plaisirs avec une hétaïre ou une servante, c'est par respect pour elles, et parce qu'il ne voudrait pas leur faire partager sa débauche, sa licence et son excès[1]. Ainsi le mariage, comme lien d'affection et relation de respect, beaucoup plus que comme structure statutaire, appelle à lui toutes les activités sexuelles et condamne toutes celles qui auraient lieu hors de lui. Et s'il tend à exiger une fidélité symétrique chez les deux partenaires, il constitue aussi un lieu de transaction où l'attachement du mari à la femme et la prudence de l'épouse vis-à-vis du mari trouveront à se composer : les plaisirs extérieurs de l'homme n'y seront plus l'effet reconnu de sa supériorité statutaire, mais celui d'une certaine faiblesse que l'homme doit limiter d'autant mieux que la femme la tolère par une concession qui, tout en sauvegardant peut-être son honneur, prouve aussi son affection.

1. *Ibid.*, 50, 140 b.

LES PLAISIRS DU MARIAGE

La définition du mariage comme lien aussi exclusif que possible pour l'exercice des *aphrodisia* ouvre (ou pourrait ouvrir) sur un ensemble de questions concernant l'intégration, le rôle, la forme et la finalité des actes de plaisir dans le jeu des relations affectives ou statutaires entre l'homme et la femme.

En fait, on doit reconnaître que même dans les formes de réflexion où le mariage occupe une place importante, l'économie des plaisirs dans le rapport conjugal est traitée avec une extrême réserve. Le mariage, dans cette morale rigoureuse qui est professée par certains, demande le monopole du plaisir ; mais on ne dit guère quels plaisirs y seront admis, et quels autres exclus.

Deux principes très généraux sont toutefois souvent évoqués. D'un côté, on fait valoir que la relation conjugale ne doit pas être étrangère à Éros, à cet amour que certains des philosophes ont voulu réserver aux garçons ; mais qu'elle ne doit pas non plus ignorer ou exclure Aphrodite. Musonius, dans le texte où il montre que le mariage, loin d'être un obstacle, est une obligation pour le philosophe, fait valoir la grandeur et la valeur de l'état matrimonial ; et il rappelle quelles sont les trois grandes divinités qui veillent sur lui : Héra, à laquelle « nous nous adressons comme à la patronne de l'hymé- née », Aphrodite, puisqu'on a appelé «*Aphrodision ergon* le commerce de l'époux avec l'épouse », et Éros (à quoi en effet pourrait-il mieux s'appliquer « qu'à l'union légi- time de l'homme et de la femme » ?). Toutes ensemble, ces trois puissances ont pour fonction « de joindre les deux époux pour la procréation des enfants[1] ». C'est de la même façon que Plutarque affirmera le rôle d'Aphro- dite et d'Éros dans ce qui constitue en propre le lien conjugal[2].

Corrélativement à cette présence de la passion amou- reuse et des voluptés physiques dans le mariage, on fait jouer un autre principe, inverse du premier mais lui aussi très général : à savoir qu'il ne faut pas traiter son épouse comme une maîtresse et qu'on doit dans le mariage se conduire en mari plutôt qu'en amant[3]. On comprend que le vieux principe de la décence conjugale prenne d'autant plus de valeur que le mariage tend à constituer le seul lieu licite pour les plaisirs du sexe. Il faut qu'Aphrodite et Éros soient présents dans le mariage et nulle part ailleurs ; mais il convient d'autre part que le rapport conjugal soit différent de celui des amants. On rencontre ce principe sous plusieurs formes. Soit sous forme d'un avis de prudence, sans doute bien traditionnel : à initier sa femme à des plaisirs trop intenses, on risque de lui donner des leçons dont elle fera mauvais usage et qu'on regrettera de lui avoir apprises[4]. Soit sous la forme de conseils donnés aux deux époux :

1. MUSONIUS RUFUS, *Reliquiae*, Hense, XIV.
2. PLUTARQUE, *Dialogue sur l'Amour*, 759 e-f.
3. SÉNÈQUE, *Fragments* (éd. Haase), 85.
4. PLUTARQUE, *Préceptes conjugaux*, 47, 144 f-145 a ; cf. aussi 17, 140 c.

qu'ils trouvent une voie moyenne entre une austérité excessive et une conduite trop proche de celle des débauchés, et que le mari se rappelle sans cesse qu'on ne peut « avoir relation avec la même femme, à la fois comme épouse et comme maîtresse » *(hōs gametē kai hōs hetaira)*[1]. Soit aussi sous la forme d'une thèse générale : c'est traiter sa femme en adultère que se comporter trop ardemment avec elle[2]. Le thème est important, car on le retrouvera dans la tradition chrétienne, où il apparaît très tôt (Clément d'Alexandrie s'y réfère dans les *Stromates*[3]), et où il subsistera très longtemps (François de Sales en développe les implications dans l'*Introduction à la vie dévote*[4]) ; il faut sans doute, pour en comprendre le sens chez les stoïciens qui le formulent, se rappeler que pour eux le principe naturel et rationnel du mariage le destine à lier deux existences, à produire une descendance, à être utile à la cité et à profiter au genre humain tout entier ; y chercher avant tout des sensations de plaisir, ce serait enfreindre la loi, renverser l'ordre des fins et transgresser le principe qui doit unir, en un couple, un homme et une femme.

Mais d'une façon plus concrète, le problème se pose de savoir quel statut et quelles formes doit prendre dans les relations de mariage la pratique des plaisirs, et sur quels principes vont pouvoir s'appuyer les préceptes de leur limitation interne. Dès lors que le mariage appelle un lien conjugal qui doit être à la fois un rapport personnel hautement valorisé et le lieu exclusif des rapports de plaisir, permis jusqu'alors assez librement à l'homme

---

1. *Ibid,.* 29, 142 a-c.
2. Sénèque, *Fragments*, 85.
3. Clément d'Alexandrie, *Stromates*, II, 143, 1.
4. François de Sales, *Introduction à la vie dévote*, III, 39.

dans les marges de son mariage, comment cette structure matrimoniale va-t-elle maintenant jouer son rôle de principe de régulation ? Quelle austérité sera requise dans ce mariage, s'il doit être à la fois le plus fort des liens individuels et le seul lieu des plaisirs légitimes ? Les formulations, le plus souvent, sont assez vagues, un peu comme celles qu'on trouve dans le texte latin qui passe pour le IIIe livre de l'*Économique* attribuée à Aristote ; l'auteur y demande au mari d'approcher de sa femme « avec des manières honnêtes » *(cum honestate)*, « beaucoup de retenue et de respect » *(cum multa modestia et timore)* ; il lui prescrit de lui parler « avec le langage d'un homme de bonne éducation qui ne se permet que des actions légitimes et honorables » ; il lui conseille de traiter son épouse « avec réserve et délicatesse » *(verecundia et pudore)*[1].

D'une façon plus précise, l'austérité intraconjugale sera justifiée par les deux grandes finalités naturelles et rationnelles qui sont reconnues au mariage. D'abord, bien entendu, la procréation. Il ne faut pas — Sénèque le souligne, mais on a vu aussi qu'il y avait des médecins pour le rappeler — qu'on donne le plaisir pour fin à un acte que la nature a disposé pour la procréation ; et si les désirs de l'amour ont été donnés aux hommes, ce n'est pas pour qu'ils goûtent la volupté, c'est pour qu'ils propagent leur espèce *(non voluptatis causa, sed propagandi generis)*[2]. De ce principe général, Musonius tirait la conclusion que les rapports sexuels ne pourraient avoir lieu légitimement que s'ils avaient cette procréation pour but ; quant à ceux qui ne poursuivent comme

---

1. PSEUDO-ARISTOTE, *Économique*, III, 3.
2. SÉNÈQUE, *Consolation à Helvia*, 13, 4.

fin que le plaisir, ils sont « injustes et contraires à la loi, quand bien même ils ont lieu dans le mariage[1] ». Cette règle, qu'on trouve aussi chez les néopythagoriciens, semble avoir servi à justifier un certain nombre de prohibitions traditionnelles : celle qui porte sur les relations sexuelles pendant les règles (qui, selon les médecins, risquent d'emporter la semence), et celle qui en fait défense pendant le temps de la grossesse (non seulement parce qu'elles seraient stériles, mais surtout parce qu'elles pourraient compromettre la survie de l'embryon). Mais, en dehors de ces recommandations générales, il ne semble pas qu'il y ait eu, malgré l'identité du principe, le genre d'interrogations qu'on rencontrera dans la pastorale chrétienne sur la légitimité des rapports sexuels en cas de stérilité reconnue ou après l'âge de la ménopause, et sur les intentions que peuvent avoir, avant ou dans le cours même de l'acte, l'un et l'autre des deux partenaires. L'exclusion du plaisir comme fin semble bien avoir été, chez les plus rigoureux des moralistes, une exigence ; mais cette exigence était plus une position de principe qu'un schéma permettant de régler les comportements et d'en codifier précisément les formes permises ou défendues.

La seconde grande finalité du mariage — l'aménagement d'une vie commune et entièrement partagée — constitue l'autre principe qui appelle l'austérité à l'intérieur des rapports conjugaux. Pas plus que la finalité procréatrice, ce principe ne trace de partage clair entre ce qui est permis et ce qui est défendu. Mais certains auteurs — et au tout premier rang Plutarque — lui font jouer, dans l'articulation des rapports de plaisir sur la

---

1. MUSONIUS RUFUS, *Reliquiae*, XII, p. 64.

relation conjugale, un rôle plus subtil et plus complexe. C'est que, d'une part, l'obligation de faire de l'épouse une compagne à laquelle on ouvre son âme impose qu'on ait pour elle un respect qui ne s'adresse pas simplement à son rang et à son statut, mais à sa dignité personnelle ; le régime des *aphrodisia* doit donc trouver là un principe de limitation interne. Mais, d'autre part, si la vie de mariage doit avoir pour fin la constitution d'une communauté parfaite — une vraie « fusion d'existence » —, on voit bien aussi que les rapports sexuels et les plaisirs, s'ils ont été partagés et pris en commun, constituent un facteur de rapprochement entre les époux. La formation d'un lien solide et son renforcement sont dans l'usage des *aphrodisia* non seulement une garantie, mais un élément qui les favorise. De là, une valorisation des plaisirs sexuels (pourvu qu'ils soient intégrés dans la relation matrimoniale et bien insérés en elle), jointe à la recommandation d'une austérité dans leur pratique qui leur permet justement de jouer ce rôle positif dans l'union conjugale.

Ce processus en spirale de l'austérité nécessaire et de l'intensité souhaitable apparaît clairement dans les *Préceptes conjugaux*. Il en constitue même un des fils directeurs. Le texte reprend certains des vieux principes connus sur la pudeur et le secret qui doivent entourer non seulement l'acte procréateur mais les simples gestes du plaisir, comme le baiser et les caresses[1] ; il rappelle aussi, en transformant un mot connu d'Hérodote, que la pudeur d'une épouse ne doit pas tomber avec la robe qu'elle dépouille[2], ni l'obscurité couvrir n'importe quelle

---

1. PLUTARQUE, *Préceptes conjugaux*, 13, 139 e.
2. *Ibid.*, 10, 139 c.

licence ; citant une femme qui cherchait à échapper à Philippe en lui faisant remarquer que toutes les femmes se valaient une fois la lampe éteinte, Plutarque note que l'épouse justement n'a pas à être comme les autres ; mais cachée par la nuit, et sans qu'on puisse voir son corps, elle doit faire briller ce qu'il y a de vertueux en elle *(to sōphron autēs)*. Or ce qu'il y a de vertueux en elle, c'est également ce qui l'attache exclusivement à son mari et la destine en propre à lui : « sa constance et son affection[1] ».

Autour de ce principe d'une réserve accueillante, d'une pudeur qui signifie l'exclusivité d'un attachement, Plutarque développe un certain nombre de conseils qui excluent aussi bien une austérité trop sourcilleuse qu'une facilité sans retenue, et cela tant du côté de l'homme que de la femme. Sans doute, comme la jeune Spartiate dont il cite l'exemple, une bonne épouse ne doit pas elle-même faire des avances à son mari[2] ; mais elle ne doit pas non plus se montrer ennuyée par les siennes ; la première attitude aurait quelque chose d'effronté qui sent la courtisane, mais il y aurait dans la seconde une arrogance inamicale[3]. On a là, de façon encore très floue, l'ébauche de ces règles fixant les formes des initiatives respectives et des signes à échanger, dont la pastorale chrétienne fera par la suite si grand cas. Plutarque accorde beaucoup d'importance aux dangers qui peuvent compromettre, dans les tout premiers rapports sexuels d'un ménage, la bonne entente ultérieure et la solidité du lien qui se forme alors. Il évoque le risque des mauvaises expériences que peut faire la jeune mariée ; il conseille de ne pas s'y arrê-

---

1. *Ibid.*, 46, 144 e-f.
2. Cf. aussi PLUTARQUE, *Des vertus des femmes*, 242 b.
3. PLUTARQUE, *Préceptes conjugaux*, 18, 140 c.

ter, car les bienfaits du mariage peuvent apparaître par la suite : ne pas faire comme ceux qui, ayant subi la piqûre des abeilles, renoncent à faire la récolte du miel[1]. Mais il craint aussi qu'un trop vif plaisir physique éprouvé au début du mariage n'expose l'affection à se défaire lorsque ce plaisir disparaîtra ; il vaut mieux que l'amour doive sa vitalité au caractère des époux et à la disposition de leur esprit[2]. Il faudra aussi au long de la vie matrimoniale ne pas hésiter à faire jouer ce qu'il peut y avoir de bénéfique pour l'amitié conjugale dans les rapports sexuels entre époux. De cette fonction de réactivation affective — à laquelle un des interlocuteurs du *Dialogue sur l'Amour* se réfère explicitement[3] — les *Préceptes conjugaux* donnent deux exemples précis : éviter, entre toutes, les disputes qui peuvent avoir lieu dans la chambre à coucher : c'est que « les discordes et les récriminations que le lit provoque, il n'est pas facile de les apaiser dans un autre lieu[4] » ; ou encore, quand on a l'habitude de faire lit commun, ne pas prendre une chambre séparée parce qu'on se dispute ; le moment est venu au contraire d'invoquer Aphrodite « qui est le meilleur médecin dans ce genre de maux[5] ».

Le thème occupe une place relativement importante chez Plutarque lui-même. On va le rencontrer dans le *Dialogue sur l'Amour* où il servira de discriminant essentiel entre l'amour des femmes dans lequel le plaisir est intégrable avec un rôle positif dans la relation spirituelle, et l'amour des garçons où le plaisir physique (qu'on suppose n'être pas réciproque) ne peut figurer

1. *Ibid.*, 2, 138 d-e.
2. *Ibid.*, 2, 138 f.
3. Cf. *infra*, chap. VI.
4. PLUTARQUE, *Préceptes conjugaux* , 39, 143 e.
5. *Ibid.*, 38, 143 d.

comme facteur favorable à l'intérieur de la relation. Ce thème est également évoqué dans le *Banquet des sept Sages* où il est question des voluptés sexuelles en liaison avec les deux autres plaisirs physiques, auxquels elles sont souvent associées : l'ivresse et la musique. L'interlocuteur — Mnésiphile — fait remarquer que dans tout art ou pratique, l'œuvre n'est pas dans la manipulation des outils ou des matériaux, mais dans ce qu'on veut faire : l'*ergon* de l'architecte ne consiste pas dans le mortier qu'il mélange, mais dans le temple qu'il construit ; les Muses, quand elles s'occupent de la lyre ou de la flûte, n'ont d'autre tâche que « la formation morale et l'adoucissement des passions[1] ». De la même façon et pas plus que la tâche de Dionysos n'est dans le fait de boire du vin enivrant — la tâche d'Aphrodite *(ergon Aphroditēs)* n'est dans la simple relation et conjonction du corps *(sunousia, meixis)* : elle est dans le sentiment d'amitié *(philophrosunē)*, le besoin *(pothos)*, les relations *(homilia)* et le commerce *(sunētheia)* réciproques. Le rapport sexuel, dans la vie conjugale, doit servir comme d'instrument pour la formation et le développement de relations affectives symétriques et réversibles : « Aphrodite », dit Plutarque, « est l'artisan qui crée la concorde et l'amitié *(homophrosunēs kai philias dēmiourgos)* entre hommes et femmes, car à travers leur corps et sous l'effet du plaisir elle lie et fond en même temps les âmes[2] ».

---

1. PLUTARQUE, *Banquet des Sept Sages*, 156 c.
2. *Ibid.*, 156 d. Dans *Plutarque et le stoïcisme* (p. 109), Babut fait remarquer qu'Antipater, Musonius et Hiéroclès « s'intéressent plutôt au mariage qu'à l'amour ; leur but semble surtout d'établir que le mariage n'empêche pas de mener une vie philosophique ; enfin on ne trouve pas trace chez eux de l'une des idées importantes de l'*Amatorius*, à savoir que la femme est aussi capable que l'homme d'inspirer la passion amoureuse ».

Ces conseils peuvent paraître assez frustes. Ils n'en figurent pas moins parmi les préliminaires d'une longue histoire : celle de la codification des relations morales entre les époux, sous le double aspect d'une recommandation générale de réserve, et d'une leçon complexe de communication affective à travers les plaisirs sexuels.

*

Un principe « monopolistique » : pas de rapports sexuels en dehors du mariage. Une exigence de « déshédonisation » : que les conjonctions sexuelles entre époux n'obéissent pas à une économie du plaisir. Une finalisation procréatrice : qu'ils aient pour objectif la naissance d'une progéniture. Ce sont là trois des traits fondamentaux qui marquent l'éthique de l'existence conjugale que certains moralistes ont développée au début de l'époque impériale, et dont l'élaboration doit beaucoup au stoïcisme tardif. Mais ce ne sont pas pourtant des traits qui lui sont propres : on a pu retrouver des exigences semblables dans les règles imposées par Platon aux citoyens de sa République ; on pourra les retrouver par la suite dans ce que l'Église a pu requérir d'un bon ménage chrétien. Beaucoup plus qu'une innovation de la rigueur stoïcienne, beaucoup plus qu'un projet propre à la morale de cette époque, ces trois principes n'ont pas cessé, pendant des siècles, de marquer le rôle de foyer d'austérité sexuelle qu'on a voulu faire jouer au mariage.

Mais la constance de ces trois principes ne doit pas faire croire à une pure et simple identité. Une certaine morale plus ou moins stoïcisante de l'époque impériale ne s'est pas contentée de véhiculer, de l'utopie platoni-

cienne jusqu'au christianisme, le code d'un mariage
« monopolistique », destiné à la procréation et méfiant à
l'égard du plaisir. Elle lui a apporté un certain nombre
d'inflexions particulières qui relèvent des formes prises
alors par le développement de la culture de soi.

Il convient de remarquer d'abord que, chez Platon,
l'obligation d'insérer tous les plaisirs sexuels dans la
structure matrimoniale avait l'une de ses justifications
principales dans la nécessité de fournir à la cité les
enfants dont elle avait besoin pour subsister et conserver
sa force. Dans le christianisme, en revanche, le lien du
rapport sexuel au mariage sera justifié par le fait que le
premier porte en lui-même les marques du péché, de la
chute et du mal, et que seul le second peut lui donner une
légitimité dont on doit même se demander si elle l'inno-
cente entièrement. Or chez Musonius, Sénèque, Plutarque ou Hiéroclès, même si l'utilité a son rôle à jouer,
même si la méfiance à l'égard des emportements de plaisir est très vive, le lien entre mariage et *aphrodisia* ne
s'établit, pour l'essentiel, ni en posant le primat des
objectifs sociaux et politiques du mariage, ni en postulant
un mal originaire et intrinsèque aux plaisirs, mais en les
liant entre eux par une appartenance de nature, de raison
et d'essence. Disons, pour tenir compte des différences de
position et des variantes doctrinales, que le monopole
sexuel qu'on tend à revendiquer pour le mariage dans
cette forme d'éthique gravite moins autour des utilités
« externes » du mariage ou de la négativité « interne » du
plaisir que d'une tentative pour mener à coïncidence un
certain nombre de rapports : la conjonction de deux partenaires sexuels, le lien duel des conjoints, le rôle social de
la famille — et cela dans l'adéquation aussi parfaite que
possible de la relation à soi.

On touche là à une seconde différence importante. L'obligation de maintenir l'usage de ses plaisirs dans le cadre du mariage était aussi pour le gardien de Platon, le chef d'Isocrate ou le citoyen d'Aristote, une manière d'exercer sur lui-même sa maîtrise, une maîtrise rendue obligatoire par son statut ou par l'autorité qu'il doit exercer dans la cité. Le principe d'une fidélité conjugale parfaite sera dans la pastorale chrétienne un devoir inconditionnel pour qui se préoccupe de son salut. En revanche, dans cette morale inspirée par le stoïcisme, c'est pour satisfaire aux exigences propres du rapport à soi, pour ne pas blesser ce qu'on est par nature et par essence, pour s'honorer soi-même comme être raisonnable qu'il convient de faire, des plaisirs sexuels, un usage interne au mariage et conforme à ses fins. Sans doute ce principe qui tend à exclure, même pour les hommes, le rapport sexuel hors du mariage, et à ne l'autoriser que pour certaines fins déterminées, sera un des points d'ancrage pour une « juridification » ultérieure des rapports conjugaux et de la pratique sexuelle ; comme celle de la femme, l'activité sexuelle de l'homme marié risquera de tomber, au moins en principe, sous le coup de la loi ; et à l'intérieur même du mariage, un code précis dira ce qu'il est permis ou défendu de faire, de vouloir ou même de penser. Mais cette juridification — qui sera si sensible par la suite — est liée à la pastorale chrétienne et à sa structure propre. Or même dans les textes les plus détaillés sur la vie du couple, comme ceux de Plutarque, ce n'est pas une réglementation qui est proposée pour partager le permis et le défendu ; c'est une manière d'être, un style de rapports ; la morale du mariage et les conseils sur la vie conjugale sont à la fois des principes qui valent universellement et des règles pour ceux qui veulent donner à leur existence une forme honorable et belle. C'est l'universalité sans loi d'une esthétique de l'existence qui n'est pratiquée de toute façon que par quelques-uns.

La conjugalisation des activités sexuelles qui tend à localiser la légitimité dans le seul mariage a évidemment pour conséquences leur restriction manifeste (au moins en ce qui concerne l'homme, puisqu'elle est depuis longtemps requise pour la femme mariée). De plus l'exigence d'une dissociation entre l'usage de ces plaisirs et la finalité hédonique tendra à une disqualification interne de cette activité elle-même. Mais il faut bien comprendre aussi que ces restrictions et cette disqualification sont accompagnées d'un autre processus : une intensification de la valeur et du sens des relations sexuelles à l'intérieur du mariage. D'un côté, en effet, les rapports sexuels interconjugaux n'y sont plus simplement la conséquence et la manifestation d'un droit; il faut qu'ils prennent place à l'intérieur d'un faisceau de relations qui sont celles de l'affection, de l'attachement et de la réciprocité. Et d'autre part, si le plaisir comme fin doit être éliminé, il est, au moins dans certaines des formulations les plus subtiles de cette éthique, à utiliser comme élément (à la fois instrument et garantie) dans le jeu des expressions affectives entre les époux.

Et c'est justement au nom de cette intensification de la valeur des *aphrodisia* dans les rapports conjugaux, en raison du rôle qu'on lui attribue dans la communication entre époux, qu'on se met à interroger de façon de plus en plus dubitative les privilèges qui avaient pu être reconnus à l'amour des garçons.

CHAPITRE VI

Les garçons

I. PLUTARQUE
II. LE PSEUDO-LUCIEN
III. UNE NOUVELLE ÉROTIQUE

Comparée à ses hautes formulations de l'époque classique, la réflexion sur l'amour des garçons a perdu, dans les premiers siècles de notre ère, sinon de son actualité, du moins de son intensité, de son sérieux et de ce qu'elle avait de vif. Elle prend, là où elle se manifeste, une allure facilement répétitive : jouant sur des thèmes anciens — souvent ceux du platonisme —, elle participe, mais de façon terne, à la réactivation de la culture classique. Même lorsque la philosophie cherche à redonner à la figure de Socrate son prestige d'autrefois, l'amour des garçons, avec les problèmes qu'il pose, ne constitue pas un foyer actif et vivant de réflexion : les quatre discours de Maxime de Tyr sur l'amour socratique ne sauraient fournir un argument contraire.

Ce qui ne veut pas dire que la pratique ait disparu ou qu'elle soit devenue l'objet d'une disqualification. Et tous les textes montrent bien qu'elle était encore courante et toujours considérée comme une chose naturelle. Ce qui semble avoir changé, ce n'est pas le goût pour les garçons, ni le jugement de valeur qu'on porte sur ceux qui ont ce penchant, mais la façon dont on s'interroge sur lui. Obsolescence non de la chose elle-même, mais

du problème; recul de l'intérêt qu'on lui porte; efface-
ment de l'importance qu'on lui reconnaît dans le débat
philosophique et moral. Cette « dé-problématisation » a
sans doute bien des motifs. Certains touchent à l'influence de la culture romaine; ce n'est pas que les
Romains étaient plus insensibles que les Grecs à cette
sorte de plaisir. Mais la difficile question des garçons
comme objets de plaisir se posait, dans le cadre de leurs
institutions, avec moins d'acuité que dans celui d'une
cité grecque. D'une part les enfants de bonne naissance
étaient bien « protégés » par le droit familial et par les
lois publiques; les pères de famille entendaient faire respecter le pouvoir qu'ils exerçaient sur leur fils; et la
fameuse loi *Scantinia*, qui — Boswell l'a bien montré[1]
— n'interdisait pas l'homosexualité, défendait l'adolescent libre de l'abus et de la violence. D'autre part, et
sans doute aussi par voie de conséquence, l'amour garçonnier se pratiquait surtout avec les jeunes esclaves, sur
le statut desquels il n'y avait pas à s'inquiéter : « À
Rome l'éphèbe de naissance libre était remplacé par l'esclave », dit P. Veyne[2]. Même hellénisée, même imprégnée de philosophie, Rome, dont les poètes aimaient tant
chanter les adolescents, n'a guère donné d'échos à la
grande spéculation grecque sur l'amour des garçons.

De plus, les formes prises par la pratique pédagogique
et ses modes d'institutionnalisation rendaient beaucoup
plus difficile de valoriser le rapport aux adolescents en
termes d'efficacité éducative. Lorsque Quintilien évoque
le moment où le garçon doit être confié au maître de
rhétorique, il insiste sur la nécessité de s'assurer des

---

1. J Boswell, *Christianity, Social Tolerance, and Homosexuality*, p. 61 et
suiv.
2. P. Veyne, « L'amour à Rome », in *L'Histoire*, janvier 1981, p. 77.

« mœurs » de celui-ci ; « en effet, les enfants sont presque formés quand ils passent chez ces professeurs et devenus jeunes hommes, ils restent encore auprès d'eux ; aussi faut-il veiller avec le plus grand soin à ce que leur âge encore tendre trouve dans la pureté du maître une protection contre toute offense et que l'excès de leurs emportements soit détourné de la licence par sa gravité » ; il faut donc que le maître « adopte à l'égard de ses élèves les sentiments d'un père et qu'il se considère comme le représentant de ceux qui lui confient leurs enfants[1] ». D'une façon plus générale, une certaine diminution de l'importance des rapports personnels de *philia*, ainsi que la valorisation du mariage et du lien affectif entre époux ont sans doute beaucoup fait pour que la relation d'amour entre hommes cesse de constituer l'enjeu d'une discussion théorique et morale intense.

Trois textes importants demeurent toutefois : le dialogue de Plutarque sur l'amour, celui, plus tardif, attribué à Lucien, et les quatre dissertations de Maxime de Tyr sur l'amour socratique. On peut laisser de côté ce dernier texte : non pas à cause de son caractère rhétorique et artificiel — les *Amours* du Pseudo-Lucien ne le sont guère moins, et la réactivation de thèmes anciens dans des exercices académiques est un trait d'époque. Mais le texte de Maxime de Tyr est essentiellement consacré — c'est ce qui fait sa traditionalité — à la distinction et à la comparaison, dans des relations masculines, entre deux sortes d'amour : celui qui est beau et juste et celui qui ne l'est pas[2]. Cette distinction, Maxime de Tyr la fait coïncider, selon la tradition platonicienne,

1. QUINTILIEN, *Institution oratoire*, II, 2.
2. MAXIME DE TYR, *Dissertations*, 24, 1 ; 25, 1.

avec l'opposition entre l'amour véritable et celui qui n'en est que le faux-semblant. Et à partir de là, il développe la comparaison systématique et traditionnelle des deux amours. Selon les qualités qui leur appartiennent en propre : l'un comporte vertu, amitié, pudeur, franchise, stabilité ; l'autre comporte excès, haine, impudeur, infidélité. Selon les manières d'être qui les caractérisent : l'un est hellénique et viril, l'autre est efféminé et barbare. Selon les conduites enfin dans lesquelles ils se manifestent : l'un prend soin de l'aimé, l'accompagne au gymnase, à la chasse, au combat ; il le suit dans la mort ; et ce n'est ni dans la nuit ni dans la solitude qu'il recherche sa compagnie ; l'autre en revanche fuit le soleil, recherche la nuit et la solitude, et il évite d'être vu avec celui qu'il aime[1].

Les dialogues de Plutarque et du Pseudo-Lucien sur l'amour sont construits très différemment. Leur Érotique est elle aussi binaire et comparative : il s'agit toujours de distinguer deux formes d'amour et de confronter leur valeur. Mais au lieu que cette comparaison joue à l'intérieur d'un Éros dominé, sinon entièrement représenté, par l'amour masculin, pour y faire apparaître deux formes moralement inégales, elle part de deux formes de relations naturellement distinctes : la relation avec les garçons et celle avec les femmes (et plus précisément celle qu'on peut avoir avec son épouse légitime dans le cadre du mariage) ; et c'est à ces deux formes données comme distinctes qu'on posera la question de la valeur, de la beauté et de la supériorité morales. Avec ces diverses conséquences qui modifient considérablement la question de l'Érotique : que l'amour pour les femmes et sin-

1. *Ibid.*, 25, 2-4.

gulièrement le mariage font, de plein droit, partie du domaine de l'Éros et de sa problématisation ; que celle-ci prend appui sur l'opposition naturelle entre l'amour pour son propre sexe et l'amour pour l'autre ; et qu'enfin la valorisation éthique de l'amour ne pourra plus s'effectuer par l'élision du plaisir physique.

Tel est le paradoxe : c'est autour de cette question du plaisir que s'était développée la réflexion sur la pédérastie dans l'Antiquité grecque ; c'est autour de cette même question qu'elle va entrer en régression. C'est le mariage, comme lien individuel susceptible d'intégrer les relations de plaisir et de leur donner une valeur positive, qui va constituer le foyer le plus actif pour la définition d'une stylistique de la vie morale. L'amour des garçons ne deviendra pas pour autant une figure condamnée. Il trouvera bien encore des façons de s'exprimer dans la poésie et dans l'art. Mais il subira une sorte de « désin vestissement » philosophique. Lorsqu'on l'interrogera, au lieu de chercher en lui une des formes les plus hautes possibles de l'amour, on lui objectera, comme une insuffisance radicale, son incapacité à faire place aux relations de plaisir. La difficulté à penser les rapports entre cette forme d'amour et l'usage des *aphrodisia* avait été longtemps le motif de sa valorisation philosophique ; elle devient maintenant la raison de voir en lui un goût, une habitude, une préférence qui peuvent avoir leur tradition, mais qui ne sauraient définir un style de vie, une esthétique de la conduite et toute une modalité du rapport à soi, aux autres et à la vérité.

Le dialogue de Plutarque et celui du Pseudo-Lucien témoignent à la fois de cette légitimité toujours reconnue à l'amour des garçons et de son déclin croissant comme thème vivant d'une stylistique de l'existence.

1

PLUTARQUE

Le *Dialogue sur l'Amour* de Plutarque s'ouvre et se clôt sous le signe du mariage. Au lendemain de leurs noces, Plutarque, avec sa femme, est venu faire pèlerinage à Thespies : ils veulent sacrifier au dieu, et lui demander de favoriser cette union qu'une brouille entre leurs familles plaçait sous de fâcheux auspices. Ils tombent chez leurs hôtes au beau milieu d'une petite agitation : le jeune Bacchon, éphèbe convoité, doit-il ou non se marier avec la femme qui le poursuit ? Débat, péripétie, enlèvement. Le dialogue se termine quand tout le monde se prépare pour faire cortège à ces nouveaux époux et sacrifier au dieu bienveillant. Le dialogue se déroule d'un mariage à l'autre[1].

Il se déroule aussi sous le signe d'Éros, au moment des *Érotidia*, ces fêtes qu'on célébrait à Thespies tous les quatre ans, en l'honneur « de l'Amour et des Muses ». C'est à ce dieu que Plutarque a tenu à demander protec-

---

1. H. MARTIN (*Plutarch's Ethical Writings and Early Christian Literature*, ed. by H. D. Betz) remarque que le dialogue ne fait pas de différence explicite entre amour hétérosexuel et mariage. Rapprochant le *Dialogue sur l'Amour* et les *Préceptes conjugaux*, L. Goessler insiste sur le lien marqué par Plutarque entre *gamos* et *erōs*, et sur ce qu'il y a là de nouveau dans la question traditionnelle du mariage.

tion pour son mariage ; c'est ce dieu qu'on invoquera pour les noces contestées de Bacchon avec Isménodore : car il semble bien que, lui, il « approuve et favorise de sa bienveillance ce qui est en train de s'accomplir[1] ». Entre-temps, Plutarque aura eu le loisir de chanter un long éloge d'Éros, de sa divinité, de son ancienneté, de sa puissance, de ses bienfaits, de la force par laquelle il élève et attire les âmes ; ainsi aura-t-il, pour sa part, contribué au culte du dieu qu'on célèbre en même temps dans toute la ville en fête. Éros et Gamos, la force de l'amour et le lien conjugal dans leurs rapports mutuels : tel est le thème du dialogue. La finalité des rites religieux qui lui servent de cadre est claire : que la puissance d'Éros, appelée à la protection du couple, triomphe de la mésentente des familles, apaise entre les amis la dissension et assure le bonheur des vies conjugales. Le but théorique du débat est conforme à cette pratique de piété ; il la fonde en raison : montrer que le lien conjugal, plus que toute autre relation, est capable d'accueillir la force de l'Amour, et que celle-ci trouve, parmi les humains, son lieu privilégié dans le couple.

Le prétexte de l'entretien et les péripéties extérieures qui en suscitent les développements successifs sont racontés de façon solennelle et ironique : c'est un événement « pathétique », qui a « tout d'un drame » ; pour le représenter, il faudrait « un chœur » et on aurait besoin d'« une scène »[2]. En fait, il s'agit d'un petit épisode comique. Bacchon, l'adolescent désirable — il est beau, il est vertueux —, est poursuivi par un éraste, Pisias ; mais aussi par une veuve, de beaucoup son aînée. Elle

---

1. PLUTARQUE, *Dialogue sur l'Amour*, 771 e.
2. *Ibid.*, 749 a.

avait été chargée de lui chercher une épouse convenable ; elle n'avait rien trouvé, ni personne, de mieux qu'elle-même ; elle entreprend le garçon, le pourchasse, l'enlève, organise déjà la noce à la barbe de l'amant, furieux puis résigné. Le dialogue commence quand on sait déjà les projets de la redoutable veuve, mais avant qu'elle ait fait son coup de force. L'enfant par conséquent est encore entre ses deux poursuivants : il ne sait quelle voie choisir ; comme il a remis la décision à ses aînés, ceux-ci vont en délibérer. La discussion a donc lieu entre deux partisans de l'amour des garçons, Protogène et Pisias, et deux partisans de celui des femmes, Anthémion et Daphnée. Elle se déroule devant Plutarque qui, très vite, quitte le rôle de témoin, prend en main le débat, le conduit vers une théorie générale de l'amour : les premiers champions des deux amours ayant alors disparu, il aura pour interlocuteurs, et adversaires, Pemptidès et surtout Zeuxippe qui se font de l'amour une conception matérialiste et du mariage une idée agressivement critique à laquelle Plutarque devra répliquer.

On touche là à un des traits notables du dialogue.

Il part du schéma traditionnel — que ce soit dans les figures mythiques ou dans la casuistique morale — de la croisée des chemins : il y a deux voies, laquelle choisir ? celle de l'amour pour les garçons ou celle de l'amour pour les femmes ? Or, de fait le débat ne soulève pas exactement ce problème : alors que dans les textes platoniciens, l'Éros masculin et noble est opposé à celui facile, multiple, physique, « pandémien » (qui, manifestement, est celui qu'on peut pratiquer avec garçons et filles hors mariage), le choix, chez Plutarque, est entre les garçons d'une part, et le mariage de l'autre, comme si c'était bien en celui-ci que s'accomplit le rapport avec les femmes.

Un autre élément distinctif dans le dialogue de Plutarque, c'est le personnage de la femme à la poursuite du garçon. Tous les traits qui la marquent sont significatifs. Elle est plus âgée que le garçon, tout en étant encore dans la jeunesse; elle est plus riche que lui; elle a un statut social plus important; la vie passée lui a déjà donné de l'expérience[1]. Ce genre de situation n'est pas extraordinaire en Grèce — à la fois à cause de la rareté des femmes et de la stratégie des mariages. Mais on éprouvait cependant une certaine réticence devant ce genre d'union; et le mari plus jeune et plus pauvre se trouvait par rapport à sa femme dans une situation un peu gênante, dès lors que la prééminence du mari était statutaire dans les relations matrimoniales. On trouve d'ailleurs, dans les textes consacrés à la vie conjugale, bien des remarques sur ces inconvénients; Plutarque, dans la *Vie de Solon*, recommande au magistrat qui trouve le jeune homme s'empressant auprès d'une vieille, « comme un mâle auprès d'une perdrix », de le faire passer dans la maison d'une jeune fille en besoin d'époux[2]. Pisias ne manquera pas d'ailleurs de rappeler ces craintes habituelles aux partisans du mariage de Bacchon[3]. Sans être tout à fait exceptionnelle, c'était là une union paradoxale et dangereuse, où se marquaient trop les intérêts de l'un et les appétits de l'autre pour qu'elle laisse présager une existence heureuse et sage. Ce que Bacchon se voit proposer — contre l'amour pédérastique — c'est donc non pas le meilleur, mais le moins

1. *Ibid.*, 754 c.
2. PLUTARQUE, *Vie de Solon*, 20, 8.
3. PLUTARQUE, *Dialogue sur l'Amour*, 752 e-f.

bon des mariages possibles. La discussion qui le justi-
fiera et l'issue qui le fera triompher n'en auront que
davantage de valeur.

Mais il faut relever encore un autre trait paradoxal.
Isménodore, la veuve ardente, est une femme pleine de
qualités : elle est vertueuse ; elle mène une « vie rangée » ;
elle est entourée du respect de l'opinion ; jamais « un
mauvais propos n'a couru sur elle » ; jamais « le soupçon
d'une action honteuse n'a effleuré sa maison[1] ». Pourtant elle s'est lancée sans vergogne à la poursuite du garçon ; on le lui avait confié pour qu'elle puisse favoriser
son mariage ; mais à entendre dire tant de bien de lui, à
voir de ses propres yeux sa beauté et ses qualités, à
constater qu'il était poursuivi par tant de valeureux
amants, elle l'aime à son tour. Mieux, elle le pourchasse ;
elle le guette quand il revient du gymnase, faute de pouvoir l'y accompagner ; et avec la complicité de quelques
amis, elle « l'enlève ». On sait que ces « enlèvements »
— en partie réels, en partie arrangés aussi — étaient un
élément fréquent sinon dans la réalité elle-même, du
moins, à coup sûr, dans la littérature pédérastique.
Beaucoup de récits mythiques et historiques tournent
autour d'un de ces épisodes de violence. Les *Histoires
d'amour* attribuées à Plutarque, ceux des *Discours* de
Maxime de Tyr qui sont consacrés à l'amour socratique
y font référence[2]. Et si une personne d'autant de vertu
qu'Isménodore se livre à un tel assaut, c'est qu'elle a été
en proie « à une impulsion divine, plus forte que la raison humaine ». Or tous ces traits (la différence d'âge, le
mérite reconnu, l'intérêt pris aux qualités morales et à la

---

1. *Ibid.*, 749 d et 755 d-e.
2. PLUTARQUE, *Histoires d'amour*, 2, 772 e ; 3, 773 f.

bonne réputation de l'aimé, l'initiative de la poursuite, la violence de l'inspiration divine) sont facilement reconnaissables : ce sont ceux qui caractérisent l'amant des garçons dans le modèle pédérastique traditionnel. Isménodore, dans la description de Plutarque, est exactement dans la position de l'éraste. De sorte qu'au fond Bacchon n'a pas réellement à choisir entre deux formes d'amour profondément différentes — celui qui peut se nouer entre un jeune homme bien doué et un aîné qui s'intéresse à la beauté de son ami, et celui qui s'établit entre un mari et une femme pour gérer un patrimoine et élever des enfants ; mais entre les deux formes d'un même amour avec cette seule différence que dans un cas c'est l'amour d'un homme, dans l'autre celui d'une femme. Qu'il s'agisse du même type de rapport, c'est ce que marque très explicitement Plutarque dans l'une de ses interventions en faveur du mariage avec Isménodore : personne, dit-il, ne peut se passer d'autorité, ni être parfait par lui-même ; « l'éphèbe est soumis au gymnasiarque, l'adolescent à l'éraste, l'adulte à la loi, et au stratège... Dès lors est-il scandaleux qu'une femme pleine de sens et déjà avancée en âge gouverne la vie de son jeune mari, en se montrant à la fois utile par la supériorité de son expérience *(tōi phronein mallon)* et agréable par son affection *(tōi philein)* et sa tendresse[1] ? »

On voit que le dialogue de Plutarque est sous-tendu par deux mouvements : d'une part le glissement dû à la discussion elle-même ; la question du choix que l'aimé doit faire entre ses deux amants devient subrepticement la question de l'amour sous ses deux formes possibles — pour les garçons ou pour les filles ; et d'autre

1. PLUTARQUE, *Dialogue sur l'Amour*, 754 d.

part le transfert permis par la situation paradoxale de l'intrigue qui charge la relation avec une femme des mêmes virtualités éthiques que le rapport avec un homme. Dans la petite dramaturgie qui sous-tend les péripéties du dialogue, l'objectif de tout le débat apparaît clairement : il s'agit de former une conception de l'amour unique ; celle-ci ne rejettera pas les valeurs propres à l'amour pédérastique, elle les inclura au contraire dans une forme plus large, plus complète et telle que seule, finalement, la relation aux femmes et plus précisément à l'épouse pourra la mettre en œuvre.

On est tenté de voir dans ce dialogue de Plutarque l'un des nombreux concours rhétoriques qui faisaient s'affronter, pour désigner un vainqueur, l'amour des femmes et l'amour des garçons. Ainsi envisagé, il peut passer pour un des plus ardents plaidoyers en faveur de l'affection et des plaisirs conjugaux ; et il est légitime de le placer à côté des traités stoïciens sur le mariage ; avec eux, il a en commun bien des thèmes et bien des formulations. Mais il s'agit dans ce texte de bien autre chose que d'une argumentation en faveur du mariage et contre la pédérastie. On peut y voir l'esquisse d'un changement important dans l'Érotique ancienne. Cette transformation peut se résumer brièvement : alors qu'on n'admettait guère de discontinuité, de frontière infranchissable, d'écart de valeurs important dans la pratique des *aphrodisia*, en revanche l'élaboration de l'Érotique était nettement dualiste : dualisme double d'ailleurs et par lui-même assez complexe puisque d'une part on opposait l'amour vulgaire (celui où les actes sexuels sont prépondérants) et l'amour noble, pur, élevé, céleste (où la présence de ces mêmes actes est sinon annulée, du moins voilée ; et puisque d'autre part on faisait ressortir la spécificité de l'amour pour les garçons dont l'aspiration, la forme, les buts, les effets étaient censés, si du moins on se conformait bien à sa vraie nature, être différents de ce qu'on pourrait trouver dans les autres amours. Ces deux dualismes tendaient d'ailleurs à se recouvrir, puisqu'on admettait que l'amour « vrai » pour les garçons ne pouvait être qu'un amour pur et dégagé de la recherche vulgaire des *aphrodisia* (celle qui anime le désir pour les femmes ou l'appétit dévoyé pour les garçons). Un domaine continu des *aphrodisia*, et une Érotique à structure binaire : c'est cette configuration qui commence à s'inverser ici. Le *Dialogue* de Plutarque peut témoigner de ce mouvement qui en fait ne s'achèvera que beaucoup plus tard lorsque sera édifiée une conception absolument unitaire de l'amour, tandis que la pratique des plaisirs, elle, sera partagée par une frontière stricte : celle qui sépare les conjonctions d'un sexe à l'autre et les rapports intérieurs à un même sexe. C'est ce régime qui en gros est encore le nôtre aujourd'hui, solidifié qu'il est par une conception unitaire de la sexualité qui permet de marquer strictement le dimorphisme des relations, et la structure différentielle des désirs.

Dans le *Dialogue* de Plutarque, on voit l'effort pour constituer une Érotique unitaire, très nettement organisée sur le modèle de la relation homme-femme et même mari-femme ; par rapport à cet amour unique (il est censé être le même, qu'il s'adresse à des femmes ou à des garçons), l'attachement pédérastique se trouvera en fait disqualifié, mais sans que pour autant une limite sévère soit tracée, comme elle le sera par la suite, entre les actes « homo- » ou « hétérosexuels ». Tout l'enjeu du texte tourne autour de cette unification de l'Érotique.

Elle s'opère par une discussion critique (celle du « dualisme »), par l'élaboration d'une théorie unitaire (celle de l'amour) et par la mise en jeu d'un concept fondamental (celui de *Charis*, la Grâce).

1. L'exposé et la critique du « dualisme » traditionnel peuvent se résumer rapidement. Ce dualisme est évidemment défendu par les partisans de l'amour des garçons. Protogène et Pisias quitteront d'ailleurs très vite la scène — dès qu'on apprendra l'enlèvement de Bacchon : ils ont été là le temps de célébrer une dernière fois l'Érotique différentielle. Selon celle-ci, l'amour des garçons est à la fois différent de l'inclination pour les femmes et supérieur à elle pour deux raisons : l'une qui touche à leur position respective par rapport à la nature ; et l'autre qui concerne le rôle joué, en chacun d'eux, par le plaisir.

Les partisans de l'amour des garçons font bien une brève allusion à l'argument fréquent qui oppose tout ce qu'il y a d'artificiel chez les femmes (parures et parfums chez les unes, rasoirs, filtres et fards chez les plus dévergondées) au naturel des garçons qu'on rencontre à la palestre[1]. Mais l'essentiel de leur argument contre l'amour pour les femmes est qu'il n'est rien de plus qu'une inclination de nature. C'est la nature en effet, dit Protogène, qui a placé en nous un appétit *(orexis)* portant les deux sexes l'un vers l'autre : il fallait bien que nous soyons portés à procréer, comme nous le sommes à nous alimenter. Mais on voit bien que ce même type d'appétit, on le trouve chez les mouches pour le lait, chez les abeilles pour le miel ; on le trouverait aussi bien chez les cuisiniers pour les poulets et pour les veaux. À

1. PLUTARQUE, *Dialogue sur l'Amour*, 751 a ; 752 b.

tous ces appétits, Protogène ne songe pas à donner le nom d'Amour[1]. La naturalité de l'attirance pour l'autre sexe ne condamne pas, évidemment, l'indispensable pratique qui nous fait nous unir aux femmes ; mais elle en limite la valeur à celle d'une conduite qu'on peut trouver partout dans le monde animal et qui a pour raison d'être une nécessité élémentaire. Le caractère naturel des rapports aux femmes est invoqué par Protogène pour en marquer l'imperfection, et pour tracer la différence avec un amour des garçons qui, lui, fait fi de telles nécessités et vise bien plus haut. En fait, il ne développe pas ce qu'est pour lui cet Amour au-delà de la nature : c'est Plutarque qui reprendra ces thèmes platoniciens, mais pour les intégrer, contre les tenants des garçons, dans une conception unitaire de l'amour.

L'autre différence est marquée par le rôle du plaisir. L'attirance pour les femmes ne peut s'en détacher ; l'amour pour les garçons, au contraire, n'est véritablement conforme à son essence que s'il s'en affranchit. Pour soutenir cette thèse, l'argumentation utilisée par Protogène et Pisias est plutôt stoïcienne. Ils font valoir que le rapport avec les femmes a bien été aménagé par la nature pour la conservation de l'espèce ; mais les choses ont été disposées de telle sorte que le plaisir est associé à cet acte. Pour cette raison, l'appétit, la pulsion *(orexis, hormē)* qui nous y portent sont toujours prêts à devenir violents et sans frein : alors ils se transforment en désir *(epithumia)*. Ainsi est-on porté de deux façons vers cet objet naturel que constitue la femme : par l'appétit, mouvement de la nature qui se propose pour fin raisonnable la survie des générations, et qui utilise

1. *Ibid.*, 750 c-d.

comme moyen le plaisir ; et par le désir, mouvement violent et sans règle interne, qui se propose « pour fin le plaisir et la jouissance[1] ». On voit bien que ni l'un ni l'autre ne peuvent être l'Amour en sa vérité : le premier, parce qu'il est naturel et commun à tous les animaux ; le second parce qu'il dépasse les limites raisonnables et qu'il attache l'âme aux voluptés physiques.

Il convient donc d'exclure du rapport entre hommes et femmes la possibilité même de l'Éros. « Aucune parcelle de l'amour ne peut entrer dans le gynécée[2] », dit Protogène dans une formule à laquelle les partisans des garçons donnent deux significations : la nature du désir, qui attache un homme à une femme « par le sexe », comme un chien à sa femelle, est exclusive de l'amour ; et d'autre part, il ne serait pas convenable, pour une femme sage et chaste, d'éprouver de l'« amour » pour son mari et d'accepter d'« être aimée » de lui *(eran, erastai)*[3]. Il n'y a donc qu'un seul amour véritable, celui des garçons : parce que les plaisirs indignes en sont absents et parce qu'il implique nécessairement une amitié qui est indissociable de la vertu ; si d'ailleurs l'éraste constate que son amour ne suscite pas chez l'autre « amitié et vertu », alors il renonce à ses soins et à sa fidélité[4].

À cet argumentaire traditionnel, réponse attendue. C'est la dénonciation par Daphnée de l'hypocrisie pédérastique. Comme si Achille en larmes n'avait pas évoqué les cuisses de Patrocle, comme si Solon, à propos des garçons en fleur, n'avait pas chanté « la douceur de leurs cuisses et de leurs lèvres », l'amateur de garçons aime à se

1. *Ibid.*, 750 d-e.
2. *Ibid.*, 750 c.
3. *Ibid.*, 752 b-c.
4. *Ibid.*, 750 e.

donner l'air d'un philosophe et d'un sage; mais il n'attend sans doute qu'une occasion; et la nuit, quand tout repose, « douce est la cueillette en l'absence du gardien ». On voit le dilemme : ou bien les *aphrodisia* sont incompatibles avec l'amitié et l'amour, et dans ce cas les amateurs de garçons qui en secret jouissent des corps désirés sont déchus de la dignité de l'amour; ou bien on accepte que les voluptés physiques prennent place dans l'amitié et dans l'amour, et alors il n'y a pas de raison d'exclure de ceux-ci la relation avec les femmes. Mais Daphnée ne s'en tient pas là; il rappelle aussi l'autre grande alternative qu'on objectait souvent à la conduite des amants et au plaisir qu'ils essayaient de prendre : si l'éromène est vertueux, on ne peut obtenir ce plaisir qu'en lui faisant subir violence; et s'il consent, il faut bien reconnaître alors qu'on a affaire à un efféminé[1]. Il ne faut donc pas chercher dans le goût des garçons le modèle premier de tout amour; il convient plutôt de le considérer comme « un tard venu, né de parents trop vieux, un bâtard, un enfant des ténèbres qui cherche à expulser l'Amour légitime, son aîné[2] »; à moins, comme le suggère Daphnée, que le goût des garçons et celui pour les femmes ne soient au fond qu'une seule et même chose[3].

Mais la véritable élaboration de la théorie générale de l'amour se fait après le départ des premiers adversaires et hors de leur présence, comme s'il fallait, pour atteindre l'objet principal du débat, donner congé à cet affrontement familier. Jusque-là, remarque Pemptidès, le débat avait porté sur des questions personnelles, il faut l'orienter vers des thèmes généraux.

1. *Ibid.*, 751 d-e.
2. *Ibid.*, 751 f.
3. *Ibid.*, 751 e.

2. La partie centrale du dialogue est constituée par un éloge de l'Amour sur le mode traditionnel de la louange d'un dieu : on établit son caractère véritablement divin (Plutarque s'oppose ici à la thèse, d'inspiration épicurienne, esquissée par Pemptidès, à savoir que les dieux ne seraient rien de plus que nos passions ; et il montre que l'Amour qui se saisit de nous est l'effet d'une puissance nécessairement divine) ; on compare sa puissance avec celle des autres dieux (passage important car il montre comment Éros est un complément nécessaire d'Aphrodite : sans lui, l'œuvre d'Aphrodite ne serait rien de plus que le seul plaisir des sens, et on pourrait l'acheter pour une drachme ; il est aussi, contrairement à ce qu'on dit, plus courageux et vigoureux qu'Arès : c'est par amour réciproque que les amants, à la guerre, se jettent sur l'ennemi, se battent hardiment jusqu'à la mort plutôt que de fuir dans la honte) ; on décrit son action sur l'âme des hommes qu'il rend « généreuse, compatissante, libérale et qu'il transit tout entière comme pour une possession divine ». Enfin, l'éloge se termine par une référence à des mythes égyptiens et un exposé de la théorie platonicienne.

Ce qui est remarquable dans cet éloge, c'est que tous ses éléments relèvent de l'Érotique traditionnelle de la pédérastie. La plupart des exemples sont empruntés à l'amour des garçons ou à l'exemple de Sapho (Alceste et Admète forment à peu près la seule exception). Et c'est bien de fait sous les espèces du dieu des amours garçonnières qu'Éros apparaît dans les louanges qu'on lui adresse. Et pourtant, ce chant est prononcé par Plutarque, qui se dit en même temps « choreute de l'amour féminin » ; il s'agit pour lui d'illustrer la thèse générale proposée par Daphnée : « si nous ne regardons que la vérité, nous constatons que l'attrait pour les garçons et l'attrait pour les femmes procèdent d'un seul et même Amour[1] ».

C'est bien là en effet, semble-t-il, l'enjeu essentiel du dialogue. La petite comédie de l'enlèvement « pédérastique » de Bacchon par Isménodore lui sert simplement de cadre et d'illustration immédiate. Tout ce que l'Érotique des garçons a pu revendiquer comme caractère propre à cette forme d'amour (et par opposition à l'amour faux pour les femmes) est ici réutilisé, sans que rien soit éludé, bien au contraire, de la grande tradition pédérastique. Mais il s'agit de s'en servir comme forme générale capable de subsumer l'un et l'autre amour ; et en particulier de l'appliquer non seulement à l'attirance pour les femmes, mais au lien conjugal lui-même.

Après une intervention de Zeuxippe — que les manuscrits ne nous ont pas transmise et qui devait critiquer l'amour conjugal, non pas au nom de la pédérastie, mais en termes épicuriens —, Plutarque reprend la parole pour établir trois points essentiels. D'abord il souligne que si l'Amour est bien ce qu'on a dit, il fait sentir sa présence, sa puissance et ses effets aussi bien sur les rapports entre les deux sexes que sur les relations avec les garçons. Admettons un instant la thèse épicurienne : les images qui émanent du corps aimé, qui sont transportées jusqu'aux yeux de celui qui aime, qui pénètrent dans son corps, l'émeuvent et l'agitent jusqu'à la formation de sperme ; il n'y a pas de raison que ce mécanisme soit provoqué par les garçons et ne puisse l'être par les femmes[2]. Admettons en revanche la thèse platonicienne

---

1. *Ibid.*, 751 e-f.
2. *Ibid.*, 766 e.

vers laquelle Plutarque incline : si « à travers la fraîcheur et la grâce d'un corps » on aperçoit la beauté d'une âme, et que celle-ci, rappelant le spectacle d'en haut, donne des ailes à notre âme, pourquoi la différence des sexes jouerait-elle ici, où il n'est question que de « la beauté » et de « l'excellence au naturel »[1] ? Cet élément de la vertu — *aretē* — par lequel l'Érotique traditionnelle des garçons marquait une de ses différences importantes avec l'inclination pour les femmes, Plutarque montre qu'il dépasse toute différence de sexe : « On a dit que la beauté est la fleur de la vertu. Or il est absurde de prétendre que les femmes ne produisent pas cette fleur et ne manifestent pas de tendance à la vertu... Les deux sexes présentent en commun les mêmes caractères[2]. »

Quant à l'amitié que les pédérastes veulent retenir pour le seul amour des garçons, Plutarque montre qu'il peut marquer aussi bien la relation d'un homme avec une femme. Ou du moins (et cette spécification est évidemment capitale) avec *sa* femme. C'est la conjugalité et elle seule qui assure la forme de l'amitié dans le lien entre sexes. Cette conjugalité, Plutarque l'évoque ici brièvement, en quelques traits qui rappellent les *Préceptes conjugaux* ; elle implique le partage de l'existence tout au long d'une vie commune (Plutarque joue sur les mots *stergein*, aimer, et *stegein*, abriter, garder chez soi) ; elle appelle la bienveillance mutuelle *(eunoia)* ; elle suppose la communauté parfaite, et l'unité des âmes, dans des corps distincts, unité si forte que les époux « ne veulent plus, ne pensent plus être deux[3] » ; enfin elle exige la tempérance réciproque, la *sōphrosunē* qui fait

---

1. *Ibid.*, 766 e-767 a.
2. *Ibid.*, 767 b-c.
3. *Ibid.*, 767 d-e.

renoncer à toute autre liaison. C'est sur ce dernier point que la transposition de la théorie de l'Éros à la pratique de la vie conjugale est la plus intéressante ; car elle suggère, de la haute valeur du mariage, une idée bien différente de celle qu'on peut trouver chez les stoïciens. Plutarque, en effet, oppose à la tempérance qui vient « de l'extérieur », qui n'est qu'obéissance aux lois, et qui est imposée par la honte et la crainte, la tempérance qui est l'effet d'Éros : c'est lui en effet, lorsqu'il enflamme les deux époux l'un pour l'autre, qui apporte « la maîtrise de soi, la retenue et la loyauté » ; dans l'âme amoureuse des époux, il introduit « la pudeur, le silence, le calme » ; il lui confère « un maintien réservé » et il la rend « attentive à un seul être ». Il est facile de retrouver là les caractères de l'Éros pédérastique, opérateur de vertu et de mesure dans l'âme des amants, principe, chez les plus parfaits comme Socrate, de cette retenue qui le faisait se taire et garder la maîtrise de ses désirs devant ceux qu'il aimait. Plutarque transpose à la dualité conjugale les traits qui avaient longtemps été réservés à la *philia* des amants du même sexe.

Cependant la constitution d'une théorie générale de l'amour valable pour la relation aux femmes comme pour la relation aux garçons est biaisée : Plutarque n'est pas passé, comme le lui demandait Daphnée et comme il prétendait le faire, d'un amour particulier à un amour plus général. Il a emprunté à l'érotique des garçons ses traits fondamentaux et traditionnels ; et cela pour montrer, non qu'ils peuvent s'appliquer à toutes les formes d'amour, mais au lien conjugal exclusivement.

3. Tel est, en effet, l'objectif final du dialogue : montrer que cette chaîne unique de l'amour, qui peut trou-

ver dans le mariage sa réalisation parfaite, ne saurait prendre place, au moins sous sa forme complète, dans le rapport aux garçons. Si ce rapport, avec ses valeurs traditionnelles, a pu servir de support et de modèle à la conception générale de l'amour, il se trouve, au bout du compte, invalidé et déchu : amour imparfait quand on le compare à celui des époux.

Où Plutarque fait-il résider cette imperfection ? Tant qu'on avait une érotique dualiste qui distinguait l'amour vrai — parce que pur — de l'amour faux, trompeur — parce que physique —, l'absence des *aphrodisia* n'était pas simplement possible, elle était nécessaire pour faire de celle-ci la relation d'amour par excellence. Mais la constitution d'une érotique générale, liant fortement Éros et Aphrodite, change les données du problème ; l'élision des *aphrodisia*, cessant d'être une condition, devient un obstacle. Plutarque le dit explicitement : si Aphrodite, sans Éros, n'offre qu'un plaisir passager qu'on peut acheter pour quelques drachmes, Éros sans Aphrodite n'est pas moins imparfait lorsque lui fait défaut le plaisir physique ; un amour sans Aphrodite est « comme une ivresse sans vin, provoquée par une boisson tirée des figues et de l'orge ; ce ne peut être qu'un trouble sans fruit *(akarpon)* et sans plénitude *(ateles)*, qui se transforme vite en dégoût et en répugnance[1] ».

Or l'amour d'un garçon peut-il donner place aux *aphrodisia* ? On connaît l'argument[2] : ou bien les relations sexuelles y sont imposées par la violence et celui qui les subit ne peut éprouver que colère, haine et désir de vengeance ; ou bien elles sont consenties par celui qui,

1. *Ibid.*, 752 b.
2. Plutarque reprend ici l'argument développé par Daphnée, 751 d-e.

à cause de sa « mollesse », de sa « féminité » « prend plaisir à être passif » *(hēdomenos tōi paschein)*, chose « honteuse », « contre nature », et qui le ravale au rang le plus bas[1]. Plutarque reprend là le « dilemme de l'éromène » : violenté, il éprouve de la haine et consentant, il suscite le mépris. Les adversaires traditionnels de la pédérastie s'en tiennent là. Mais l'analyse de Plutarque va plus loin, cherchant à définir ce qui manque à l'amour des garçons et l'empêche d'être, comme l'amour conjugal, une composition harmonieuse d'Éros et d'Aphrodite, où le lien entre les âmes est associé au plaisir physique. Ce manque, Plutarque le désigne d'un mot : l'amour des garçons est *acharistos*.

Le terme de *chari*s, qui apparaît à plusieurs reprises au cours du dialogue, semble bien être une des clefs de la réflexion de Plutarque. Il est introduit en tout cas avec beaucoup de solennité au début du texte, avant la constitution de la grande théorie de l'Amour unique. C'est Daphnée qui, le premier, l'utilise comme argument « tout-puissant » en faveur de sa thèse[2] : l'amour pour les femmes a ceci, dit-il, qu'en pratiquant les rapports sexuels tels que la nature les a instaurés, il peut conduire vers l'amitié *(eis philian)*, en passant par la *charis*. Et Daphnée attache tant d'importance à ce terme qu'aussitôt il entreprend de le définir et de lui donner quelques grands parrainages poétiques, *charis*, c'est le consentement que, de bon gré, la femme accorde à l'homme, consentement qui ne peut apparaître qu'avec la nubilité, selon Sapho, et dont l'absence dans le rapport sexuel peut donner, selon Pindare,

---

1. *Ibid.*, 768 d.
2. *Ibid.*, 751 c.

de disgracieuses naissances : ainsi Héphaïstos avait été conçu par Héra « *aneu charitōn* [1] ». On voit clairement le rôle qui est assigné à cet acquiescement : intégrer la relation sexuelle, avec ses deux pôles d'activité et de passivité définis par la nature, dans les relations réciproques de bienveillance et inscrire le plaisir physique dans l'amitié.

Après cette présentation préliminaire, et une fois établie la doctrine unitaire de l'amour, la question de la *charis* devient prépondérante à la fin du dialogue ; c'est elle qui va servir de discriminant entre l'amour des femmes et l'amour des garçons, seul le premier étant capable de donner lieu à cette forme complète, où se joignent, grâce à la douceur du consentement, le plaisir d'Aphrodite et la vertu de l'amitié. Or cette jonction, Plutarque ne la conçoit pas simplement comme une tolérance qui concéderait, dans le lien conjugal, une place plus ou moins utilitaire (pour la procréation par exemple) aux actes sexuels. Il fait de ceux-ci au contraire le point de départ de toute la relation d'affection qui doit animer le lien conjugal. Le plaisir physique, dans la mesure justement où la douceur du consentement exclut tout ce qui pourrait être violence, tromperie ou basse complaisance, peut être à l'origine même des réciprocités affectueuses dont le mariage a besoin : « L'union physique avec une épouse est source d'amitié, comme une participation en commun à de grands mystères. » La volupté est peu de chose (c'est là une expression traditionnelle chez les ennemis du plaisir physique) ; mais, ajoute aussitôt Plutarque, « elle est comme le germe à partir duquel croissent de jour en jour entre les époux le respect mutuel

1. *Ibid.*, 751 d.

(timē), la complaisance *(charis)*, l'affection *(agapēsis)* et la confiance *(pistis)* [1] ».

À ce rôle fondamental et à cette fonction germinative du plaisir physique, Plutarque donne une caution historique solennelle ; il la trouve dans la législation de Solon qui prescrivait aux époux d'approcher leur femme « au moins trois fois par mois ». Dans la *Vie de Solon* il évoquait aussi cette loi, indiquant qu'elle ne valait que pour le mariage des filles épiclères : le besoin d'une descendance à qui transmettre un patrimoine en était la raison ; mais, ajoutait Plutarque, il y avait plus : car dans ce rapprochement régulier, même lorsqu'« il n'en résulte pas d'enfants », il s'agit « d'un hommage rendu à une femme honnête », « d'une marque d'affection qui dissipe en chaque occasion l'amas des contrariétés et empêche de provoquer une totale aversion [2] ». À ce rôle du rapport sexuel comme principe de rapprochement régulier et garantie de bonne entente, Plutarque, dans le *Dialogue sur l'Amour*, prête une formulation plus solennelle encore. Il en fait une manière de redonner force à ce lien conjugal, un peu comme on réactive une convention : « De même que les États renouvellent de temps à autre les traités qui les lient, Solon voulait que le mariage fût en quelque sorte renouvelé, retrempé par l'effet de cette marque de tendresse, malgré tous les griefs mutuels qui peuvent s'accumuler dans la vie commune de chaque jour [3] ». Le plaisir sexuel est donc au cœur de la relation matrimoniale comme principe et comme gage du rapport d'amour et d'amitié. Il la fonde ou, en tout cas, lui redonne vigueur comme à un pacte d'existence. Et si

1. *Ibid.*, 769 a.
2. *Vie de Solon*, 20.
3. *Dialogue sur l'Amour*, 769 a-b.

Plutarque évoque ce qu'il peut y avoir de «blessant» pour la femme dans les rapports sexuels qui ont lieu aux premiers temps du mariage, il montre aussi ce qu'il y a de nécessaire, dans cette «morsure» même, pour la constitution d'une unité conjugale, vivante, solide et durable. Il a recours à trois métaphores : celle de la plante qu'on greffe et qu'il faut bien inciser pour former, avec le greffon, un arbre capable de porter les fruits qu'on désire ; celle de l'enfant ou du jeune homme auquel il faut inculquer, non sans peine pour lui, les premiers rudiments d'un savoir dont il tirera avantage et profit par la suite ; celle enfin du liquide qu'on verse dans un autre : après un premier temps de trouble et d'effervescence, le mélange se produit, et ainsi se réalise cette *di'holōn krasis* à laquelle les *Préceptes conjugaux* faisaient également référence[1] ; et ensemble ils forment un nouveau liquide dont nul ne saurait plus dissocier les deux composantes. Une certaine souffrance, de l'agitation et du désordre sont inévitables au début des relations conjugales ; mais c'est là la condition pour que se forme l'unité nouvelle et stable.

Et Plutarque en arrive ainsi à la formulation essentielle : «Dans le mariage, aimer est un plus grand bien qu'être aimé[2].» La formule est importante dans la mesure où dans toute relation d'amour, l'érotique traditionnelle marquait fortement la polarité de l'amant et de l'aimé et la nécessaire dissymétrie entre l'un et l'autre. Ici, c'est la double activité d'aimer, présente chez les deux conjoints, qui constitue l'élément essentiel. Et pour des raisons qu'il est facile de dégager. Cette double acti-

1. *Ibid.*, 769 e-f ; cf. *Préceptes conjugaux*, 142 e-143 c.
2. *Dialogue sur l'Amour*, 769 d.

vité d'aimer est principe de réciprocité : c'est parce que chacun des deux aime l'autre, qu'il en accepte l'amour, qu'il consent à en recevoir les marques et qu'il aime ainsi être aimé. Elle est donc aussi principe de fidélité puisque chacun des deux peut prendre pour règle de sa conduite et raison de limiter ses désirs l'amour qu'il a pour l'autre. « Quand on aime, on échappe à tout ce qui gâte et altère l'union conjugale[1]. » Cette union doit sa valeur et sa stabilité au schéma du double amour, où chacun des deux est, du point de vue de l'Éros, et en permanence, sujet actif ; du fait de cette réciprocité dans l'acte d'aimer, les rapports sexuels peuvent prendre place dans la forme de l'affection et du consentement mutuels. Par rapport à ce modèle relationnel, la pratique des garçons, avec la distinction fortement marquée de l'éraste et de l'éromène, avec le dilemme de la passivité, avec la nécessaire fragilité de l'âge, ne peut être qu'inadéquate Lui fait défaut la double et symétrique activité d'aimer ; lui manque par conséquent la régulation intérieure et la stabilité du couple. Il est dépourvu de cette « grâce » qui permet aux *aphrodisia* de s'intégrer à l'amitié pour constituer la forme complète et achevée de l'Éros. La pédérastie, pourrait dire Plutarque, est un amour auquel manque « la grâce ».

En somme, le texte de Plutarque témoigne de la constitution d'une érotique qui, sur certains points essentiels, est différente de celle que la civilisation grecque avait connue et développée. Non point entièrement différente, puisque, comme le montre le grand passage central consacré à l'éloge d'Éros, ce sont encore et toujours les

---

1. *Ibid.*, 769 d-e.

notions traditionnelles qui jouent un rôle essentiel. Mais cette érotique platonisante est utilisée par Plutarque pour produire des effets différents de ceux auxquels elle était habituellement associée. Longtemps elle avait servi à marquer l'existence de deux amours distincts et opposés (l'un bas, vulgaire, orienté vers les *aphrodisia*, l'autre élevé, spirituel, orienté vers le souci des âmes), mais aussi à rétablir entre eux une sorte d'unité puisque seul le second était considéré comme vrai, l'autre n'en étant que l'ombre terrestre et le simulacre. Plutarque fait jouer ces mêmes notions platoniciennes dans une érotique qui vise à constituer un seul Éros susceptible de rendre compte des amours féminines et garçonnières, et à y intégrer les *aphrodisia*; mais au nom d'une telle unité, cette érotique exclut finalement l'amour des garçons, par manque de *charis*. À partir de l'érotique dualiste traversée par la question du vrai et du simulacre, et destinée à fonder essentiellement l'amour des garçons, mais au prix de l'élision des *aphrodisia*, on voit se constituer chez Plutarque une stylistique nouvelle de l'amour : elle est moniste, en ce qu'elle inclut les *aphrodisia*, mais elle fait de cette inclusion un critère qui lui permet de ne retenir que l'amour conjugal et d'exclure les rapports aux garçons à cause du défaut qui les marque : ils ne peuvent plus avoir de place dans cette grande chaîne unique et intégrative où l'amour se vivifie de la réciprocité du plaisir.

LE PSEUDO-LUCIEN

Les *Amours*, attribués à Lucien, sont un texte nettement plus tardif[1]. Ils se présentent sous la forme, très
coutumière, d'un emboîtement de dialogues. Théomneste, dont les amours féminines ou garçonnières renais-
sent, à peine disparues, plus nombreuses que les têtes de
l'Hydre, se plaint d'Aphrodite : depuis l'âge où d'enfant
il est devenu éphèbe, la colère de la déesse le poursuit ; il
n'est pourtant pas descendant du Soleil, il n'a pas pourtant la rusticité farouche d'Hippolyte. Il se sent également incliné vers l'un et l'autre amour, sans parvenir à
savoir vers lequel des deux il vaut mieux se diriger. Il
demande à Lycinos — qui, lui, n'est porté vers aucune
de ces deux passions — de servir d'arbitre impartial et
de lui dire quel est le meilleur choix. Lycinos, heureuse-
ment, a conservé, comme gravé dans sa mémoire, le dialogue de deux hommes sur ce même sujet ; l'un aimait
les garçons exclusivement, jugeant que l'Aphrodite féminine n'était qu'« un abîme » ; l'autre était furieusement
porté vers les femmes. Il va donc relater leur discussion ;

---

1. Sur ce texte, cf. R. BLOCH, *De Pseudo-Luciani Amoribus*, 1907 ; MACLEOD,
dans l'*Introduction* à l'édition Loeb, le situe au tout début du IVe siècle ;
F. BUFFIÈRE (*Éros adolescent*, p. 481) le croit du IIe siècle.

mais que Théomneste ne s'y trompe pas ; il a bien pu, pour sa part, poser la question en riant ; Chariclès et Callicratidas, dont on va maintenant entendre les propos, tenaient de fort sérieux discours.

Inutile de dire que cette dernière indication doit être prise au second degré. Sérieux, à coup sûr, les deux adversaires le sont ; mais le Pseudo-Lucien ironise en écrivant les démonstrations emphatiques et pesantes qu'il leur prête. Il y a du pastiche dans ces morceaux de bravoure ; chacun d'eux constitue le discours typique du Partisan des femmes et de l'Amateur de garçons. Arguments traditionnels, citations obligées, références à de grandes idées philosophiques, ornements rhétoriques, l'auteur sourit en rapportant les propos de ces imperturbables plaideurs. Et, de ce point de vue, il faut noter que le discours pédérastique est beaucoup plus surchargé, prétentieux et « baroque », que celui plus stoïcisant, plus dépouillé, qui est tenu en faveur des femmes. L'ironie finale — Théomneste rappellera qu'après tout, dans tout cela, ce dont il est question ce sont des baisers, des caresses, des mains qui s'égarent sous des tuniques — mordra essentiellement sur l'éloge de l'amour des garçons. Mais cette ironie même indique le problème sérieux qui est posé. Et quel que soit l'amusement pris par le Pseudo-Lucien à tracer le portrait « théorico-discursif » de ces deux Amateurs — leur profil rhétorique, passablement « appuyé » —, on peut y retrouver ce que fut, à l'époque et sous ses traits les plus marquants, cet « argumentaire érotique » qui eut une si longue carrière dans la culture hellénique.

Une chose peut surprendre dès le début du dialogue rapporté par Lycinos pour éclairer son ami embarrassé entre les deux amours : ce dialogue qui se conclura (non sans quelque ambiguïté) en faveur de l'amour des garçons n'est pas placé sous le signe d'Éros, qui est considéré comme la puissance tutélaire de cette forme d'attachement, mais sous celui d'Aphrodite : la scène que Lycinos est censé se rappeler en ses moindres détails se situe à Cnide, près du temple de la déesse, là où se trouve la statue si célèbre que Praxitèle avait sculptée. Ce qui n'empêche pas d'ailleurs, conformément à la tradition, que dans le parcours du dialogue l'avocat des garçons et de leurs amants invoque Éros, « le génie céleste », « le hiérophante des mystères de l'Amour » ; quant à celui qui parle pour les voluptés féminines, c'est à Aphrodite que, tout naturellement, il demandera son appui. Que la déesse de Cnide préside en quelque sorte à ce débat où elle est en même temps affrontée à Éros, son traditionnel partenaire-adversaire, s'explique facilement. C'est que le problème du plaisir physique traverse tout le dialogue. C'est de lui, c'est des *aphrodisia* qu'il est question dans le souci qu'exprime Théomneste, sollicité également par le charme des filles et la beauté des garçons. C'est le plaisir physique qui aura le dernier mot et congédiera dans un éclat de rire les discours pudibonds. C'est lui encore qui sert de prétexte à la discussion de Chariclès et de Callicratidas et cela sous la forme d'une anecdote significative : un jeune homme, amoureux du marbre de Praxitèle, s'était laissé enfermer la nuit dans le temple, et il avait souillé la statue, mais comme s'il s'était agi d'un garçon[1]. Le récit de cette histoire — fort traditionnelle — suscite le débat : l'acte sacrilège est-il, puisqu'il s'adresse à Aphrodite, un hommage à celle qui préside aux plaisirs féminins ? Mais

---

1. PSEUDO-LUCIEN, *Les Amours*, 16.

accompli dans une telle forme n'est-il pas un témoignage contre cette Aphrodite-là? Acte ambigu. Faut-il, cette impiété-hommage, cette révérence profanatoire, la mettre au compte de l'amour des femmes, ou des garçons?

Et la question qui parcourt tout le dialogue, même si elle paraît oubliée dans des propos plus éthérés, sera celle-ci : quelle place, quelle forme, donner au plaisir sexuel dans l'un et l'autre amour? C'est la réponse à cette interrogation qui servira de discriminant, offrant un instant à l'amour des garçons, dans le ciel de la philosophie, une victoire que l'ironie du réel aura vite fait de compromettre.

Le débat a une composition rigide. Chacun des deux orateurs prend tour à tour la parole, et soutient dans un discours continu la cause de l'amour qu'il préfère : un témoin muet (c'est Lycinos) jugera ce concours et décidera du vainqueur. Même si le discours « garçonnier » de Callicratidas est plus orné et plus long que celui de Chariclès, les deux plaidoyers ont la même structure; les arguments sont disposés dans le même ordre et de façon que les seconds, exactement, répondent aux premiers. Chacun des deux discours comporte deux parties; la première répond à la question : qu'en est-il de la nature de l'amour dont on parle, de son origine et de son fondement dans l'ordre du monde? La seconde répond à la question : qu'en est-il du plaisir qu'on prend dans cet amour, ou dans l'autre? Quelle doit être sa forme, et quelle peut être sa valeur? Plutôt que de suivre, dans sa continuité, chacun des deux développements, ce sont ces deux questions qu'on examinera ici tour à tour pour faire apparaître la manière dont y répondent, chacun à sa manière, le partisan de l'amour des femmes et l'avocat de celui des garçons.

1. Le discours « pour les femmes » de Chariclès s'appuie sur une conception du monde dont la tonalité générale est sans doute stoïcienne[1] : la nature y est définie comme la puissance qui, par le mélange des éléments, a rendu le tout vivant en lui donnant une âme. C'est elle aussi, poursuit Chariclès, en répétant une leçon familière et selon des mots bien connus, qui a disposé la suite des générations[2]. Sachant bien que les vivants étaient faits « d'une matière périssable », et que le temps déterminé pour chaque être était bref, elle a aménagé *(emēchanēsato)* les choses de manière que la destruction de l'un soit la naissance de l'autre : ainsi, par le jeu des successions, pouvons-nous vivre jusqu'à l'éternité. Pour ce faire, elle a aménagé encore le partage des sexes, l'un étant destiné à répandre la semence, l'autre à la recevoir ; et elle a déversé en chacun d'eux l'appétit *(pothos)* pour l'autre. Du rapport de ces deux sexes différents peut naître la suite des générations — mais jamais de la relation entre deux individus de même sexe. Ainsi Chariclès ancre-t-il solidement dans l'ordre général du monde, là où sont liées les unes aux autres la mort, la génération et l'éternité, la nature propre de chaque sexe, et le plaisir qui convient à chacun d'eux. Il ne faut pas que « le féminin » fasse, contre nature, le mâle ; ni que « le masculin, indécemment, s'amollisse ». À vouloir échapper à cette détermination, on ne transgresserait pas simplement les caractères propres à l'individu ; on porterait atteinte à l'enchaînement de la nécessité universelle.

1. Ce discours se trouve aux paragraphes 19-28. Praechter dans son étude sur Hiéroclès (p. 148) insiste sur le caractère stoïcien du passage. R. Bloch y voit la présence de thèmes néopythagoriciens.
2. PSEUDO-LUCIEN, *Les Amours*, 19.

Le deuxième critère de naturalité utilisé dans le discours de Chariclès, c'est l'état de l'humanité à sa naissance[1]. Proximité des dieux par la vertu, souci de se conduire en héros, épousailles bien proportionnées et progéniture noble : tels étaient les quatre traits qui marquaient cette haute existence et assuraient sa conformité à la nature. Vint la chute ; elle fut progressive. Il semble que Chariclès distingue, comme étapes dans cette décadence, le moment où, le plaisir entraînant les humains vers les abîmes, on a cherché pour les jouissances des « chemins nouveaux et déviants » (faut-il entendre par là des formes de rapports sexuels non procréateurs ou des plaisirs étrangers au mariage ?), puis le moment où on est arrivé à « transgresser la nature elle-même » : audace dont la forme essentielle — la seule en tout cas qui soit évoquée dans ce texte — consiste à traiter un mâle comme une femme. Or pour qu'un pareil acte soit possible, lui qui est si étranger à la nature, il a fallu que s'introduise, dans les rapports entre les hommes, ce qui permet de faire violence et ce qui permet de tromper : le pouvoir tyrannique et l'art de persuader.

La troisième marque de naturalité, Chariclès la demande au monde animal[2] : « la législation de la nature » règne sur eux sans restriction ni partage : ni les lions, ni les taureaux, ni les béliers, ni les sangliers, ni les loups, ni les oiseaux, ni les poissons ne recherchent leur propre sexe ; pour eux, « les décrets de la Providence sont immuables ». À cette animalité sage, l'orateur du Pseudo-Lucien oppose la « bestialité perverse » des hommes, qui les rabaisse au-dessous des autres vivants

1. *Ibid.*, 20-21.
2. *Ibid.*, 22.

alors qu'ils étaient destinés à l'emporter sur les premiers. Plusieurs termes significatifs marquent dans le discours de Chariclès cette « bestialité » de l'homme : emportement, mais aussi « maladie étrange », « insensibilité aveugle » *(anaisthēsia)*, incapacité à atteindre le but, si bien qu'elle néglige ce qu'il faudrait poursuivre, et qu'elle poursuit ce qu'il ne faudrait pas. Par opposition à la conduite des animaux qui obéissent à la loi et recherchent le but qui leur a été fixé, les hommes qui ont rapport avec des hommes donnent tous les signes qui traditionnellement sont attribués à l'état passionnel : violence incontrôlée, état maladif, aveuglement sur la réalité des choses, inaptitude à atteindre les objectifs fixés à la nature humaine.

En somme, l'amour des garçons est placé tour à tour sur les trois axes de la nature comme ordre général du monde, comme état primitif de l'humanité, et comme conduite raisonnablement ajustée à ses fins ; il trouble l'ordonnance du monde, il donne lieu à des conduites de violence et de tromperie ; il est enfin néfaste pour les objectifs de l'être humain. Cosmologiquement, « politiquement », moralement, ce type de relations transgresse la nature.

Dans la partie de son discours qui répond à celle-ci, Callicratidas fait valoir moins des arguments qui réfutent son adversaire, qu'une tout autre conception du monde, de l'espèce humaine, de son histoire, et des liens les plus hauts qui peuvent lier les hommes entre eux. À l'idée d'une nature prévoyante et « mécanicienne » qui arrangerait, par le sexe, la procréation et la suite des générations de façon à donner à l'espèce humaine une éternité dont les individus sont privés, il oppose la vision d'un monde formé à partir du chaos. C'est Éros qui a vaincu ce désordre primitif en fabriquant dans sa démiurgie tout ce qui a une âme et tout ce qui n'en a pas, en versant dans le corps des hommes le principe de la concorde, et en les attachant les uns aux autres par «les affections sacrées de l'amitié». Chariclès voyait, dans les rapports entre homme et femme, une nature habile qui établit des séries à travers le temps pour contourner la mort. Callicratidas, dans l'amour des garçons, reconnaît la force du lien qui, en attachant et combinant, triomphe du chaos[1].

Dans cette perspective, l'histoire du monde ne doit pas être lue comme un oubli hâtif des lois de la nature et une plongée dans les «abîmes du plaisir»; mais plutôt comme un desserrement progressif des nécessités premières[2]; l'homme à l'origine était pressé par le besoin; les techniques et les savoirs *(technai* et *epistēmai)* lui ont donné la possibilité d'échapper à ces urgences et de répondre mieux : on a su tisser des vêtements, bâtir des maisons. Or ce que le travail du tisserand est à l'usage des peaux de bêtes, ce que l'art de l'architecte est aux cavernes pour s'abriter, l'amour des garçons l'est aux relations avec les femmes. Celles-ci, au début, étaient indispensables pour que ne disparaisse pas l'espèce. Celui-là en revanche a pris naissance très tard; non point, comme le prétendait Chariclès, par une déchéance, mais par l'élévation au contraire des humains vers plus de curiosité et de savoir. Lorsque les hommes, en effet, après avoir appris tant d'habiletés utiles, se sont mis à ne plus «rien» négliger dans leur recherche, la philosophie est apparue et avec elle la pédérastie. L'orateur du

1. *Ibid.*, 32.
2. *Ibid.*, 33-35.

Pseudo-Lucien n'explique guère cette naissance jumelle ;
mais son discours est assez plein de références familières
pour qu'il ait été facilement compréhensible à tout lecteur. Il repose implicitement sur l'opposition entre la
transmission de la vie par le rapport avec l'autre sexe et
la transmission des « techniques » et « savoirs » par l'enseignement, l'apprentissage et la relation du disciple au
maître. Lorsque, se dégageant des arts particuliers, la
philosophie a commencé à s'interroger sur toutes choses,
elle a trouvé, pour transmettre la sagesse qu'elle procure, l'amour des garçons — qui est aussi l'amour des
belles âmes, susceptibles de vertu. On comprend dans
ces conditions que Callicratidas puisse réfuter d'un éclat
de rire la leçon animale que lui présentait son adversaire[1] : que prouve donc le fait que les lions n'aiment
pas les mâles de leur espèce, et que les ours ne sont pas
amoureux des ours ? Non pas que les hommes ont corrompu une nature qui resterait intacte chez les animaux,
mais que les bêtes, elles, ne savent ni ce que c'est que
« philosopher », ni ce que l'amitié peut produire de beau.

Les arguments de Callicratidas ne sont, de toute évi-
dence, pas plus originaux que ceux de Chariclès. Lieux
communs d'un stoïcisme banalisé, d'un côté, mélange,
de l'autre, d'éléments platoniciens ou épicuriens[2] ? Sans
doute. On ne saurait méconnaître tout ce qu'il peut y
avoir, dans cette comparaison des deux amours, de prétexte à variations oratoires sur la trame d'arguments
traditionnels. La banalité (d'ailleurs, par moments, joli-

---

1. *Ibid.*, 36.
2. Praechter, *op. cit.*, insiste sur les aspects épicuriens de l'intervention de Callicratidas. Mais R. Bloch fait valoir que la cosmogonie qui ouvre le discours n'est
pas spécifiquement épicurienne. D'autre part, les références à Platon sont parfois
évidentes. Ainsi au paragraphe 49.

ment ornée) des explications de Chariclès et de Callicratidas montre assez bien qu'ils devaient fonctionner un
peu comme des blasons philosophiques : l'amateur de
garçons, plutôt platonisant, sous les couleurs d'Éros ; et
le tenant des femmes, plutôt stoïcien, sous le signe exigeant de la nature. Ce qui ne veut pas dire, évidemment,
que les stoïciens condamnaient une pédérastie que le
platonisme aurait justifiée en rejetant le mariage. On
sait que, du point de vue des doctrines, il n'en était pas
ainsi — ou qu'en tout cas, les choses étaient loin d'être
aussi simples. Mais force est bien, à travers les documents dont on dispose, de constater ce qu'on pourrait
appeler « une association privilégiée ». On l'a vu au chapitre précédent : l'art de la vie conjugale s'est élaboré
pour une grande part à travers un mode stoïcien de
réflexion, et en référence à une certaine conception de la
nature, de ses nécessités fondamentales, de la place et de
la fonction prévues par elle pour tous les êtres, d'un plan
général des procréations successives et d'un état de perfection primitive dont une décadence perverse éloigne le
genre humain ; c'est d'ailleurs dans une conception
comme celle-là que le christianisme puisera largement
lorsqu'il voudra édifier une éthique du rapport matrimonial. De la même façon, l'amour des garçons, pratiqué
comme mode de vie, a consolidé et reproduit pendant
des siècles un paysage théorique assez différent : force
cosmique et individuelle de l'amour, mouvement ascen-
dant qui permet à l'homme d'échapper aux nécessités
immédiates, acquisition et transmission d'un savoir à
travers les formes intenses et les liens secrets de l'amitié.
Le débat de l'amour des femmes avec l'amour des garçons est plus qu'une joute littéraire ; ce n'est pas pour
autant le conflit des deux formes de désir sexuel luttant

pour la suprématie ou pour leur droit respectif à l'expression ; c'est l'affrontement de deux formes de vie, de deux manières de styliser son plaisir, et des discours philosophiques qui accompagnent ces choix.

2. Chacun des deux discours — celui de Chariclès et celui de Callicratidas — développe, après le thème de la « nature », la question du plaisir. Question qui, on l'a vu, constitue toujours un point difficile pour une pratique pédérastique qui se réfléchit dans la forme de l'amitié, de l'affection et de l'action bénéfique d'une âme sur une autre. Parler du « plaisir » à l'amateur de garçons, c'est déjà lui faire objection. Chariclès l'entend bien ainsi. Il entame la discussion sur ce thème par une dénonciation, d'ailleurs traditionnelle, de l'hypocrisie pédérastique : vous vous posez en disciples de Socrate, qui ne sont pas amoureux des corps, mais des âmes. Comment se fait-il alors que vous poursuiviez non pas des vieillards pleins de sagesse, mais des enfants, qui ne savent pas raisonner ? Pourquoi, si c'est de vertu qu'il s'agit, aimer, comme le faisait Platon, un Phèdre qui a trahi Lysias, ou, comme le faisait Socrate, un Alcibiade impie, ennemi de sa patrie, avide de devenir tyran ? Il faut donc, en dépit des prétentions de cet amour des âmes, « descendre », comme Chariclès, à la question du plaisir, et comparer « la pratique des garçons » à « la pratique des femmes ».

Parmi les arguments que Chariclès utilise pour différencier ces deux « pratiques » et la place que le plaisir occupe en chacune d'elles, le premier est celui de l'âge et de la fugacité[1]. Jusqu'au seuil de la vieillesse, une femme

---

1. Pseudo-Lucien, *Les Amours*, 25-26.

garde ses charmes — quitte à les soutenir de sa longue expérience. Le garçon, lui, n'est agréable qu'un moment. Et Chariclès oppose au corps de la femme qui, avec ses cheveux bouclés, sa peau toujours lisse et « sans duvet », demeure un objet de désir, le corps du garçon qui très vite devient velu et musclé. Mais de cette différence, Chariclès ne conclut pas, comme on le fait souvent, qu'on ne peut aimer un garçon qu'un temps très bref, et qu'on est amené très vite à l'abandonner, oubliant ainsi toutes les promesses d'affection indéfectible qu'on a pu lui faire : il évoque au contraire celui qui continue à aimer un garçon de plus de vingt ans ; ce qu'il poursuit alors, c'est une « Aphrodite ambiguë », dans laquelle il joue le rôle passif. La modification physique des garçons est invoquée ici comme principe non de fugacité des sentiments mais d'inversion du rôle sexuel.

Seconde raison en faveur de la « pratique féminine » : la réciprocité[1]. C'est là sans doute la partie la plus intéressante du discours de Chariclès. Il se réfère d'abord au principe que l'homme, être raisonnable, n'est pas fait pour vivre seul. De cela, cependant, il ne déduit pas la nécessité d'avoir une famille ou d'appartenir à une cité ; mais l'impossibilité de « passer son temps » tout seul, et le besoin d'une « communauté d'affection » *(philetairos koinōnia)* qui rendent plus agréables les bonnes choses, et plus légères celles qui sont pénibles. Que la vie commune ait ce rôle, c'est une idée qu'on a trouvée régulièrement dans les traités stoïciens du mariage. Ici elle est appliquée au domaine particulier des plaisirs physiques. Chariclès évoque d'abord les repas et banquets qu'on prend en commun, selon lui, pour cette raison que les

[1]. *Ibid.*, 27

plaisirs partagés sont rendus plus intenses. Puis il évoque les plaisirs sexuels. Selon l'affirmation traditionnelle, le garçon passif, donc plus ou moins violenté *(hubrismenos)*, ne peut éprouver de plaisir; personne « ne serait assez délirant » pour dire le contraire; lorsqu'il ne pleure ni ne souffre plus, l'autre lui devient importun. L'amant d'un garçon prend son plaisir et s'en va; il n'en donne pas. Il en est tout autrement avec les femmes. Chariclès pose successivement le fait et la règle. Dans la relation sexuelle avec une femme, il y a, affirme-t-il, « un échange égal de jouissance »; et les deux partenaires se séparent après s'être donné, l'un à l'autre, la même quantité de plaisir. À ce fait de nature correspond un principe de conduite : il est bien de ne pas chercher une jouissance égoïste *(philautōs apolausai)*, de ne pas vouloir prendre pour soi tout le plaisir, mais de le partager en en fournissant à l'autre autant qu'on en éprouve. Certes, cette réciprocité du plaisir est un thème déjà très connu que la littérature amoureuse ou érotique a bien souvent utilisé. Mais il est intéressant de le voir utilisé ici à la fois pour caractériser « naturellement » le rapport avec les femmes, pour définir une règle de comportement dans les *aphrodisia*, pour désigner enfin ce qu'il peut y avoir de non naturel, de violent, donc d'injuste et de mal dans le rapport d'un homme avec un garçon. La réciprocité du plaisir dans un échange où on porte attention à la jouissance de l'autre, en veillant à une égalité aussi rigoureuse que possible chez les deux partenaires, inscrit dans la pratique sexuelle une éthique qui prolonge celle de la vie commune.

À ce raisonnement grave, Chariclès ajoute deux arguments qui le sont moins, mais se rapportent tous deux à l'échange des plaisirs. L'un renvoie à un thème courant dans la littérature érotique[1] : les femmes, à qui sait s'en servir, sont capables d'offrir tous les plaisirs que les garçons peuvent donner; ceux-ci ne peuvent procurer celui que réserve le sexe féminin. Les femmes sont donc capables de donner toutes les formes de volupté, même celles qui plaisent le plus aux amants des garçons. Selon l'autre argument[2], si on acceptait l'amour entre hommes, il faudrait aussi accepter la relation entre femmes. Cette symétrie polémiquement invoquée entre les rapports intermasculins et les rapports interféminins est intéressante : d'abord parce qu'elle nie, comme d'ailleurs la seconde partie du discours de Chariclès, la spécificité culturelle, morale, affective, sexuelle de l'amour des garçons, pour le faire rentrer dans la catégorie générale du rapport entre individus masculins; ensuite parce qu'il se sert, pour compromettre celui-ci, de l'amour, traditionnellement plus scandaleux — on a « honte » même d'en parler —, entre femmes; et parce que finalement Chariclès, inversant cette hiérarchie, laisse entendre qu'il est encore plus honteux pour un homme d'être passif à la manière d'une femme, que, pour une femme, de prendre le rôle masculin[3].

La partie du discours de Callicratidas qui répond à cette critique est de beaucoup la plus longue. Plus encore que dans le reste du débat, les traits propres à un « morceau de rhétorique » y sont sensibles. Touchant, à propos du plaisir sexuel, à l'élément le plus problématique de l'amour des garçons, l'argumentaire pédérastique est déployé là avec toutes ses ressources et ses plus

---

1. *Ibid.*, 27.
2. *Ibid.*, 28.
3. Ne vaut-il pas mieux qu'une femme joue le rôle de l'homme « que de voir un homme s'abaisser au point de jouer le rôle d'une femme » (28) ?

nobles références. Mais elles sont mises en œuvre à propos de la question que Chariclès a posée très clairement : la réciprocité des plaisirs. Sur ce point chacun des deux adversaires se réfère à une conception simple et cohérente : pour Chariclès, et les « partisans de l'amour féminin », c'est le fait de pouvoir provoquer le plaisir de l'autre, de porter attention à celui-ci, et d'y trouver soi-même plaisir, c'est cette *charis*, comme disait Plutarque[1], qui légitime le plaisir dans la relation entre homme et femme, et qui permet de l'intégrer à l'Éros ; c'est en revanche son absence qui marque et disqualifie le rapport avec les garçons. Comme le veut la tradition de ce dernier amour, Callicratidas lui donne comme clef de voûte non pas *charis*, mais *aretē* — la vertu. C'est elle qui doit, selon lui, opérer le lien entre « le plaisir » et « l'amour » ; c'est elle qui doit assurer entre les partenaires, à la fois un plaisir honorable et sagement mesuré, et la communauté indispensable à la relation des deux êtres. Disons, pour faire bref, qu'à la « réciprocité gracieuse » que seul le plaisir avec les femmes serait capable de procurer, selon ses partisans, ses adversaires opposent la « communauté vertueuse » dont l'amour des garçons aurait le privilège exclusif. La démonstration de Callicratidas consiste d'abord à critiquer, comme illusoire, cette réciprocité de plaisir que revendique l'amour des femmes comme son trait spécifique et à dresser en face de lui, comme seul capable de vérité, le rapport vertueux avec les garçons. Ainsi, d'un coup, se trouvera contesté le privilège du plaisir réciproque attribué aux relations féminines, et retourné le thème que l'amour des garçons est contre nature.

1. Chariclès n'utilise pas lui-même le mot

Contre les femmes, Callicratidas dévide avec hargne une série de lieux communs[1]. Les femmes, il suffit qu'on y regarde de près, sont « laides » intrinsèquement, « véritablement » *(alēthōs)* : leur corps est « disgracieux », et leur visage ingrat comme celui des singes. Pour masquer cette réalité, il leur faut se donner bien du mal : maquillage, toilette, coiffure, bijoux, parures ; elles se donnent, pour les spectateurs, une beauté d'apparence qu'un regard attentif suffit à dissiper. Et puis elles ont un goût pour les cultes secrets qui leur permet d'envelopper leurs débauches de mystère. Inutile de rappeler tous les thèmes satiriques auxquels ce passage, assez platement, fait écho. On trouverait bien d'autres exemples, avec des arguments voisins, dans les éloges de la pédérastie. Ainsi Achille Tatius, dans *Leucippé et Clitophon*, fait dire à l'un de ses personnages, amateur de garçons : « Chez une femme tout est artificiel, et paroles et attitudes. Si l'une d'entre elles semble belle, c'est le résultat fort laborieux des onguents. Sa beauté est faite de myrrhe, de teintures pour les cheveux et de fards. Si tu enlèves à la femme tous ses artifices, elle ressemble à un geai de la fable à qui l'on a ôté ses plumes[2]. »

Le monde de la femme est trompeur parce que c'est un monde secret. La séparation sociale entre le groupe des hommes et celui des femmes, leur mode de vie distinct, le partage soigneux entre activités féminines et activités masculines, tout cela a vraisemblablement fait beaucoup pour marquer dans l'expérience de l'homme hellénique cette appréhension de la femme comme objet mystérieux et trompeur. Tromperie possible sur le corps,

1. *Ibid.*, 39-42.
2. ACHILLE TATIUS, *Leucippé et Clitophon*, II, 37.

que cachent les parures et qui risque de décevoir quand on le découvre; on le soupçonne vite d'imperfections habilement masquées; on a peur de quelque défaut repoussant; le secret et les particularités du corps féminin sont chargés de pouvoirs ambigus. Voulez-vous, disait Ovide, vous déprendre d'une passion? Regardez d'un peu plus près le corps de votre maîtresse[1]. Tromperie aussi sur les mœurs, avec cette vie cachée que mènent les femmes et qui se referme sur d'inquiétants mystères. Dans l'argumentation que le Pseudo-Lucien prête à Callicratidas, ces thèmes ont une signification précise; ils lui permettent de mettre en cause le principe de la réciprocité des plaisirs dans le rapport avec les femmes. Comment pourrait-il y avoir une pareille réciprocité si les femmes sont trompeuses, si elles ont leur plaisir à elles, si, sans que les hommes le sachent, elles se livrent à de secrètes débauches? Comment pourrait-il y avoir échange valable, si les plaisirs que leur apparence laisse supposer ne sont que des promesses falsifiées? De sorte que l'objection habituellement faite au rapport avec les garçons — qu'il n'est pas conforme à la nature — peut s'appliquer tout aussi bien aux femmes; et plus gravement encore puisqu'en voulant masquer la vérité de ce qu'elles sont, elles introduisent volontairement le mensonge. L'argument du maquillage peut bien nous paraître de peu de poids dans ce débat des deux amours; il repose, pour les Anciens, sur deux éléments sérieux: l'appréhension venue du corps féminin, et le principe philosophique et moral qu'un plaisir n'est légitime que

---

1. Cf. OVIDE, *Les Remèdes à l'Amour*, v. 345-348, ou encore : « Je te conseille de faire ouvrir toutes les fenêtres et à la clarté du jour de noter toutes les imperfections de sa forme. » Après l'amour, « noter dans ton esprit chaque défaut de son corps, et tenir tes yeux toujours fixés sur ses imperfections » (411-418).

si l'objet qui le suscite est réel. Dans l'argumentation pédérastique, le plaisir avec la femme ne peut trouver une réciprocité, car il s'accompagne trop de fausseté.

Le plaisir avec les garçons est placé au contraire sous le signe de la vérité[1]. La beauté du jeune homme est réelle, car elle est sans apprêt. Comme le fait dire Achille Tatius à l'un de ses personnages : « La beauté des garçons n'est pas imprégnée des parfums de la myrrhe ni d'odeurs trompeuses et empruntées ; et la sueur des garçons sent meilleur que toute la boîte à onguents d'une femme[2]. » Aux séductions trompeuses de la toilette féminine, Callicratidas oppose le tableau du garçon qui ne se soucie d'aucun apprêt : tôt le matin, il saute du lit, se lave à l'eau pure ; il n'a pas besoin de miroir, il n'a pas recours au peigne ; il jette sa chlamyde sur l'épaule ; il se hâte vers l'école ; à la palestre, il s'exerce avec vigueur, se met en sueur, prend un bain rapide ; et une fois entendues les leçons de sagesse qu'on lui donne, il s'endort rapidement sous l'effet des bonnes fatigues de la journée.

Avec ce garçon sans tromperie, comment ne pas souhaiter partager toute sa vie[3] ? On aimerait « passer son temps à être assis en face de cet ami », à profiter de l'agrément de sa conversation, et à « partager toute son activité ». Sage plaisir qui ne durerait pas simplement le temps fugitif de la jeunesse ; dès lors qu'il ne prend pas pour objet la grâce physique qui s'efface, il peut durer toute la vie : vieillesse, maladie, mort, tombeau même, tout peut être mis en commun ; « la poussière des os ne serait pas séparée ». C'était, à coup sûr, un thème habi-

1. PSEUDO-LUCIEN, *Les Amours*, 44-45.
2. ACHILLE TATIUS, *Leucippé et Clitophon*, II, 37.
3. PSEUDO-LUCIEN, *Les Amours*, 46.

tuel que celui des amitiés qui se nouent à partir des
amours de jeunesse et qui soutiennent la vie jusqu'à la
mort, d'une longue affection virile. Ce passage du
Pseudo-Lucien semble une variation sur un des thèmes
qui étaient développés dans le *Banquet* de Xénophon ;
les idées sont les mêmes, présentées dans un ordre analogue, exprimées avec des mots très voisins : plaisir de se
regarder l'un l'autre, conversation affectueuse, partage
des sentiments dans la réussite ou l'échec, soins donnés
lorsque l'un des deux tombe malade : ainsi l'affection
peut régner entre les deux amis jusqu'au moment où
vient l'heure de la vieillesse [1]. Le texte du Pseudo-Lucien
insiste surtout sur un point important. Il s'agit, dans
cette affection qui persiste après l'adolescence, de la
constitution d'un lien où le rôle de l'éraste et celui de
l'éromène ne peuvent plus être distingués, l'égalité étant
parfaite ou la réversibilité totale. Ainsi, dit Callicratidas,
en serait-il d'Oreste et de Pylade, à propos desquels il
était traditionnel de se demander, comme pour Achille
et Patrocle, qui était l'amant et qui l'aimé. Pylade aurait
été l'aimé ; mais l'âge venant, et avec lui le temps de
l'épreuve — il s'agit pour les deux amis de décider
lequel des deux s'exposera à la mort —, l'aimé se conduit
en amant. Il faut voir là un modèle. C'est ainsi, dit Callicratidas, que doit se transformer l'amour zélé et
sérieux qu'on porte au jeune garçon (le fameux *spou-
daios erōs*) ; il faut qu'il passe à la forme virile *(androus-
thai)* quand vient le moment de la jeunesse susceptible
enfin de raisonner. Dans cette affection masculine, celui
qui avait été aimé « rend des amours en retour », et cela
au point qu'il devient difficile de savoir « lequel des

1. XÉNOPHON, *Banquet*, VIII, 18.

deux est l'éraste » ; l'affection de celui qui aime lui est renvoyée par l'aimé comme une image réfléchie dans un miroir[1].

La restitution par l'aimé de l'affection qu'il avait reçue avait toujours fait partie de l'éthique pédérastique, que ce soit sous la forme de l'aide dans le malheur, des soins pendant la vieillesse, du compagnonnage au cours de la vie, ou du sacrifice imprévu. Mais l'insistance du Pseudo-Lucien à marquer l'égalité des deux amants et l'usage qu'il fait des mots qui caractérisent la réciprocité conjugale semblent marquer le souci de plier l'amour masculin au modèle de la vie à deux telle qu'elle était décrite et prescrite par le mariage. Après avoir détaillé tout ce qu'il y a de simple, de naturel, de dépouillé de tout sacrifice, dans le corps d'un jeune homme, et donc après avoir fondé « en vérité » le plaisir qu'il est susceptible de procurer, l'auteur du texte fait porter tout le lien spirituel, non sur l'action pédagogique, non sur l'effet formateur de cet attachement, mais sur l'exacte réciprocité d'un échange égal. Autant, dans ce discours de Callicratidas, la description des corps masculin et féminin est contrastée, autant l'éthique de la vie à deux semble rapprocher l'affection virile du lien conjugal.

Mais il y a pourtant une différence essentielle. C'est que si l'amour des garçons est défini comme le seul où puissent se lier vertu et plaisir, celui-ci n'est jamais désigné comme plaisir sexuel. Charme de ce corps juvénile, sans maquillage ni tromperie, de cette vie régulière et sage, des conversations amicales, de l'affection rendue : c'est vrai. Mais le texte le précise bien : sur sa couche, le

1. Pseudo-Lucien, *Les Amours*, 48.

garçon est « sans compagnon » ; il ne regarde personne quand il est en chemin pour l'école ; le soir, fatigué de son travail, il s'endort aussitôt. Et aux amants de pareils garçons, Callicratidas donne un conseil formel : rester aussi chaste que Socrate lorsqu'il reposait auprès d'Alcibiade, les approcher avec tempérance *(sōphronōs)*, ne pas gaspiller une longue affection pour un mince plaisir. Et c'est bien cette leçon qui sera tirée, une fois le débat achevé, lorsque, avec une solennité ironique, Lycinos accorde le prix : il revient au discours qui a chanté l'amour des garçons, dans la mesure où celui-ci est pratiqué par des « philosophes » et où il s'engage à des liens d'amitié « justes et sans souillure ».

Le débat entre Chariclès et Callicratidas se termine ainsi sur une « victoire » de l'amour des garçons. Victoire conforme à un schéma traditionnel qui réserve aux philosophes une pédérastie où le plaisir physique est esquivé. Victoire cependant qui laisse à tous non seulement le droit mais le devoir de se marier (selon une formule qu'on a rencontrée chez les stoïciens : *pantapasi gamēteon*). C'est là, en fait, une conclusion syncrétique, qui superpose à l'universalité du mariage le privilège d'un amour des garçons réservé à ceux qui, philosophes, sont susceptibles d'une « vertu achevée ». Mais il ne faut pas oublier que ce débat, dont le caractère traditionnel et rhétorique est marqué dans le texte même, est enchâssé dans un autre dialogue : celui de Lycinos avec Théomneste qui l'interroge sur celui des deux amours qu'il doit choisir, alors qu'il se sent également sollicité par l'un et l'autre. Lycinos vient donc de rapporter à Théomneste le « verdict » qu'il avait rendu à Chariclès et Callicratidas. Mais Théomneste aussitôt ironise sur ce qui a été le point essentiel du débat et sur la condition de la victoire de l'amour pédérastique : celui-ci l'emporte parce que lié à la philosophie, à la vertu et donc à l'élimination du plaisir physique. Faut-il croire que telle est réellement la manière dont on aime les garçons ? Théomneste ne s'indigne pas, comme le faisait Chariclès, de l'hypocrisie d'un pareil discours. Là où, pour lier plaisir et vertu, les partisans des garçons font valoir l'absence de tout acte sexuel, il fait resurgir comme vraie raison d'être de cet amour les contacts physiques, les baisers, les caresses, et la jouissance. On ne peut tout de même nous faire croire, dit-il, que tout le plaisir de cette relation soit de se regarder les yeux dans les yeux et de s'enchanter des conversations mutuelles. La vue, certes, est agréable, mais ce n'est qu'un premier moment. Après vient le toucher qui invite tout le corps à la jouissance. Puis le baiser, qui d'abord timide devient vite consentant. La main pendant ce temps ne reste pas oisive ; elle court sous les vêtements, elle presse un peu la poitrine, descend le long du ventre ferme, atteint « la fleur de la puberté », et finalement frappe au but[1]. Cette description ne vaut pas pour Théomneste, ni sans doute pour l'auteur du texte, comme le rejet d'une pratique inadmissible. C'est le rappel qu'il est impossible de maintenir — sauf artifice théorique insoutenable — les *aphrodisia* hors du domaine de l'amour, et de ses justifications. L'ironie du Pseudo-Lucien n'est pas une manière de condamner ce plaisir qu'on peut prendre aux garçons et qu'il évoque en souriant ; c'est une objection essentielle au très vieil argumentaire de la pédérastie grecque, qui, pour pouvoir la penser, la formuler, la mettre en discours et en rendre raison, esquivait la

1. *Ibid.*, 53.

présence manifeste du plaisir physique. Il ne dit pas que l'amour des femmes est meilleur ; mais il montre la faiblesse essentielle d'un discours sur l'amour qui ne ferait pas place aux *aphrodisia* et aux relations qui s'y nouent.

UNE NOUVELLE ÉROTIQUE

À l'époque où on constate que la réflexion sur l'amour des garçons manifeste sa stérilité, on voit s'affirmer quelques-uns des éléments d'une nouvelle Érotique. Elle n'a pas son lieu privilégié dans les textes philosophiques et ce n'est pas à l'amour des garçons qu'elle emprunte ses thèmes principaux ; elle se développe à propos de la relation entre homme et femme et elle s'exprime dans ces récits romanesques dont les aventures de *Chaeréas et Callirhoé*, écrites par Chariton d'Aphrodisias, celles de *Leucippé et Clitophon* racontées par Achille Tatius, ou les *Éthiopiques* d'Héliodore sont les principaux exemples qui nous restent. Il est vrai que bien des incertitudes demeurent à propos de cette littérature : elles touchent aux conditions de son apparition et de son succès, à la date des textes, et à leur éventuelle signification allégorique et spirituelle[1]. Mais on peut relever tout de même la présence, dans ces longs récits aux péripéties innombrables, de quelques-uns des thèmes qui marqueront par la suite l'Érotique aussi bien religieuse que pro-

---

1. Cf., sur ce sujet, M. GRANT, *The Climax of Rome*, p. 117 et suiv., et Th HÄGG, *Narrative Technique in Ancient Greek Romances*.

fane : l'existence d'une relation « hétérosexuelle » et marquée par un pôle masculin et un pôle féminin, l'exigence
d'une abstention qui se modèle beaucoup plus sur l'intégrité virginale que sur la domination politique et virile
des désirs ; enfin l'accomplissement et la récompense de
cette pureté dans une union qui a la forme et la valeur
d'un mariage spirituel. En ce sens, et quelle qu'ait pu
être l'influence du platonisme sur cette Érotique, elle
est, on le voit, fort loin d'une Érotique qui se référait
essentiellement à l'amour tempérant des garçons et à
son achèvement dans la forme durable de l'amitié.

Sans doute l'amour des garçons n'est pas tout à fait
absent de cette littérature romanesque. Non seulement
bien sûr il occupe une place importante dans les récits
de Pétrone ou d'Apulée, qui attestent la fréquence et
l'acceptation très générale de la pratique. Mais il est présent aussi dans certains des récits de virginité, de fian-
çailles et de mariage. Ainsi dans *Leucippé et Clitophon*,
deux personnages le représentent, et d'une façon tout à
fait positive : Clinias, qui essaie de détourner son propre
amant du mariage, donne pourtant au héros du récit
d'excellents conseils pour progresser dans l'amour des
filles [1]. Quant à Ménélas il propose une heureuse théorie
du baiser des garçons — ni raffiné, ni mou, ni débauché
comme celui des femmes, un baiser qui ne naît pas de
l'art, mais de la nature : du nectar pris en glace et
devenu lèvre, voilà le baiser simple d'un garçon au gymnase [2]. Mais ce ne sont là que des thèmes épisodiques et
marginaux ; jamais l'amour d'un garçon n'est l'objet
principal du récit. Tout le foyer de l'attention est centré

1. Achille Tatius, *Leucippé et Clitophon*, I, 10.
2. *Ibid.*, II, 37.

sur la relation de la fille et du garçon. Cette relation s'inaugure toujours par un coup qui les frappe tous deux et les rend amoureux l'un de l'autre avec une vivacité symétrique. Sauf dans le roman de Chariton d'Aphrodisias, *Chaeréas et Callirhoé*, cet amour ne se traduit pas aussitôt par leur union : le roman déploie la longue série des aventures qui séparent les deux jeunes gens et empêchent jusqu'au dernier moment et le mariage et la consommation du plaisir[1]. Ces aventures sont, autant qu'il est possible, symétriques ; tout ce qui arrive à l'un a son répondant dans les péripéties auxquelles l'autre est soumis, ce qui leur permet de montrer même courage, même endurance, même fidélité. C'est que la signification principale de ces aventures et leur valeur pour conduire jusqu'au dénouement tiennent au fait que les deux personnages y conservent d'une façon rigoureuse une fidélité sexuelle réciproque. Fidélité dans le cas où les héros sont mariés comme le sont Chaeréas et Callirhoé ; virginité, dans d'autres récits où les aventures et les malheurs interviennent après la découverte de l'amour et avant le mariage. Or cette virginité, il faut bien comprendre qu'elle n'est pas une simple abstention consécutive à un engagement. Elle est un choix de vie qui, dans les *Éthiopiques*, apparaît même comme antérieur à l'amour : Chariclée, soigneusement élevée par son père adoptif dans la recherche du « meilleur des modes de vie », refusait d'envisager même l'idée du mariage. Le père d'ailleurs s'en était plaint, qui lui avait proposé un honorable prétendant : « Ni à force de tendresse, ni par des promesses, ni en ayant recours au raisonnement, je

---

1. Dans *Chaeréas et Callirhoé*, la séparation se produit aussitôt après le mariage ; mais les deux époux, à travers leurs aventures, conservent leur amour, leur pureté et leur fidélité.

ne puis la persuader ; mais ce qui me fait le plus de peine, elle se sert de mes propres plumes contre moi ; elle a recours à la grande pratique du raisonnement que je lui ai apprise ; ... elle met au-dessus de tout la virginité et la place au rang des choses divines[1]. » Symétriquement, Théagène, jamais, n'avait eu aucune relation avec une femme : « Il les avait toutes repoussées avec horreur, ainsi que tout mariage et toute aventure amoureuse dont on pouvait lui parler, jusqu'au jour où la beauté de Chariclée lui avait prouvé qu'il n'était pas aussi insensible qu'il le pensait, mais qu'il n'avait pas jusque-là rencontré une femme digne d'être aimée[2]. »

On le voit : la virginité n'est pas simplement une abstention préalable à la pratique sexuelle. Elle est un choix, un style de vie, une forme haute d'existence que le héros choisit, dans le souci qu'il a de lui-même. Lorsque les péripéties les plus extraordinaires vont séparer les deux héros et les exposer aux pires dangers, le plus grave sera bien entendu d'être en butte à la convoitise sexuelle des autres ; et l'épreuve la plus haute de leur propre valeur et de leur amour réciproque sera de résister à tout prix et de sauver cette essentielle virginité. Essentielle pour le rapport à eux-mêmes, essentielle pour le rapport à l'autre. Ainsi se déroule le roman d'Achille Tatius — une sorte d'odyssée de la double virginité. Virginité exposée, assaillie, suspectée, calomniée, sauvegardée — sauf un petit accroc honorable que Clitophon s'est permis —, justifiée et authentifiée enfin dans une sorte d'ordalie divine qui permet de proclamer à propos de la jeune fille : elle est « restée jusqu'à ce jour

---

1. Héliodore, *Éthiopiques*, II, 33.
2. *Ibid.*, III, 17.

telle qu'elle était lorsqu'elle a quitté sa ville natale ; c'est un mérite pour elle d'être restée vierge au milieu des pirates et d'avoir tenu bon contre le pire[1] ». Et parlant de lui-même Clitophon peut dire lui aussi de façon symétrique : « S'il existe une virginité masculine, je l'ai conservée moi aussi[2]. »

Mais si l'amour et l'abstention sexuelle viennent coïncider ainsi tout au long de l'aventure, il faut bien comprendre qu'il ne s'agit pas simplement de se défendre contre des tiers. Cette préservation de la virginité vaut aussi à l'intérieur du rapport d'amour. On se réserve l'un pour l'autre jusqu'au moment où l'amour et la virginité trouvent leur accomplissement dans le mariage. De sorte que la chasteté préconjugale, qui rapproche en esprit les deux fiancés tant qu'ils sont séparés et soumis à l'épreuve des autres, les retient contre eux-mêmes et les fait s'abstenir lorsqu'ils se trouvent enfin réunis après bien des péripéties. Se retrouvant seuls dans une caverne, abandonnés à eux-mêmes, Théagène et Chariclée « se rassasient d'embrassements et de baisers sans contrainte ni mesure. Oubliant tout le reste, ils se tinrent longuement enlacés comme s'ils ne faisaient qu'un, s'abandonnant jusqu'à la satiété à leur amour toujours pur et vierge, mêlant les flots tièdes de leurs larmes, et n'échangeant que de chastes baisers. Chariclée, en effet, lorsqu'elle sentait Théagène un peu trop ému et viril, le retenait en lui rappelant ses serments, et lui n'avait aucun mal à se maîtriser et se contraignait aisément à la sagesse ; car s'il était la proie de l'amour, il n'en dominait pas moins ses sens[3] ». Cette virginité n'est donc pas

1. ACHILLE TATIUS, *Leucippé et Clitophon*, VIII, 5.
2. *Ibid.*, V, 20 ; cf. également VI, 16.
3. HÉLIODORE, *Éthiopiques*, V, 4.

à comprendre comme une attitude qui serait opposée à tous les rapports sexuels, même s'ils ont lieu dans le mariage. Elle est beaucoup plutôt l'épreuve préparatoire à cette union, le mouvement qui y conduit et où elle trouvera son accomplissement. Amour, virginité et mariage forment un ensemble : les deux amants ont à préserver leur intégrité physique, mais aussi leur pureté de cœur jusqu'au moment de leur union, qui est à comprendre au sens physique mais aussi spirituel.

Ainsi commence à se développer une Érotique différente de celle qui avait pris son point de départ dans l'amour des garçons, même si dans l'une comme dans l'autre l'abstention des plaisirs sexuels joue un rôle important : elle s'organise autour du rapport symétrique et réciproque de l'homme et de la femme, autour de la haute valeur attribuée à la virginité et de l'union complète où elle trouve à s'achever.

CONCLUSION

Toute une réflexion morale sur l'activité sexuelle et ses plaisirs semble marquer, aux deux premiers siècles de notre ère, un certain renforcement des thèmes d'austérité. Des médecins s'inquiètent des effets de la pratique sexuelle, recommandent volontiers l'abstention, et déclarent préférer la virginité à l'usage des plaisirs. Des philosophes condamnent toute relation qui pourrait avoir lieu hors mariage et prescrivent entre les époux une fidélité rigoureuse et sans exception. Enfin, une certaine disqualification doctrinale semble porter sur l'amour pour les garçons.

Faut-il pour autant reconnaître, dans le schéma qui se constitue ainsi, l'esquisse d'une morale future, celle qu'on trouvera dans le christianisme, lorsque l'acte sexuel lui-même sera considéré comme un mal, lorsqu'on ne lui accordera de légitimité qu'à l'intérieur du lien conjugal, et lorsque l'amour des garçons sera condamné comme contre nature? Faut-il supposer que certains, dans le monde gréco-romain, ont pressenti déjà ce modèle de l'austérité sexuelle auquel, dans les sociétés chrétiennes, on donnera par la suite une armature légale et un support institutionnel? On trouverait ainsi, formulée par quelques philosophes austères, isolés au milieu d'un monde qui paraissait ne pas l'être, l'esquisse d'une autre morale, destinée, dans les siècles suivants, à prendre des formes plus contraignantes et une validité plus générale.

La question est importante et elle s'inscrit dans une longue tradition. Depuis la Renaissance, elle a tracé, aussi bien dans le catholicisme que dans le protestantisme, des lignes de partage relativement similaires : d'un côté, ceux qui tenaient pour une certaine morale antique proche du christianisme (c'est la thèse de la *Manuductio ad stoicam philosophiam* de Juste Lipse que C. Barth a radicalisée en faisant d'Épictète un chrétien véritable ; c'est plus tardivement, du côté catholique, la thèse de J.-P. Camus et surtout de l'*Épictète chrétien* de Jean-Marie de Bordeaux) ; de l'autre, ceux pour qui le stoïcisme n'était rien d'autre qu'une philosophie vertueuse, certes, mais ineffaçablement païenne (ainsi Saumaise chez les protestants, comme Arnauld ou Tillemont du côté des catholiques). L'enjeu cependant n'était pas simplement de faire passer certains des philosophes anciens de ce côté-ci de la foi chrétienne ou de préserver celle-ci de toute contamination païenne ; le problème était aussi de déterminer quels fondements donner à une morale dont les éléments prescriptifs semblaient, jusqu'à un certain point, communs à la philosophie gréco-romaine et à la religion chrétienne. Le débat qui s'est élevé à la fin du XIXᵉ siècle n'est pas étranger non plus à cette problématique, même s'il interfère avec des problèmes de méthode historique. Zahn, dans sa célèbre *Adresse*[1], ne cherchait pas à faire d'Épictète un chrétien, mais à relever dans une pensée qui était consi-

---

1. Th. Zahn, *Der stoiker Epiktet und sein Verhältnis zum Christentum*, 1894.

dérée en général comme stoïcienne les marques d'une connaissance du christianisme et les traces de son influence. L'ouvrage de Bonhöffer, qui lui répondait[1], cherchait à établir l'unité d'une pensée sans qu'il soit besoin de faire appel, pour en expliquer tel ou tel aspect, au disparate d'une action extérieure. Mais il s'agissait aussi de savoir où chercher les fondements de l'impératif moral et s'il était possible de détacher du christianisme un certain type de morale qui lui avait été longtemps associé. Or dans tout ce débat, il semble bien qu'on ait admis, plus ou moins confusément, trois présupposés : selon le premier, l'essentiel d'une morale serait à rechercher dans les éléments de code qu'elle peut comporter ; d'après le second, la morale philosophique de l'Antiquité tardive aurait approché du christianisme par ses préceptes sévères, en rupture à peu près complète avec la tradition antérieure ; enfin, selon le troisième, c'est en termes d'élévation et de pureté qu'il convient de comparer la morale chrétienne et celle qui, chez certains philosophes de l'Antiquité, l'aurait préparée.

Il n'est guère possible, cependant, de s'en tenir là. Il faut d'abord conserver à l'esprit que les principes de l'austérité sexuelle n'ont pas été définis pour la première fois dans la philosophie de l'époque impériale. On a pu rencontrer dans la pensée grecque du IVe siècle des formulations qui n'étaient guère moins exigeantes. Après tout, on l'a vu, l'acte sexuel semble avoir été considéré depuis fort longtemps comme dangereux, difficile à maîtriser et coûteux ; la mesure exacte de sa pratique possible et son insertion dans un régime attentif avaient été requises depuis bien longtemps. Platon, Isocrate, Aris-

---

[1] A. Bonhöffer, *Epiktet und das Neue Testament*, 1911.

tote, chacun à sa manière et pour des raisons diverses, recommandaient au moins certaines formes de fidélité conjugale. Et à l'amour des garçons, on pouvait prêter la plus haute valeur, mais on lui demandait aussi de pratiquer l'abstention pour qu'il puisse conserver la valeur spirituelle qu'on attendait de lui. Il y avait donc bien longtemps que le souci du corps et de la santé, la relation à la femme et au mariage, le rapport aux garçons avaient été des motifs pour l'élaboration d'une morale rigoureuse. Et d'une certaine façon, l'austérité sexuelle qu'on rencontre chez les philosophes des premiers siècles de notre ère s'enracine dans cette tradition ancienne, au moins autant qu'elle annonce une moralité future.

Pourtant, il serait inexact de ne voir dans ces réflexions sur le plaisir sexuel que le maintien d'une vieille tradition médicale et philosophique. Il est vrai qu'on ne doit pas méconnaître ce qu'il a pu y avoir de continuité, soigneusement maintenue, de réactivation volontaire aussi dans cette pensée des premiers siècles, si manifestement hantée par la culture classique. La philosophie et la morale hellénistiques ont connu ce que Marrou appelait « un long été ». Mais il n'en demeure pas moins que plusieurs modifications sont sensibles : elles empêchent de considérer la morale de Musonius ou celle de Plutarque comme la simple accentuation des leçons de Xénophon, de Platon, d'Isocrate ou d'Aristote ; elles empêchent aussi de considérer les conseils de Soranus ou de Rufus d'Éphèse comme des variations sur les principes d'Hippocrate ou de Dioclès.

Du côté de la Diététique et de la problématisation de la santé, le changement s'est marqué par une inquiétude plus intense, une définition plus étendue et plus détaillée des corrélations entre l'acte sexuel et le corps, une atten tion plus vive à l'ambivalence de ses effets et à ses conséquences perturbatrices. Et ce n'est pas simplement un souci plus grand pour le corps ; c'est aussi une autre manière d'envisager l'activité sexuelle, et de la redouter pour l'ensemble de ses parentés avec les maladies et le mal. Du côté de la femme et de la problématisation du mariage, la modification tient surtout à la valorisation du lien conjugal et de la relation duelle qui le constitue ; la juste conduite du mari, la modération qu'il doit s'imposer ne se justifient pas simplement par des considérations de statut, mais par la nature du lien, sa forme universelle et les obligations réciproques qui en découlent. Enfin du côté des garçons, la nécessité de l'abstinence est de moins en moins perçue comme une manière de donner à des formes d'amour les plus hautes valeurs spirituelles et de plus en plus comme le signe d'une imperfection qui est la sienne propre.

Or, à travers ces modifications de thèmes préexistants, on peut reconnaître le développement d'un art de l'existence dominé par le souci de soi. Cet art de soi-même n'insiste plus tellement sur les excès auxquels on peut se livrer et qu'il conviendrait de maîtriser pour exercer sa domination sur les autres ; il souligne de plus en plus la fragilité de l'individu à l'égard des maux divers que peut susciter l'activité sexuelle ; il souligne aussi la nécessité de soumettre celle-ci à une forme universelle par laquelle on se trouve lié et qui est fondée pour tous les humains à la fois en nature et en raison. Il fait valoir également l'importance qu'il y a à développer toutes les pratiques et tous les exercices par lesquels on peut garder le contrôle sur soi et parvenir en fin de compte à une pure jouissance de soi. Ce n'est pas l'accentuation des formes d'interdit qui est à l'origine de ces modifications

dans la morale sexuelle ; c'est le développement d'un art
de l'existence qui gravite autour de la question du soi, de
sa dépendance et de son indépendance, de sa forme universelle et du lien qu'il peut et doit établir aux autres,
des procédures par lesquelles il exerce son contrôle sur
lui-même et de la manière dont il peut établir la pleine
souveraineté sur soi.

Et c'est dans ce contexte que se produit un double
phénomène, caractéristique de cette éthique des plaisirs.
D'une part, on y requiert une attention plus active à la
pratique sexuelle, à ses effets sur l'organisme, à sa place
dans le mariage et au rôle qu'elle y exerce, à sa valeur et
à ses difficultés dans le rapport avec les garçons. Mais en
même temps qu'on s'y arrête davantage, qu'on intensi-
fie l'intérêt qu'on lui porte, elle apparaît plus facilement
comme dangereuse et comme susceptible de compromettre le rapport à soi qu'on entreprend d'instaurer ; il
semble de plus en plus nécessaire de s'en méfier, de la
contrôler, de la localiser, autant que faire se peut, dans
les seules relations de mariage — quitte à la charger,
dans ce rapport conjugal, de significations plus intenses.
Problématisation et inquiétude vont de pair, mise en
question et vigilance. Un certain style de conduite
sexuelle est ainsi proposé par tout ce mouvement de la
réflexion morale, médicale et philosophique ; il est différent de celui qui avait été dessiné au IVe siècle ; mais il
est différent aussi de celui qu'on trouvera par la suite
dans le christianisme. L'activité sexuelle s'y apparente
au mal par sa forme et ses effets, mais elle n'est pas en
elle-même et substantiellement un mal. Elle trouve son
accomplissement naturel et rationnel dans le mariage ;
mais celui-ci n'est pas, sauf exception, la condition for-
melle et indispensable pour qu'elle cesse d'être un mal.

Elle trouve difficilement sa place dans l'amour pour les garçons, mais celui-ci n'est pas pour autant condamné au titre de la contre-nature.

Ainsi, dans le raffinement des arts de vivre et du souci de soi, se dessinent quelques préceptes qui semblent assez proches de ceux dont on trouvera la formulation dans les morales ultérieures. Mais cette analogie ne doit pas faire illusion. Ces morales définiront d'autres modalités du rapport à soi : une caractérisation de la substance éthique à partir de la finitude, de la chute et du mal ; un mode d'assujettissement dans la forme de l'obéissance à une loi générale qui est en même temps volonté d'un dieu personnel ; un type de travail sur soi qui implique déchiffrement de l'âme et herméneutique purificatrice des désirs ; un mode d'accomplissement éthique qui tend au renoncement à soi. Les éléments de code concernant l'économie des plaisirs, la fidélité conjugale, les rapports entre hommes pourront bien demeurer analogues. Ils relèveront alors d'une éthique profondément remaniée et d'une autre manière de se constituer soi-même comme sujet moral de ses conduites sexuelles.

INDEX DES OUVRAGES CITÉS

AUTEURS ANCIENS

ACHILLE TATIUS,
Leucippé et Clitophon, traduction française par P. Grimal, Paris,
Gallimard, La Pléiade, 1963.
Pp. 13, 295, 297, 304, 307.

ANTIPATER,
in STOBÉE, *Florilegium*, éd. A. Meinecke, Leipzig, 1860-1863
(t. III, pp. 11-15).
P. 217.

ANTYLLOS,
Cf. ORIBASE.

APULÉE,
Du dieu de Socrate, texte et traduction française par J. Beaujeu,
Collection des universités de France (C.U.F).
P. 63.

ARÉTÉE,
*Traité des signes, des causes et de la cure des maladies aiguës et
chroniques*; texte in le *Corpus Medicorum Graecorum*, II, Berlin, 1958; traduction par L. Renaud, Paris, 1834.
Pp. 152-155, 157-158, 163, 165.

320 *Le souci de soi*

Aristide,
Éloge de Rome, texte in J. H. Oliver, *The Ruling Power. A Study of the Roman Empire in the Second Century A.C. through the Roman Oration of Aelius Aristides*, Philadelphie, 1953.
P. 121.

Aristote,
Éthique à Nicomaque, texte et traduction anglaise par H. Rackham (Loeb classical Library); traduction française par R. A. Gauthier et J.-Y. Jolif, Louvain-Paris, 1970.
Pp. 197, 205, 213.
La Politique, texte et traduction anglaise par H. Rackham (Loeb classical Library); traduction française par J. Tricot, Paris, 1982.
Pp. 121, 197, 205.

Pseudo-Aristote,
Économique, texte et traduction française par A. Wartelle (C.U.F.).
Pp. 197-198, 232, 238.

Artémidore,
La Clef des songes, traduction française par A.-J. Festugière, Paris, 1975; traduction anglaise par R.-J. White, New Haven, 1971.
Pp. 11-37.

Athénée,
Cf. Oribase.

Celse,
De medicina, texte et traduction anglaise par W. G. Spencer (Loeb classical Library); traduction française par A. Vedrenes, Paris, 1876.
Pp. 135-136, 141, 157, 168, 176-177, 182.

Chariton d'Aphrodisias,
Les Aventures de Chairéas et de Callirhoé, texte et traduction française par G. Molinié (C.U.F.).
Pp. 23, 305.

CICÉRON,
Tusculanes, texte et traduction française par G. Fohlen et J. Humbert (C.U.F.).
P. 76.

CLÉMENT D'ALEXANDRIE,
Le Pédagogue, texte et traduction française par M. Harl et Cl. Mondésert (coll. Sources chrétiennes), Paris, 1960-1965.
P. 226.
Stromates, I, II, texte et traduction française par Cl. Mondésert (coll. Sources chrétiennes), Paris, 1951-1954.
P. 237.

DIOGÈNE LAËRCE,
Vie des Philosophes, texte et traduction anglaise, par R. D. Hicks (Loeb classical Library); traduction française par R. Genaille, Paris, 1965.
Pp. 84, 207.

DION CASSIUS,
Histoire romaine, texte et traduction anglaise par E. Cary (Loeb classical Library).
Pp. 115-116.

DION DE PRUSE,
Discours, texte et traduction anglaise par J. W. Cohoon (Loeb classical Library).
Pp. 56, 70, 123, 188, 223.

ÉPICTÈTE,
Entretiens, texte et traduction française par J. Souilhé (C.U.F.).
Pp. 65, 70, 77-78, 80, 87-89, 91, 117, 119, 208-209, 211-212, 224, 228.
Manuel, traduction française par É. Brehier (in *Les Stoïciens*, Gallimard, La Pléiade, Paris, 1962).
Pp. 78, 89, 224.

ÉPICURE,
Lettres et Maximes, texte et traduction française par M. Conche, Viliers-sur-Mer, 1977.
Pp. 64, 68.

GALIEN,
De l'utilité des parties, texte dans les *Opera omnia*, édition C. G. Kühn, réimp. Hildesheim, 1964-1965, t. II ; traduction française par Ch. Daremberg in *Œuvres anatomiques, physiologiques et médicales* de Galien, Paris, 1856, traduction anglaise par M. T. May, Ithaca, 1968.
Pp. 143-147, 150, 173.
Des lieux affectés, texte dans les *Opera omnia*, édition C. G. Kühn, t. VIII ; traduction française par Ch. Daremberg, t. II ; traduction anglaise par R. E. Siegel, Bâle, 1976.
Pp. 149, 155-156, 159, 163-164, 183-185, 188.
Traité des passions de l'âme et de ses erreurs, texte dans les *Opera omnia*, éd. C. G. Kühn ; traduction française par R. Van der Helst, Paris, Delagrave, 1914.
P. 74.

HÉLIODORE,
Les Éthiopiques, traduction française par P. Grimal, Paris, Gallimard, La Pléiade, 1963.
Pp. 306-307.

HIÉROCLÈS,
In STOBÉE, *Florilegium*, éd. A. Meinecke, Leipzig (t. III, pp. 7-11).
Pp. 198, 202, 205, 209, 214-215.

LUCIEN,
Hermotime, texte et traduction anglaise par K. Kilburn (Loeb classical Library).
P. 69.

PSEUDO-LUCIEN,
Les Amours, texte et traduction anglaise par M. D. MacLeod (Loeb classical Library).
Pp. 280-302.

MARC AURÈLE,
Pensées, texte et traduction française par A.-I. Trannoy (C.U.F.)
Pp. 65, 70-71, 79, 91, 124, 223.

MAXIME DE TYR,
Dissertations, texte et traduction latine, Paris, 1840.
P. 253.

MUSONIUS RUFUS,
Reliquiae, texte établi par O. Hense, Leipzig, 1905.
Pp. 64, 71, 202-204, 210, 213, 215-216, 225-226, 229-231, 236, 239.

ORIBASE,
Collection des médecins latins et grecs, texte et traduction française par U. C. Bussemaker et Ch. Daremberg, Paris, 1851-
1876.
Pp. 137-140, 149, 158, 160-162, 166-174, 176-178, 180-182, 184.

OVIDE,
L'Art d'aimer, texte et traduction française par H. Bornecque
(C.U.F.).
P. 186.
Les Remèdes à l'Amour, texte et traduction française par H. Bor ·
necque (C.U.F.).
Pp. 186, 296.

PHILODÈME,
Peri parrhēsias, texte établi par A. Olivieri, Leipzig, 1914.
P. 72.

PLATON,
Alcibiade, texte et traduction française par M. Croiset (C.U.F.).
P. 62.
Apologie de Socrate, texte et traduction française par M. Croiset
(C.U.F.).
Pp. 62, 88.

Les Lois, texte et traduction française par É. des Places et A. Diès (C.U.F.).
Pp. 70, 145, 197, 220.
La République, texte et traduction française par É. Chambry (C.U.F.).
Pp. 23, 197.

PLINE LE JEUNE,
Lettres, texte et traduction française par A.-M. Guillemin (C.U.F.).
Pp. 67, 71, 108, 215-216.

PLUTARQUE,
Ad principem ineruditum, texte et traduction anglaise par F. C. Babbitt, *Plutarch's Moralia*, t. X (Loeb classical Library).
Pp. 123, 126.
Animine an corporis affectiones sint pejores, texte et traduction anglaise par F. C. Babbitt, *Plutarch's Moralia*, t. VI (Loeb classical Library).
P. 81.
Apophthegmata laconica, texte et traduction anglaise par F. C. Babbitt, *Plutarch's Moralia*, t. III (Loeb classical Library).
P. 61.
Conjugalia praecepta, texte et traduction anglaise par F. C. Babbitt, *Plutarch's Moralia*, t. II (Loeb classical Library).
Pp. 217, 233, 236, 240-243, 277.
De l'exil, texte et traduction française par J. Hani, *Œuvres morales*, t. VIII (C.U.F.).
P. 128.
De tuenda sanitate praecepta, texte et traduction anglaise par F. C. Babbitt, *Plutarch's Moralia*, t. II (Loeb classical Library).
Pp. 75.
Dialogue sur l'Amour, texte et traduction française par R. Flacelière, *Œuvres morales*, t. X (C.U.F.).
Pp. 236, 257-279.
Le Démon de Socrate, texte et traduction française par J. Hani, *Œuvres morales*, t. VII (C.U.F.).
P. 82.
Histoires d'amour, texte et traduction française par R. Flacelière, *Œuvres morales*, t. X (C.U.F.).
P. 261.

Mulierum virtutes, texte et traduction anglaise par F. C. Babbitt, *Plutarch's Moralia*, t. III (Loeb classical Library).
P. 241.

Praecepta gerendae reipublicae, texte et traduction anglaise par F. C. Babbitt, *Plutarch's Moralia*, t. X (Loeb classical Library).
Pp. 120-122, 128.

Propos de table, texte et traduction française par F. Fuhrmann, *Œuvres morales*, t. IX (C.U.F.).
Pp. 176, 185.

Quomodo quis suos in virtute sentiat profectus, texte et traduction anglaise par F. C. Babbitt, *Plutarch's Moralia*, t. I (Loeb classical Library).
P. 21.

Regum et imperatorum apophthegmata, texte et traduction anglaise par F. C. Babbitt, *Plutarch's Moralia*, t. III (Loeb classical Library).
P. 70.

Vie de Solon, texte et traduction française par R. Flacelière, É. Chambry et M. Juneaux (C.U.F.).
Pp. 260, 276.

Septem sapientium convivium, texte et traduction anglaise par F. C. Babbitt, *Plutarch's Moralia*, t. II (Loeb classical Library).
P. 243.

PORPHYRE,
Vie de Pythagore, texte et traduction française par É. des Places (C.U.F.).
P. 84.

PROPERCE,
Elégies, texte et traduction française par D. Paganelli (C.U.F.).
P. 186.

QUINTILIEN,
De l'institution oratoire, texte et traduction française par J. Cousin (C.U.F.).
P. 253.

RUFUS D'ÉPHÈSE,

Œuvres, texte et traduction française par Ch. Daremberg et E. Ruelle, Paris, 1879.
Pp. 153, 159-160, 162, 166-167, 176, 178, 181-182, 184.

SÉNÈQUE,

Des bienfaits, texte et traduction française par F. Préchac (C.U.F.).
P. 119.

De la brièveté de la vie, texte et traduction française par A. Bourgery (C.U.F.).
Pp. 64-65, 90-91.

De la colère, texte et traduction française par A. Bourgery (C.U.F.).
Pp. 70, 84.

Consolation à Helvia, texte et traduction française par R. Waltz (C.U.F.).
P. 83.

Consolation à Marcia, texte et traduction française par R. Waltz (C.U.F.).
P. 223.

De la constance du sage, texte et traduction française par R. Waltz (C.U.F.).
P. 68.

Lettres à Lucilius, texte et traduction française par F. Préchac et H. Noblot (C.U.F.).
Pp. 21, 64-65, 68-69, 72, 75-77, 79, 82-84, 90-92, 117, 119, 127-129, 229.

De la tranquillité de l'âme, texte et traduction française par R. Waltz (C.U.F.).
Pp. 65, 90, 127.

De la vie heureuse, texte et traduction française par A. Bourgery (C.U.F.).
Pp. 65, 92.

SORANUS,
Traité des maladies des femmes, texte in *Corpus Medicorum Graecorum*, t. IV, Leipzig, 1927; traduction française par F. J. Hergott, Nancy, 1895; traduction anglaise par O. Temkin, Baltimore, 1956.
Pp. 156, 165, 169-171, 175, 179.

STACE,
Silves, texte et traduction française par H. Frère et H.-J. Izaac (C.U.F.).
P. 110.

SYNÉSIOS,
Sur les songes, in *Œuvres*, traduction française par H. Druon, Paris, 1878.
P. 13.

XÉNOPHON,
Le Banquet, texte et traduction française par F. Ollier (C.U.F.).
P. 298.
La Cyropédie, texte et traduction française par M. Bizos et É. Delebecque (C.U.F.).
P. 61.
Économique, texte et traduction française par P. Chantraine (C.U.F.).
Pp. 70, 197.

AUTEURS MODERNES

ALLBUT, C.,
Greek Medicine in Rome, Londres, 1921.
P. 135.

BABUT, D.,
Plutarque et le stoïcisme, Paris, P.U.F., 1969.
P. 243.

BEHR, C. A.,
Aelius Aristides and « the Sacred Tales », Amsterdam, 1968.
P. 12.

BETZ, H. D.,
Plutarch's Ethical Writings and Early Christian Literature, Leyde,
1978.
P. 257.

BLOCH, R.,
De Pseudo-Luciani Amoribus, Argentorati, 1907.
Pp. 280, 284, 288.

BONHÖFFER, A.,
Epiktet und die Stoa, Stuttgart, 1890.
Die Ethik des Stoikers Epiktet, Stuttgart, 1894.
Epiktet und das Neue Testament, Giessen, 1911.
P. 313.

BOSWELL, J.,
Christianity, Social Tolerance, and Homosexuality, Chicago, 1980.
Pp. 102, 252.

BOWERSOCK, C. W.,
Greek Sophists in the Roman Empire, Oxford, 1969.
P. 135.

BROUDEHOUX, J.-P.,
Mariage et famille chez Clément d'Alexandrie, Paris, Beauchesne,
1970.
P. 99.

BUFFIÈRE, F.,
Éros adolescent. La pédérastie dans la Grèce antique, Paris, Les
Belles Lettres, 1980.
P. 280.

CANGUILHEM, G.,
Études d'histoire et de philosophie des sciences, Paris, Vrin, 1968.
Pp. 192.

CROOK, J. A.,
Law and Life of Rome, Londres, 1967.
  P. 100.

FERGUSON, J.,
Moral Values in the Ancient World, Londres, 1958.
  P. 112.

FESTUGIÈRE, A.-J.,
Études de philosophie grecque, Paris, Vrin, 1971.
  P. 63.

GAGÉ, J.,
Les Classes sociales dans l'Empire romain, Paris, Payot, 1964.
  P. 114.

GRANT, M.,
The Climax of Rome. The Final Achievments of the Ancient World,
  Londres, 1968.
  P. 303.

GRILLI, A.,
Il problema della vita contemplativa nel mondo greco-romano,
  Milan-Rome, 1953.
  P. 69.

GRIMAL, P.,
Sénèque ou la conscience de l'Empire, Paris, 1978.
  P.75.

HADOT, I.,
Seneca und die griechisch-römische Tradition der Seelenleitung,
  Berlin, 1969.
  Pp. 70, 76.

HADOT, P.,
Exercices spirituels et philosophie antique, Paris, 1981.
  P. 60.

HÄGG, Th.,
Narrative Technique in Ancient Greek Romances. Studies of Chariton, Xenophon Ephesius and Achille Tatius, Stockholm, 1971.
    P. 303.

HIJMANS, B. L.,
Askēsis : Notes on Epictetus' Educational System, Utrecht, 1959.
    P. 72.

KESSELS, A. H. M.,
« Ancient System of Dream Classification », *Mnemosune*, 4ᵉ sér., nᵒ 22, 1969.
    P. 17.

LIEBESCHÜTZ, J. H.,
Continuity and Change in Roman Religion, Oxford, 1979.
    P. 73.

LUTZ, C.,
« Musonius Rufus », *Yale Classical Studies*, t. X, 1947.
    P. 202.

MACMULLEN, R.,
Roman Social Relations, 50 B.C. to A.D. 284, Londres-New Haven, 1974.
    Pp. 115, 117.

MESLIN, M.,
L'Homme romain, des origines au Iᵉʳ siècle de notre ère : essai d'anthropologie. Paris, Hachette, 1978.
    P. 200.

NOONAM, J. T.,
Contraception et mariage, évolution ou contradiction dans la pensée chrétienne, trad. de l'anglais par M. Jossua, Paris, Éd. du Cerf, 1969.
    P. 226.

PIGEAUD, J.,
La Maladie de l'âme; étude sur la relation de l'âme et du corps dans la tradition médico-philosophique antique, Paris, Les Belles Lettres, 1981.
P. 193.

POMEROY, S. B.,
Goddesses, Whores, Wives and Slaves. Women in Classical Antiquity, New York, 1975.
Pp. 102-104.

PRAECHTER, K.,
Hierokles der Stoiker, Leipzig, 1901.
Pp. 284, 288.

ROSTOVTZEFF, M. I.,
The Social and Economic History of the Hellenistic World, réimpression, Oxford, 1941.
P. 114.

ROUSSELLE, A.,
Porneia. De la maîtrise du corps à la privation sensorielle. IIe-IVe siècles de l'ère chrétienne, Paris, P.U.F., 1963.
Pp. 141, 174.

SANDBACH, F. H.,
The Stoics, Londres, 1975.
Pp. 73, 114.

SCARBOROUGH, J.,
Roman Medicine, Ithaca, 1969.
P. 135.

SPANNEUT, M.,
« Epiktet », in *Reallexikon für Antike und Christentum*, 1962.
P. 66.

STARR, C. G.,
The Roman Empire, Oxford, 1982.
P. 116

Syme, R.,
Roman Papers, Oxford, 1979.
  P. 116.

Thesleff, H.,
An Introduction to the Pythagorean Writings of the Hellenistic Period (*Humaniora*, 24, 3, Abo, 1961).
  P. 198.
The Pythagorean Texts of the Hellenistic Period (*Acta Academiae Aboensis*, ser. A, vol. 30, n° 1).
  P. 198.

Vatin, Cl.,
Recherches sur le mariage et la condition de la femme mariée à l'époque hellénistique, Paris, De Boccard, 1970.
  Pp. 100-101, 105-106.

Veyne, P.
« L'amour à Rome », *Annales E.S.C.*, 1978, 1.
  Pp. 101-103, 106.

Voelcke, A. J.,
Les Rapports avec autrui dans la philosophie grecque, d'Aristote à Panétius, Paris, Vrin, 1969.
  P. 58.

Zahn, Th.,
Der stoiker Epiktet und sein Verhältnis zum Christentum, Erlangen, 1894.
  P. 312.

I. Rêver de ses plaisirs   7
   1. La méthode d'Artémidore   11
   2. L'analyse   28
   3. Le songe et l'acte   38

II. La culture de soi   53

III. Soi et les autres   95
   1. Le rôle matrimonial   99
   2. Le jeu politique   112

IV. Le corps   133
   1. Galien   143
   2. Sont-ils bons, sont-ils mauvais?   152
   3. Le régime des plaisirs   167
   4. Le travail de l'âme   179

V. La femme   195
   1. Le lien conjugal   201
   2. La question du monopole   220
   3. Les plaisirs du mariage   235

VI. Les garçons   249
    1. Plutarque   257
    2. Le Pseudo-Lucien   280
    3. Une nouvelle érotique   303

Conclusion   309
Index des ouvrages cités   319

DU MÊME AUTEUR

Aux Éditions Gallimard

HISTOIRE DE LA FOLIE À l'ÂGE CLASSIQUE (1972).

RAYMOND ROUSSEL (1963).

LES MOTS ET LES CHOSES (1966).

L'ARCHÉOLOGIE DU SAVOIR (1969).

L'ORDRE DU DISCOURS (1971).

MOI, PIERRE RIVIÈRE, AYANT ÉGORGÉ MA MÈRE, MA SŒUR ET MON FRÈRE... *Un cas de parricide au xixᵉ siècle (1973) (ouvrage collectif)*.

SURVEILLER ET PUNIR (1975).

HISTOIRE DE LA SEXUALITÉ 1 : LA VOLONTÉ DE SAVOIR (1976).

HISTOIRE DE LA SEXUALITÉ 2 : L'USAGE DES PLAISIRS (1984).

HISTOIRE DE LA SEXUALITÉ 3 : LE SOUCI DE SOI (1984).

HERCULINE BARDIN DITE ALEXINA B., présenté par M. Foucault (1978).

LE DÉSORDRE DES FAMILLES. LETTRES DE CACHET DES ARCHIVES DE LA BASTILLE *(en collaboration avec Arlette Farge)* (1982).

DITS ET ÉCRITS 1954-1988 (1994)

    I. 1954-1969.

    II. 1970-1975.

    III. 1976-1979.

    IV. 1980-1988.

Édition sous la direction de Daniel Defert et François Ewald, avec la collaboration de Jacques Lagrange.

PHILOSOPHIE. ANTHOLOGIE (2004)

COURS AU COLLÈGE DE FRANCE

    1970-1971 : *Leçons sur la volonté de savoir*, Paris, Hautes Études/Gallimard/Le Seuil (2011).

    1973-1974 : *Le Pouvoir psychiatrique*, Paris, Hautes Études/Gallimard/Le Seuil (2003).

1974-1975 : *Les Anormaux*, Paris, Hautes Études/Gallimard/Le Seuil (1999).

1975-1976 : « *Il faut défendre la société* », Paris, Hautes Études/Gallimard/Le Seuil (1997).

1977-1978 : *Sécurité, territoire, population*, Paris, Hautes Études/Gallimard/Le Seuil (2004).

1978-1979 : *Naissance de la biopolitique*, Paris, Hautes Études/Gallimard/Le Seuil (2004).

1981-1982 : *L'Herméneutique du sujet*, Paris, Hautes Études/Gallimard/Le Seuil (2001).

1982-1983 : *Le Gouvernement de soi et des autres I*, Paris, Hautes Études/Gallimard/Le Seuil (2008).

1983-1984 : *Le Gouvernement de soi et des autres II : Le Courage de la vérité*, Paris, Hautes Études/Gallimard/Le Seuil (2009).

Chez d'autres éditeurs

NAISSANCE DE LA CLINIQUE : UNE ARCHÉOLOGIE DU REGARD MÉDICAL (P.U.F.) (1963).

LES MACHINES À GUÉRIR *(ouvrage collectif)* (Éditions Mardaga.) (1979).

Composition Interligne, Liège.
Impression CPI Firmin Didot
à Mesnil-sur-l'Estrée, le 2 janvier 2012.
Dépôt légal : janvier 2012.
1er dépôt légal dans la collection : janvier 1997.
Numéro d'imprimeur : 108976.

ISBN 978-2-07-074674-3/Imprimé en France.

240790